건
강
할

권
리

건강할 권리 건강 정의와 민주주의

1판1쇄 펴냄 2013년 6월 10일

지은이 | 김창엽

펴낸이 | 박상훈
주간 | 정민용
편집장 | 안중철
편집 | 최미정, 윤상훈, 이진실, 장윤미(영업 담당)
업무 지원 | 김재선

펴낸 곳 | 후마니타스(주)
등록 | 2002년 2월 19일 제300-2003-108호
주소 | 서울 마포구 합정동 413-7번지 1층(121-883)
편집 | 02-739-9929, 9930 제작·영업 | 02-722-9960 팩스 | 02-733-9910
홈페이지 | www.humanitasbook.co.kr

인쇄 | 천일 031-955-8083   제본 | 일진제책 031-908-1407

값 15,000원

ⓒ 김창엽 2013
ISBN 978-89-6437-182-4 04300
      978-89-90106-16-2 (세트)

이 도서의 국립중앙도서관 출판시도서목록(CIP)은 e-CIP홈페이지(http://www.nl.go.kr/ecip)와 국
가자료공동목록시스템(http://www.nl.go.kr/kolisnet)에서 이용하실 수 있습니다(CIP제어번호:
CIP2013007181).

건강 정의와 민주주의

건강할 권리

김창엽 지음

후마니타스

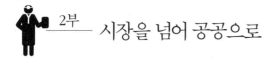

2부 시장을 넘어 공공으로

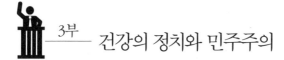

3부 건강의 정치와 민주주의

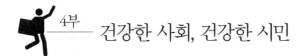

4부 ── 건강한 사회, 건강한 시민

들어가며

1

여러 개로 나누어진 글이라 주제와 형식, 문제의식이 조금씩 다르다. 그러나 글의 공통된 목적은 크게 두 가지다. 하나는 건강과 보건의료를 새로운 시각으로 보고 말하자는 것이다. 전통적으로 건강과 의료는 생물학적 현상 또는 기술 과학의 일이고 따라서 개인의 문제와 책임으로 치부되었다(이를 흔히 생의학적 모형이라고 한다). 그러다 보니 건강, 보건, 의학, 의료를 다 비슷하게 쓰고 잘 구분하지 못한다. 정치적·사회적으로 보수인가 진보인가 하는 지향과도 별 관계가 없다.

새로운 시각이란 다름 아니라 건강과 보건의료를 사회, 정치, 경제의 관점에서 다시 해석하는 것이다. 가난한 이가 앓는 당뇨병은 신체의 병이다. 하지만 병의 발생과 치료, 그리고 죽음은 그들이 겪는 가난을 빼고는 설명하기 어렵다. 이들의 건강은 또한 사회적 현상이기도 하고, 보건의료는 정치와 경제에 깊이 뿌리를 내리고 있다. 건강과 의료를 이런 방식으로 '재해석'하는 것은 당연하고 또 필요한 일이다.

새삼 새로운 관점을 말하고자 하는 것은 지금 우리의 정치 공동체가 맞닥뜨리고 있는 상황, 그중에서도 건강과 보건의료의 위기 때문이다. 사람마다 위기를 달리 정의하는 것은 당연하다. 하지만 심각한 불평등과 부정의, 끝 모르는 상품화와 인간소외, 엄청난 비용과 경제적 부담은 위기라는 말을 빼고는 달리 설명할 길이 없다.

위기를 더 심화시키는 것은 건강과 보건의료를 해석하고 이해하는데에서 나타나는 깊고 넓은 균열이다. 한마디로 서로 달리 생각하고 해석한다는 것인데, 그 간극은 매우 넓다. 어떤 사람은 의학적 발전이 문제를 해결할 수 있다고 하고, 다른 사람은 구조와 환경이 바뀌는 것이 더 중요하다고 말한다. 냉정하게 말하면 대부분은 이를 별다른 성찰 없이 전문가의 일로 생각해 왔고 지금도 그렇다. 그런 점에서 건강과 보건의료의 위기는 곧 이해와 패러다임의 위기라 해도 크게 틀리지 않을 것이다. 건강과 보건의료의 '실재'는 생의학적 모형을 기초로 한 좁은 이해에 갇혀 있다.

실재를 제대로 이해하려고 하는 시도는 단지 이론적 관심이 아니다. 새로운 이해에 기초할 때 비로소 새로운 대안을 만들 수 있다. 생의학적이라고 할 때 '생'은 생물 또는 생물학을 말한다. 따라서 생의학적 모형이란 사람의 건강을 다른 생물과 다름없이, 데카르트적으로 말하면, 잘 만들어진 기계와 같이 생각하는 태도다. 이런 시각을 가지는 한, 질병은 몸이라는 기계가 고장 나고 미생물이 침입한 결과일 뿐이다. 건강을 회복하는 일은 당연히 과학자와 의사의 몫이고, 치료 기계와 기술, 약을 통할 도리밖에 없다. 건강과 보건의료를 새롭게 이해하면 이런 방법도 달라진다.

2

두 번째 목적은 새로운 대안의 실마리를 찾자는 것이다. 흔히들 '87년 체제'니 '민주화 이후'니 하지만, 건강과 보건의료는 '1989년 체제'를 벗어나지 못했다. 여기서 1989년은 전 국민 의료보험이 완성된 해를 뜻한다. 1989년 이후 한국의 건강 체제는 의료 서비스의 '접근성'을 중심으로 형성되어 왔다. 한마디로 모든 사회 구성원에게 공평하게 의료 서비스를 보장하는 것을 가장 높은 가치이자 목표로 하는 것이다. 의료보험 통합, 보장성을 확대하고 경제적 부담을 줄이는 것, 병원과 의사를 늘리는 일, 공공 병원, 민영화와 영리 병원이 서로 방향은 다르지만 모두 이에 해당한다.

접근성은 아직도 완전히 해결되지 않았고 여전히 중요하다. 그러나 '1989년 체제'는 더 이상 한국의 건강 현실과 변화의 지향을 모두 설명하지 못한다. 그 비정합성은 점점 더 커지고 있다. 물론, 이 간극은 우연히 생겼다기보다는 체제의 기반 자체에서 비롯된 것이다. 의료, 전문가, 정책을 중심으로 하는 '1989년 체제'의 기반은 동요하고 있다.

많은 것을 양보하더라도 순수한 의료 모형은 분명 시효가 끝났다. 의료는 사후에 문제를 처리하는 사회적 제도이고 보험은 그나마 비용의 일부분을 해결할 수 있을 뿐이다. 필요할 때 의료를 바로 이용할 수 있다는 뜻의 '접근성'은 여전히 남은 과제지만, 현실의 과제는 이를 넘어선 지 오래다. 의료만으로는, 그것도 전문가에 전적으로 의존하는 방식으로는 건강 불평등과 사회적 질병을 해결하지 못한다. 자살과 만성질환, 정신 병리에도 무력하기는 마찬가지다.

변화의 주체와 과정 역시 전통적 모형을 벗어나야 한다. 근대국가의 통치가 고도화되면서 건강 체제를 변화시켜야 한다는 동력은 체제 내로 편입되었고 그마저 이젠 힘을 잃었다. 정책은 그동안 나름 체제 개혁이란 근본적 지향을 가지고 있었으나, 최근에는 기술적·미시적으로 옳고 그름을 따지는 수준으로 '현실화'되었다. 전문성이 모자라는 대중은 소외된 채 대상화되었다. 무엇보다 중요한 것은 이 과정에서 상상이 고갈되고 급진성이 퇴화했다는 점이다.

따라서 대안의 실마리는 '89년 체제'의 기반을 확대하고 바꾸는 것에서 찾아야 한다. 여러 군데 글에서 건강과 보건의료를 말하면서 조금은 낯선 '건강 레짐'이나 '민주적 공공성'이란 개념을 새로 제시한 이유가 그런 것이다. 숙의 민주주의나 참여와 같이 다른 곳에서 많이 논의하던 개념을 끌어들인 동기도 마찬가지다.

3

새로운 시각과 대안의 실마리가 목표였던 만큼, 충분히 무르익지 않은 생각과 주장을 담고 있다는 것을 부인하지 않는다. 또 여러 가지 주제를 짧게 다루었기 때문에 한 가지씩 충분히 설명하지 못한 한계도 있다. 하지만 더 넓고 깊은 논의를 위한 디딤돌 구실 정도는 했으면 좋겠다.

여기에 실린 글은 2012년 3월부터 일 년 남짓 시민건강증진연구소의 "서리풀 논평"에 발표한 것을 바탕으로 했다(같은 해 5월부터 『프레시안』에도 같이 실렸다). 다만, 2부의 "공공 보건의료는 가능한가"(167쪽)는 『한겨레21』 919호에 실린 "민주적 공공성이 답이다"의 일부를 수정한 것이다. 일주일 간격으로 쓴 글이라 처음부터 책다운 체계를 생각한 것은 아니었다. 글을 묶으면서 가능하면 통일된 체계를 갖추도록 여러 부분을 고치고 일부는 새로 보탰다. 맥락에 맞지 않는 것은 없앤 것도 있어서 본래의 모양과는 많이 다를 것이다. 다만, 큰 방향과 핵심 내용은 크게 달라지지 않았다.

나름대로 애를 썼으나 서로 다른 시기에 따로 쓴 글이라 아무래도 짜임새가 부족하다. 조금 겹친 것도 있고 허술한 곳도 마음에 걸린다. 무엇보다 글과 글 사이, 그리고 전체 흐름이 어색한 곳이 제법 많다. 체계와 결론을 갖춘 본격적인 성과라기보다 문제를 제기하고 토론하자는 실마리 정도로 이해되었으면 한다.

4

글의 출발이 된 시민건강증진연구소는 2006년 만들어진 작은 독립 연구소다. 한국 사회의 지식 생산과 '유통' 체계에 문제가 있다고 생각하고 건강 분야의 진보적 연구 공동체를 지향해 왔다. 건강권과 건강 정의, 건강 불평등, 공공성과 민주주의에 기초한 새로운 건강 체계에 관심을 가지고 대안을 찾는 중이다. 유명하거나 크지는 않지만, 앞서 말한 지향과 관심을 아우르는 새로운 이론과 지식, 담론을 생산하고 또 나누는 것을 스스로의 책임으로 삼고 있다. 앞으로도 묵묵히 그리고 즐겁게 그 일을 할 수 있기를 바란다. 연구소의 공식 출판물은 아니지만, 이 책을 내는 것이 더욱 많은 사람들이 참여해 협력하는 계기가 되었으면 싶다.

"서리풀 논평"이 연구소 이름으로 발표되었기 때문에 연구소의 연구원들과 함께 논의하고 토론한 것이 많이 반영되었다. 김명희, 배은영, 서상희, 장민희 씨가 그들이다. 여러 부분에서 알게 모르게 힘이 되었다. 진심으로 고맙다는 인사를 드린다. 그렇지만 결과는 당연히 혼자 책임져야 할 몫이다.

이번 책을 내면서 출판사 쪽에 많은 불편을 끼쳤다. 일정을 무리하게 서둘렀고 그 때문에 출판사와 편집자에게 큰 부담을 드린 셈이 되었다. 글을 모아 책으로 내도록 격려해 주신 후마니타스 박상훈 대표를 비롯한 편집진에게 감사 인사를 드린다.

2013년 5월

김창엽

서론을 대신해

이 땅에 자살이 많다는 것은 어제오늘 일이 아니다. 8년째 경제협력 개발기구OECD 국가 중 1위라고 하니, 이제는 자살률이 높으니 어쩌니 하는 소리도 지겨울 정도다. 왜 자살이 많을까. 꼭 과학적 분석이 아니라도 누구나 대강은 이유를 안다. 개인적 요인만도, 환경의 탓만도 아닌, 여러 가지 원인이 한꺼번에 작용한 결과다.

그래도 자살은 명백한 사회적 질병이다. 경제 위기로 실직한 가장, 부당 해고당한 노동자, 학교 폭력에 시달리는 아이, 어느 농촌 마을의 가난한 독거노인은 모두 높은 자살 위험을 안고 있다. 유전이나 개인의 성품과 의지력, 우울증 등도 이런 자살을 완전히 설명하지는 못한다.

다른 이야기다. 2012년 9월 『뉴잉글랜드 저널 오브 메디슨』*New England Journal of Medicine*에는 청량음료가 어린이의 체중에 어떤 영향을 미치는지 조사한 연구가 실렸다. 네덜란드의 초등학교 학생들을 일 년 반 동안 관찰했는데, 결과는 예상을 크게 벗어나지 않았다. 한쪽은 설탕이 없는 음료를, 다른 쪽은 설탕이 들어간 음료를 마시게 했는데, 체중이 각각 6.35킬로그램과 7.37킬로그램 늘어났다. 그리고 무설탕 음료를 마신 쪽에서 체지방 증가가 35퍼센트 적었다. 이 연구의 연구진은 설탕이 들어간 음료가 비만의 원인이 될 수 있다고 해석했다.

한국에서도 콜라나 사이다 같은 청량음료가 어린이 비만의 중요한 원인으로 꼽힌다. 유전이니 체질이니 하지만, 어린이 비만 역시 청량음료를 권하는 사회와 무관하지 않다. 이 역시 얼마쯤은 사회가 만드는 질병이다. 곳곳에 널려 있는 자판기와 매력적인 광고의 그 숨 막히는 유혹이라니. 이런 형편에 너 하기 나름이란 말은 가혹하다.

막다른 경제적 상황과 자살, 그리고 청량음료 권하는 사회와 비만. 여기에서 경제적 형편과 청량음료가 병의 원인인 것은 누구도 의심할 수 없다. 우리는 이런 원인을 건강의 '사회적 결정 요인'이라고 부른다.

코흐Robert Koch(독일의 세균학자, 1843~1910)와 파스퇴르Louis Pasteur(프랑스의 세균학자, 1822~1922) 이후 사람이 병을 앓게 되면, 세균이나 바이러스, 유전자 같은 생물학적 원인을 찾는 것이 대세였다. 나아가 생물학과 의학이 발전하면서 건강 수준이 올라간 것도 사실이다. 항생제를 개발함으로써 세균을 죽이는 치료가 가능해진 것이 대표적인 예다. 그러나 사회적 요인 역시 사라지지 않았다. 아니, 어떤 면에서는 더 중요해졌다.

사회적 측면에서 죽음과 병을 이해하는 것은 역사가 오래다. 꼭 고대

중국의 전설적인 명의 편작編鵲이나 서양 의학의 아버지 히포크라테스 Hippocrates(BC460?~BC377?)까지 갈 필요도 없다. 『직업병』*De Morbis Artificum Diatriba*(1713)을 쓴 이탈리아 의사 라마치니Bernardino Ramazzini(1633~1714)는 직업이 병을 일으킨다는 주장을 편 것으로 유명하다. 직업은 오늘날도 대표적인 사회적 요인으로 꼽힌다. 또 엥겔스는 그 유명한 『영국 노동자계급의 상태』라는 책을 통해 빈곤, 영양 상태, 주거 환경 등이 질병과 밀접한 관련이 있다는 사실을 밝혔다. 역시 현재도 주목을 받는 사회적 요인들이다.

한국에서도 사회적 요인 때문에 사람이 죽고 병든다는 것을 밝힌 실증 자료가 많다. 소득과 학력, 사는 곳, 비정규직과 같은 직업 상태, 노동 환경 등이 특히 중요하다. 그뿐만 아니라 담배를 피울 확률, 운동을 규칙적으로 할 가능성, 병원에 갈 능력도 이 때문에 달라진다. 사회적 건강, 사회적 죽음, 사회적 질병, 사회적 위험, 이런 말들은 그냥 해보는 과장이나 문학적 표현이 아니다.

물론 사회적 요인만으로 죽음과 병을 다 설명하기는 어렵다. 똑같이 막다른 골목을 만나더라도 어떤 사람은 자살을 택하고 또 다른 이는 새롭게 삶의 의지를 다진다. 스무 시간 가까이 일을 하더라도 어떤 사람은 주의력이 떨어지지 않고 생생하다. 건강과 질병에도 개인차가 있는 것이 분명하다. 이론으로나 실제로나 죽음과 건강은 개인적 요인과 사회적 요인이 복합적으로 작용한 결과다.

개인차가 있으니 평균이나 최저 수준을 생각해야 한다는 당연한 말은 일단 옆으로 치워 두자. 중요한 것은 건강을 결정하는 요인을 무엇으로 보는가에 따라 문제를 해결하려는 방향이 달라진다는 점이다. 개인이 문제면 개인을, 사회가 문제면 사회를 고쳐야 하기 때문이다.

설사병은 개발도상국의 어린이를 죽게 만드는 가장 중요한 질병에 들어간다. 누구나 짐작할 수 있듯이, 깨끗하지 못한 물이 원인으로 작용하는 경우가 대부분이다. 물론 물이 아무리 더러워도 끓이거나 정수를 하면 설사병을 줄일 수 있다. 개인이 노력해서 죽음을 피하는 방법이다. 그러나 그렇게 할 수 있는 사람들은 소수다. 그 사회 전체의 근본적인 해결책이 될 수 없다는 뜻이다.

사회적 요인이 작용한다면 그 요인을 해결하기 위해 노력하는 것이 맞다. 설사병을 피하려면 깨끗한 물을 구할 수 있는 우물이나 수도를 설치해야 한다. 빈곤이 자살의 원인이면 소득과 일자리라는 사회적 요인에 손을 대야 한다. 사회 의학의 아버지로 불리는 루돌프 피르호 Rudolf Virchow(독일의 병리학자, 정치가 1821~1902)가 발진티푸스 유행을 막기 위해서 소득재분배와 토지개혁을 주장했다는 사실은 유명하다. 그는 세균이 일으키는 병조차 사회적 요인을 고치지 않고는 뿌리 뽑을 수 없다고 인식했다.

생물학적 요인보다는 사회적 요인이 더 중요할 때, 나아가 병이 생기는 데에 사회적 요인이 유일한 원인일 때에도 개인에게 해답을 구하는 것이 문제다. 말하자면 사회적 문제를 개인화 내지 '사사화'私事化하는 것이 해결을 가로막고 있다. 개인화, 사사화는 지금 한국 사회를 특징짓는 노골적 경향이지만, 죽음과 질병에 이르면 그 정도가 더 심하다. 멀쩡히 길을 가다가 당하는 사고에도 흔히 더 조심하지 그랬느냐는 '희생자 비난하기'가 뒤따른다. 자살은 더 말할 것도 없다.

사회적 대책이나 정책에 이르면 더욱 심하게 '내 탓'에 의존한다. 환경적 요인이 매우 중요한 암도 각자 알아서 암 검진을 열심히 받으라는 것 이외에는 별다른 대책이 없다. 안전 의식과 행동, 개인 보호구를 강조하는 산업 안전 대책은 그중 압권이다.

정책이나 대책의 사사화가 왜 일어나는지는 쉽게 짐작할 수 있다. 사회적 문제 해결은 대체로 구조와 근본에 도전한다. 빈곤이 그렇고 위험한 작업장 환경도 마찬가지다. 기존 질서를 흔드는 것이 어찌 달갑겠는가. 건강의 근본을 따지면 과제는 바로 정치가 되는 것을 피할 수 없다.

현실적 문제도 있다. 근본적 해결은 많은 경우 정부 담당자와 정책 부서의 책임과 능력 범위를 넘는다. 더구나 그 근본은 많은 문제의 같은 뿌리여서 자칫 환원주의적 단순화의 위험을 안고 있다. 사회 양극화와 가난이 중요한 자살 원인이지만 정책은 좀처럼 여기에 미치지 못하는 이유다. 책임을 맡고 있는 듯 보이는 보건 당국은 빈곤과 실직까지 건드리기에는 힘이 모자란다.

사정이 이러니 죽음과 질병을 해결하는 사회적 대책은 좀처럼 효과를 발휘하기 힘들다. 자살률은 이제 국제적 스캔들이 될 정도로 높지만, 단정적으로 말하건대, 뾰족한 대책을 기대하기 어렵다. 보건 당국이 해결할 수 있는 범위를 넘어선 사회적 요인이 핵심 원인이기 때문이다. 그리고 조금만 더 나아가면 정치가 맡아야 할 몫이다.

앞날을 보더라도 당장은 조금 비관적이다. 건강을 위협하는 사회적 요인에 대처하는 기반은 매우 허술하다. 건강은 지극히 개인적인 일이고, 사회적 요인의 산물이라는 것은 좀처럼 드러나지 않는다. 정책으로 좁혀 보더라도 근본은커녕 조금 건드리는 것도 쉽지 않아 보인다. 학생이 스스로 목숨을 끊는 것을 줄이기 위해 교육 당국과 보건 당국이 무슨 논의를 같이 했다는 소리를 들어본 적이 없다. 정부 부처끼리도 양해 각서를 맺어야 하는 희극적 상황이라니. 그러나 포기할 수는 없다. 그 첫걸음이 사회적 결정 요인이라는, 새로운 틀로 건강 문제를 들여다보는 일이다. 우리 사회를 짓누르는 죽음과 질병부터 시작해야 한다. 시각을 고치고 인식의 틀을 공유하는 것이 먼저다. 그런 다음에 해결 방법을 구해야 실마리가 보인다. 단언하지만, 건강의 정치화는 결코 피할 수 없다.

1부

건강과 불평등의 사회적 기원

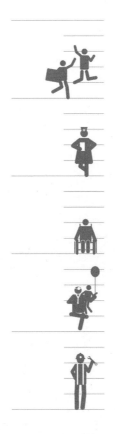

건강과 사회

앞서 서론에 해당하는 글에서 건강의 사회적 결정 요인이란 말을 소개했다. 물론 사회적 요인 이외에도 많은 원인들이 건강에 영향을 미친다. 유전이나 타고난 체질은 물론이고, 병을 일으키는 세균이나 바이러스, 호르몬이나 근육 같은 신체 변화 역시 중요하다. 이들을 '생물학적 결정 요인'이라 한다.

그러나 사회적 요인과 생물학적 요인을 나누는 구분은 때로 무의미하다. 두 가지 요인은 흔히 겹쳐서 나타나기 때문이다. 결핵은 분명 결핵균이 있어야 시작된다. 벤젠과 같은 발암 물질이 몸 안에 들어와야 백혈병이 생긴다. 그러나 어떤 사람이 왜 결핵균에 노출되었는지 그리고 벤젠은 어디에서 왔는지를 생물학적으로 설명할 수는 없다. 많은 질병과 손상에는 사회적 요인과 생물학적 요인이 같이 작용한다.

사회적 결정 요인은 다시 여러 범주로 나눌 수 있다. 예를 들어 소득과 사회적 스트레스는 차원도 성격도 다르다. 그러나 자본주의와 시장 경제를 전제로 한다면, 다양한 사회적 결정 요인 중에서도 '원인의 원인', 즉 근본 원인이 중요하다. 계급이나 사회경제적 지위가 그런 것에 속한다.

계급과 사회경제적 지위는 추상적이다. 계급이 반영된 것이면서 동시에 현실에서 구체화된 가장 중요한 사회적 결정 요인으로 빈곤과 노동을 꼽고 싶다. 계급과 지위의 결과이자 다른 측면이기도 하다. 따라서 가장 중요한 분석 변수이면서 아울러 실천의 대상이 되는 것이 당연하다. 전체 논의를 가난과 노동에서 시작하는 이유도 이 때문이다.

물론, 현실에서 경험할 수 있는 사회적 요인의 실체는 가난과 노동이라는 말로 포괄할 수 없을 만큼 복잡하다. 그리고 그것이 건강에 영향을 미치는 과정은 중층적이고 다차원적이다. 더욱이 환경 변화처럼 물리적인 것이 있는가 하면, 경제 위기와 같은 사회변동도 있다. 또 불평등이 발현되는 주체 역시 지역, 어린이, 여성 등 다양하다.

사회적 요인은 겉으로 보기에 다양하고 복잡하지만 한편으로 통합적이고 구조적이기도 하다. 건강 결과가 나타나기까지 다양한 과정을 거치지만, 결국 그 경로 전체는 사회적 결정 요인의 특징에 따라 정해진다. 이제 생활과 삶 속에 깊이 들어와 있는 이들 요인을 새로운 눈으로 살펴보도록 하자.

건강은 얼마나 사회적인가

건강이 얼마나 사회적인가 따지기 전에 건강과 보건의료(또는 보건의료 서비스)는 다르다는 것을 지적해야 하겠다. 보건의료는 건강을 보호하거나 향상시키는 데 필요한 건강 증진, 예방, 치료, 질병 관리, 재활, 보호 등을 의미한다. 특히 보건의료 전문직 혹은 그와 관련된 인력이 시행하는 것을 가리킨다. 따라서 보건의료는 건강을 산출하는 데 기여하는 한 가지 요인일 뿐이다.

한 가지 원인이 병을 일으킨다는 것은 결핵균을 발견한 코흐가 증명한 것이다. 그러나 현실에서 한 가지 요인으로 건강과 질병 발생을 설명하는 것은 불가능하다. 건강과 질병을 결정하는 것은 단일한 요인만도 외부적 요인만도 아니라는 주장이 대세다. 특히 만성질환이 건강 문제의 대부분을 차지하게 된 20세기 후반기 이후부터는 '다多요인설'이 질병 발생을 설명하는 주된 이론이 되었다.

여기서는 주로 사회적 요인을 다룰 참이지만, 생물학적 요인이 건강과 질병에 심대한 영향을 미친다는 것은 확실하다. 아직도 중요한 건강 문제인 전염병을 생각하면 된다. 사회적 요인이나 환경이 같이 작용하지만, 외부의 미생물과 침입을 받는 쪽(사람)의 면역력을 포함해 생물학적 요인이 매우 중요한 역할을 한다.

생물학적 요인이 중요하다는 것은 개인의 건강이나 질병 경험, 또는 회복 경험 때문에 설득력이 강하다. 특히 개인적으로는 더욱 그렇다. 구체적인 건강과 질병 현상을 두고 행태(예를 들어 흡연, 운동, 음주 등)나 사회적 요인, 정신적 요인 등으로 설명하는 것이 쉽지 않기 때문이다. 예를 들어, 비슷하게 담배를 피웠는데도 어떤 사람은 폐암에 걸리고 다른 사람은 장수한다. 각 개인에게는 생물학적인 설명(예를 들어 유전자나 면역력)이 훨씬 설득력이 높을 것이다.

그러나 생물학적 요인의 중요성이나 기여도는 과장되어 있는 것이 확실하다. 미국 스탠퍼드 대학 의대 교수인 보츠Walter Bortz가 추정한 결과로는 가장 대표적인 생물학적 요인인 유전도 인간 수명의 15~20퍼센트 정도만을 설명할 수 있을 뿐이다. 대부분의 생물학적 요인은 다른 요인들과 합해지거나 다른 요인들을 통해서 영향을 미친다.

생물학적 요인과 대비되는 것이 사회적 요인이다. 세계보건기구 WHO의 '건강의 사회적 결정 요인 위원회'는 2008년 펴낸 최종 보고서에서 사회적 결정 요인을 '총체적' 시각에서 정의했다. 위원회는 "빈곤층의 낮은 건강 수준, 국가 내에서 나타나는 건강의 사회적 격차, 현저한 국가 간의 건강 불평등은 국가적·국제적으로 존재하는 권력, 소득, 물자, 서비스의 불평등한 분포 때문에 생긴다"고 설명한다.

권력과 소득, 물자 등의 불평등한 분포는 사람이 살아가는 직접적이고 가시적인 환경, 즉 의료, 학교, 교육 등에 대한 접근과 노동, 여가, 가정, 거주 지역의 조건에 불공정성을 초래한다. 이런 식으로 규정하면 건강에 영향을 주는 사회적 요인들이 모두 망라된다. 세계보건기구의 정의는 건강에 영향을 미치는 국가적·국제적 요인, 즉 주로 거시 요인에 초점을 두었다.

이에 비해 좀 더 미시적 차원에서 사회적 결정 요인을 규정할 수도 있다. 영국 런던 대학의 브루너Eric Brunner와 마멋Michael Marmot 교수 팀이 설명한 것을 보자. 두 사람은 질병이라는 최종적인 결과는 생물학적 현상이지만 이것이 사회적 맥락 속에 있다고 본다. 사회구조가 질병과 사망, 안녕에 영향을 미치는데, 그 작용은 물질적 요인, 사회 환경, 노동환경이라는 세 가지 경로를 통한다. 그중 물질적 요인은 직접 건강에 영향을 미친다. 이에 비해 사회 환경은 개인의 행동과 습관을 통해, 그리고 노동환경은 심리적 요인을 통해 건강에 영향을 미친다. 사회 환경과 노동환경은 중간에 심리, 행태 요인을 거치는 것이 특징이다.

어느 쪽을 보나 건강에 영향을 미치는 가장 중요한 사회적 요인은 소득, 교육, 직업적 지위 등이다. 많은 조사와 분석, 연구가 일관되게 이들 변수와 건강의 관련성을 증명한다. 한국도 예외가 아니어서, 2000년 이후 많은 증거가 모였다.

우선, 소득과 건강의 관계는 명확하다. 비교적 최근의 예를 보더라도, 1998년 경제 위기 이후 소득 감소와 불평등 악화가 건강에 직접 영향을 미쳤다. 경제 위기가 없을 때도 마찬가지다. 울산대 강영호 교수팀의 연구*에 기초하면, 가구 소득을 다섯 단계로 나눌 때 최저 소득 가구

● Khang YH, Lynch JW, Harper S, Yang S, Jung-Choi K, Kim HR, 2009, "The contribution of material,

에 속하는 사람들의 사망률이 최고 소득 가구에 비해 1.56배 더 높다. 다른 조건을 같게 하고도 소득수준과 사망률은 정확하게 반비례한다.

건강 불평등에 영향을 미치는 또 하나의 핵심 요인은 교육이다. 앞에서 인용한 연구에서는 교육 수준의 차이에 따른 건강 격차가 소득보다 더 뚜렷하다. 고등학교 졸업 이상의 학력에 비해 무학인 사람의 사망률이 2.47배나 더 높다. 교육은 소득수준을 결정하고 소득은 다시 건강에 영향을 미친다. 교육이 소득을 통해 건강에 영향을 주는 것이다.

교육은 소득과 무관하게 그 자체로 직접 건강에 영향을 미친다는 점이 중요하다. 교육은 인지 기능을 향상시키고 인지적 요소는 건강 행태와 생활 습관에 영향을 미친다. 교육이 인지 기능을 통해 건강을 증진시킬 수 있다는 뜻이다. 같은 소득에서도 교육 수준이 높을 경우 건강 수준이 향상된다는 연구 결과는 이런 경로를 통한 것이다. 소득수준에 비해 여성의 교육 수준이 높은 인도 케랄라 주에서 영아 사망률이 매우 낮다는 사실은 국제적으로도 유명하다.

소득이나 교육에 비하면 다소 미시적이지만, 노동과 작업환경도 중요한 사회적 요인이다. 이 가운데에 비정규직의 문제는 충분히 잘 알려져 있다. 흔히 물질적 조건이 불리하다는 것을 문제 삼지만, 소득이 같

psychosocial, and behavioral factors to explain educational and occupational mortality inequalities in a nationally representative sample of South Koreans: relative and absolute perspectives," *Social Science & Medicine* 68(5), pp. 858-66.

은 경우에도 비정규직의 건강이 더 나쁘다. 신체적 건강은 물론이고 정신적·심리적 건강도 악영향을 받는 것이 보통이다.

작업환경과 노동조건도 건강과 건강 불평등을 설명하는 데에 빼놓을 수 없다. 전통적인 건강 위험 요인인 장시간 노동이나 불안전한 작업환경은 당연하다. 아울러 변화된 노동과정으로 인한 사회심리적 스트레스도 건강 불평등을 초래하는 중요한 원인으로 작용한다.

정책으로 연결될 때는 전통적인 위험 요인을 개선하는 것과 함께 새로운 요인들에 대한 대책을 마련해야 한다. 특히 사회심리적 스트레스는 노동조직 및 노동과정과 직접 연관된다. 미시적인 접근뿐만 아니라 노동과정에 대한 참여 혹은 민주화라는 근본적 문제를 동시에 제기한다.

이 밖에 주거 조건, 지역사회의 특성, 환경적 요인 등이 건강과 건강 불평등에 영향을 주는 요인이다. 최근 외국에서 수행된 많은 연구들이 이런 요인 역시 건강을 결정하고 건강 불평등을 만드는 데 중요하게 작용한다는 것을 보여 준다.

조금 혼란스러운 것이 보건의료 서비스다. 보건의료는 생물학적 요인에 직접 영향을 주기 때문에 사회적 요인은 아닌 것처럼 보기 쉽다. 하지만 세계보건기구가 규정한 것에 기초하면 보건의료 서비스도 건강과 건강 불평등에 영향을 미치는 사회적 요인에 들어간다. 보건의료 서비스가 제도와 정책의 결과물이므로 사회적 요인으로 분류한 것이다.

보건의료 서비스가 건강에 어떤 영향을 미치는가에 대해서는 여전히 불확실한 점이 많이 남아 있다. 특히 『의학의 역할』 *The Role of Medicine :*

*Dream, Mirage Or Nemesis?*을 쓴 영국의 사회의학자인 토머스 매큐언Thomas McKeown(1912~88)이 연구한 결과는 의료계에 큰 충격을 주었다. 유럽에서 현대 의학이 확립되기 이전에 이루어진 건강 수준 향상의 대부분이 의료 때문이 아니라 영양 공급이 증가했기 때문이었다는 것이다.

하지만 보건의료 서비스는 다양한 경로를 통해 건강과 형평성에 영향을 미칠 수 있다. 최근에는 효과가 입증된 보건의료 서비스가 건강 수준 향상에 직접 기여한다는 주장이 많다. 신생아 중환자의 치료, 심장병 수술 등이 사람들의 생명을 연장하는 데에 크게 기여했다는 것이다.

보건의료 서비스가 건강에 영향을 미치는 경로는 몇 가지로 나누어진다. 우선 경제적 요소를 포함한 다양한 접근성이 영향을 미친다. 보건의료 서비스를 받아야 하는데도 서비스를 이용할 수 없으면 건강 수준이 악화되는 것은 당연하다. 물론 여기에는 보건의료 이외의 사회적 결정 요인이 다시 원인으로 작용한다. 실업과 소득 감소, 부담 능력을 넘는 의료비 지출 등이 그것이다. 또한 시설이나 인력과 같은 보건의료 자원이 제대로 없는 것도 접근성에 영향을 준다.

접근성 수준이 같아도 보건의료의 질적 수준이 다른 것이 건강에 영향을 미칠 수 있다. 2004년 미국『뉴잉글랜드 저널 오브 메디슨』에는 일차 진료의 질적 수준이 인종에 따라 달라진다는 논문이 실렸다. 일차 진료를 담당하는 의사들에게 설문 조사를 한 결과, 환자에게 양질의 의료를 제공하지 못했다고 응답한 비율이 백인 환자에서는 19퍼센트였던 반면 흑인 환자에서는 28퍼센트에 이르렀다. 인종(이 역시 사회경제적 요인이다)이라는 요인 때문에 건강이 달라진 것이다.

엄밀하게 말하면 건강과 질병 현상은 여러 요인이 복합적으로 작용한 결과다. 그러나 생물학적 요인으로 설명하고 이해하는 것이 여전히 주류의 자리를 차지하고 있다. 여기에다 이제 사회적 관점을 보태야 한다. 미생물의 침입을 막고 유전적 결함을 고치는 것으로는 충분하지 않다. 소득과 교육, 노동과 주거가 모두 개입과 변화의 대상이다.

가난이 병이다

빈곤과 노동이 가장 중요한 사회적 요인이라는 점은 이미 말했다. 그 가운데서도 먼저 빈곤과 건강을 연결시켜 보자.

가난이 과거의 일이 아니라는 점을 먼저 지적해야 하겠다. 2010년의 통계로 빈곤층은 340만 명에 이른다. 2012년 국무총리실이 발표한 빈곤 실태 조사 결과가 그렇다. 이 숫자마저 실제보다 적게 잡힌 것이다. 소득이 최저 생계비의 100~120퍼센트에 속하는 이른바 차상위 계층을 포함하면 빈곤층 규모는 570만 명까지 늘어난다. 열 사람에 하나 꼴로 가난을 벗어나지 못한 상태다. 가난은 아직도 아주 가까운 문제다.

현실은 상대적 빈곤이니 절대적 빈곤이니 하는 개념 구분을 무색하게 한다. 건강과 의료 문제만 해도 그렇다. 가구원 중 만성질환자가 있는 가구 비율은 전체 평균이 22.4퍼센트인 반면, 기초 수급 가구는 63.8퍼센트, '차상위' 가구는 58.3퍼센트에 이른다. 비빈곤 가구에 비해 빈곤 가구의 만성질환자 비율이 두 배를 훌쩍 넘어선다는 뜻이다.

의료비 부담도 상황이 비슷하다. 전체 가구는 33.1퍼센트인 데 비해, 기초 수급 가구는 45.5퍼센트, 차상위 가구는 52.7퍼센트가 의료비 부담을 느낀다고 응답했다. 비수급 빈곤층은 11.8퍼센트가 치료를 중도에 포기한 경험이 있었고, 포기한 이유 중 90.9퍼센트가 치료비 부담 때문이었다(『한국일보』 2012/06/05).

사실 이런 조사 결과는 놀랍거나 예상을 벗어난 것이 아니다. 세계 최고 수준의 경제 발전이라는 자화자찬이 익숙하지만, 가난은 여전히 한국 사회의 한 단면이다. 어느 정도 건강보장제도와 안전망이 갖추어졌다지만, 심지어 중산층에게도 의료비는 부담스럽다.

익숙한 가난에 대응하는 방식 역시 낯익다. 비교적 최근인 2012년 제2차 사회보장심의위원회에서 논의된 내용을 보자. 우선 눈에 들어오는 것은 대상을 분리하고 개인화하는 노골적 경향이다. 과거 늘 그래 왔던 것과 크게 다르지 않다. 다만 2012년에는 빈곤층을 다시 나눠 차상위와 기초 수급자를 대비시킨 것이 좀 달라졌다. 더 많이 쪼갰다는 점에서 분리의 정도가 더 심해졌다고나 할까.

이런 방식으로 가난을 분리하고 개인화하는 것은 우리 사회의 기득권층이 가난을 이해하는 방식과 맞물려 있다. 정부 대책이 발표되자 아니나 다를까 빈곤층 소득이 역진적이고(어떤 신문의 제목에는 소득 역전 앞에 '황당한'이라는 표현이 붙었다) 모든 혜택은 수급자가 '독식'한다는 해석이 쏟아졌다. 어딜 보아도 차상위도 어려움이 비슷하니 제도를 더 확대해야 한다는 주장은 찾을 수 없다. 기초 수급자가 혜택을 독차지하고, 한번 수급자가 되면 무슨 수를 쓰든 유지하려고 하며, 광범위한 '도덕적 해이'가 의심된다는 것이 논지의 핵심을 차지한다.

압권은 한 신문의 제목이다. "공짜 복지에 '빈곤 역전'"을 1면에 가장 큰 제목으로 뽑았다(『세계일보』 2012/06/05). 공짜 복지라는 제목만 보면 마치 자격 없는 사람이 속여서 혜택을 받는 것인가 생각할 정도다. 그러나 막상 기사 본문에는 저소득층에 돈을 지원한 결과 혜택에서 제외된 사람과 소득이 역전된다고 되어 있다. 빈곤층을 일하도록 만들어야지 돈을 지원하면 공짜 심리가 생긴다는 본심을 드러낸 진단이다.

내놓고 말하지 않아서 그렇지, 정부도 비슷한 생각을 가진 듯 보인다. 물론 비수급 빈곤층 보호를 강화하겠다는 것도 과제에 들어 있기는 하다. 하지만 여기에는 — 너무나 익숙한 표현으로 — 우선순위와 재정 영향을 고려해 관계 부처 간 협의를 통해 '단계적으로' 추진한다는 단서가 붙었다. 대상자를 합리적으로 '조정'하겠다는 의도가 훨씬 더 선명하다. 이는 기초 수급자에 집중된 부문별 복지 혜택을 차상위 계층으로 조정한다는 뜻이다.

가난한 이들의 '도덕적 해이'를 막아야 한다는 기조만큼은 역대 어느 정부의 정책에서도 일관된다. 의료 급여 수급자의 의료 이용을 어떻게든 줄여야 한다는 주장이 대표적이다. 의료 급여는 빈곤층을 대상으로 하는 기초생활보장제도에 포함된 급여이다. 1종과 2종 두 가지가 있는데, 1종은 무료로 의료를 이용할 수 있고, 2종은 약간의 자기 부담이 있다. 1종이 무료라고는 하지만, 보장 범위가 건강보험과 차이가 없으므로 여기서 제외된 것(예컨대, 초음파)은 스스로 부담해야 한다. 그러나 의료 서비스 이용이 지나치게 많다는 주장과 진단이 끊이지 않는다. '공짜'라서 '도덕적' 해이가 심하다는 것이다. 그러니 '집중'된 혜택을 차상위 계층으로 옮긴다는 소리가 쉽게 나온다.

이런 생각과 접근으로는 빈곤도 의료 급여도 답을 찾을 수 없다. 2012년의 실태 조사 결과가 보여 주듯, 기초 수급자의 삶은 약간의 혜택을 받는 가운데에서도 여전히 고단하고 팍팍하다. 말이 그렇지 조정하는 것이 쉬울 리 없고, 조정할 것이나 있는지 모르겠다. 그나마 이들이 받는 혜택을 조정하자고 하면, 기초 수급자와 차상위 계층 사이에 새로운 갈등이 일어날 것을 걱정해야 할 판이다.

무엇을 기준으로 하든, 의료 급여 대상자는 더 확대하는 것이 맞다. 혜택의 수준이나 본인 부담 문제도 마찬가지다. 일부 사람들은 도덕적 해이를 말하지만, 공짜 복지와 복지병이라는 구닥다리 시각을 벗어나지 못한 주장이다. 인도적이고 정의에 부합하는 안전망의 원리는 비록 열 사람이 낭비를 한다 한들 꼭 필요한 한 사람을 놓치는 일이 없어야 한다는 것이다. 더구나 지금까지 연구 결과를 보면, 낭비한다고 몰아세우는 것은 의도가 의심스러운 근거 없는 주장에 가깝다. 심지어 낭비를 인정하는 경우라도 의료 급여 수급자가 모두 책임질 일은 아니다. 과잉 진료에서 보듯 의사와 병원이 책임져야 할 것이 더 많다.

또 한 가지, 의료 급여는 가난한 사람이 공짜로 병원에 갈 수 있게 해주는, 그런 단순한 제도가 아니다. 건강과 의료는 가난과 밀접하고, 그래서 의료 급여는 빈곤 예방 및 빈곤 탈출과 연결되어 있다. 건강이 나빠지면 새로 가난해지거나 가난이 더 심해진다는 것은 이미 잘 알려져 있다. 그와 반대 방향으로, 가난하면 건강이 나빠진다는 것도 정설이다.

물론 지금 의료 급여가 하고 있는 일이 이런 효과를 제대로 발휘하고 있다는 뜻은 아니다. 사실 의료 급여가 가난을 예방하거나 억제하는 데에 무슨 역할을 어떻게 하고 있는지 잘 모른다. 무엇을 제대로 분석했다는 말도 들어본 적이 없다. 기초생활보장제도 전체가 마찬가지다.

의료 급여나 기초생활보장제도가 제대로 작동하지 않을수록 건강과 가난의 고리는 다음 세대로 세습된다. 부모가 가난한 집 아이는 대체로 건강이 더 나쁘고, 그 결과 교육 및 기술 습득이 부진한 경우가 많다. 성인이 된 이들이 좋은 일자리를 구하고 제대로 된 경제활동을 할 확률은 그만큼 낮다. 결국 가난은 다음 세대로 이어지고, 이들의 건강 역시 좋지 않을 가능성이 크다. 말하자면, '가난-건강-교육-노동-가난'의 '사회적 유전'을 피하기 어렵다.

가난이 만드는 악순환의 고리를 끊는 것이 제대로 된 복지이고 사회 정책이다. 기초생활보장제도의 한 요소인 의료 급여 역시 가난과 건강의 사회적 유전을 예방하는 중요한 역할을 해야 한다. 그렇다면 의료 급여가 지향해야 할 정책 방향은 명확하다. 가난의 악순환을 끊을 수 있을 정도로, 충분히 많은 사람들에게, 충분한 수준의 지원을 하는 것이다. 대상 범위를 모든 빈곤 인구로 확대하고, 기존의 본인 부담도 줄이거나 없애야 한다.

지금까지는 건강을 결정하는 요인으로 소득과 가난에 대해 주로 다루었다. 그런데 이와 같은 가난은 한 가지 모습으로 나타나지 않는다. 물론, 앞서 지적했듯이, 가난은 건강을 해치는 다른 사회적 요인의 근본 원인으로 작동한다. 가난을 빼고는 건강을 해치는 식품, 주거, 환경, 생활 습관, 범죄를 설명할 수 없기 때문이다. 하지만 가난은 다른 사회적 요인의 결과이기도 하다. 대표적인 요인이 바로 다음에서 설명할 노동이다.

노동자가 아픈 이유

노동에서 건강을 떠올리는 가장 흔한 기회는 사고가 났을 때다. 산업재해가 그렇다. 우리는 어렵지 않게 이런 일들을 찾아볼 수 있다. 최근 몇 년 사이 일어난 두 가지 사건을 떠올려 보자. 하나는 서울의 한 구청에서 일하던 청원경찰이 갑자기 사망한 사건이다. 2012년 겨울, 40대 남성이 당직 근무 이후 심근경색으로 쓰러졌고, 병원으로 옮겼지만 회복하지 못했다. 그냥 평범한 개인사일 수 있었다. 그러나 구의회가 "근무와 관련한 부당한 지시·명령 등"이 관련이 있을 수 있다고 의문을 제기했다. 심상치 않은 속사정이 있었던 모양이다.

한 신문이 보도한 내용만 보면, 일이 일어난 경과는 상식을 벗어난다. 구청장의 관용차 주차 안내가 늦었다고 구청 측이 난방기가 설치된 초소를 이용하지 못하도록 '징벌'을 내렸다. 청원경찰이 초소 안에 있다가 늦장을 부렸다는 것이 그 이유였다. 징벌이 있었다는 이 시기에는 체감 온도가 영하 20도를 오르내렸다. 실제로 오랜 시간 근무가 지속됐다면 추위는 그 정도로 심각한 위험이 될 수 있다.

물론 구청이 초소 문을 잠근 것과 사망 사건의 연관성은 분명하지 않다. 구청 측도 사실과 다르다고 적극 반박했다. 그 후 논란의 결과가 어떻게 되었는지는 제대로 알려지지 않았다. 아마도 인과관계를 밝히는 일은 불가능했을 것이다. 부검이나 역학조사 같은 것으로 알 수 있는 일이 아니니 말이다.

또 다른 슬픈 소식은 비슷한 때 제주도 감귤 가공 공장에서 일어난 일이다. 감귤 처리 탱크를 청소하던 용역 직원 두 명이 가스에 질식해 숨졌다. 산소 탱크와 산소마스크 등 아무런 안전 장구를 착용하지 않고 탱크 속에서 일하다가 사고를 당했다. 언론은 만성적 안전 불감증이 원인이라는 한탄조의 분석도 빼놓지 않았다.

안타깝지만 여기까지는 흔하디흔한 일이다. 서울과 제주에서, 노동자가 귀중한 목숨을 잃었다는 것을 빼면 두 사건 사이에는 공통점도 별로 없다. 언뜻 보더라도 사건의 이유, 과정, 결과가 모두 다르다.

하지만 적어도 한 가지는 공통된다. 모든 일하는 사람의 죽음은 노동 그 자체와 무관하지 않다는 점에서 그렇다. 그들의 죽음이 사고 때문이라면 노동은 더 중심에 있다. 여기에서 두 사건이 구체적인 노동의 결과라는, 인과관계를 밝히는 것은 중요하지 않다. 누구에게 책임이 있든 그리고 그 경과가 무엇이든 그 바탕에는 노동문제가 있다는 사실이 더 중요하다.

서울과 제주에서 죽은 이들은 우리 사회의 노동과 노동 건강의 맨얼굴을 보여 준다. 우선, 우리 사회에서 노동은(건강과 함께) 지극히 개인적인 영역으로 치부된다. 구조의 산물이라는 인식은 점점 더 옅어지고 있다. 고용과 노동의 조건은 개인의 능력이고 선택인 것으로 받아들여지는 것이다.

이 사건들에서도 노동을 개인화시키는 경향이 뚜렷하게 나타났다. 사건의 원인을 개인으로 환원시키면 이렇게 된다. 이상한 구청장(또는 부하 공무원)이 몰상식한 지시를 한 결과 노동자는 심근경색을 불러올 수도 있는 큰 위험에 노출되었다. 또 제주의 사건은 안타깝긴 하지만 일하는 사람들이 각자 안전 수칙만 잘 지켰어도 충분히 예방할 수 있었던 사고다.

구청장과 노동자, 책임의 주체는 다르지만 개인에게 문제를 돌린 것은 같다. 그다음은 도덕적 책임을 묻고 비난이 따른다. 이상한 구청장과 안전에 민감하지 않은 무책임한 노동자에서 더 나가기 어렵다. 그렇기 때문에 구조가 아니라 구체적 인과관계가 무엇인지 갑론을박을 벌이다 흐지부지 끝나기 일쑤다.

그러나 노동자의 사망은 예외적인 사람들이 일으킨 개인 사건이 아니다. 안전과 생명은 뒷전인 착취적 노동관계가 모습만 달리해 여러 가지로 나타난 것이다. 떨어져 있는 듯 보이지만, 악명 높은 산재 사망의 구조와 조금도 다르지 않다.

다음으로, 두 사건 모두 극단적으로 불평등한 노사 간의 권력관계를 고스란히 드러냈다. 사망에 이르게 된 인과관계가 무엇이든 이 사실은 변하지 않는다. 서울의 해당 구청은 정해진 절차도 없이 징벌을 가했고 청원경찰은 꼼짝 없이 그것을 견뎌야 했다. 사고가 난 이후 조사 과정에서도 다른 청원경찰은 입을 다물었다고 한다. 현재의 권력 관계에서 어느 누군들 눈치를 보지 않을 수 있으랴. 제주의 사건 역시 마찬가지다. 지역 언론이 보도한 것에 따르면 사망한 노동자들은 모두 일용직이었다고 한다. 시간이 곧 돈인 이들에게 안전 수칙을 다 지키라는 말은 배부른 소리였을 것이다. 11월에서 1월 사이에만 일이 있는 일용직 노동자. 무엇을 선택하거나 요구할 수 있는 '권력'이라는 것이 손톱만큼이라도 있었을까. 강압적으로 지시해야 권력이 되는 것이 아니다. 이들은 노동시장에서 조그마한 권력도 가지지 못했다.

이들을 보호하는 사회적 장치가 매우 허약하다는 것이 세 번째 공통점이다. 앞의 두 가지 공통점으로 볼 때 이것은 당연하고 자연스러운 결과다. 개인의 일이고 권력을 가지지 못했는데 사회적 안전장치가 주어질 리 만무하다. 제주에서 사망한 노동자들은 산재를 비롯한 4대 보험에도 가입되어 있지 않았다고 했다. 아니나 다를까, 회사 차원에서 보상

금을 지급하기 위해 노력했다는 소리가 전부다.

흔히 이런 사건마다 제도가 아니라 선의와 나름의 노력이라는 말이 앞선다. 개인 차원에서는 미담일지 모르지만, 그것은 변덕스럽고 불안정하다. 아마도 책임은 없지만 성의 차원에서 무슨 보상을 했다는 것이 끝일 것이다.

서울의 청원경찰은 좀 나았을까. 신분의 안정성이나 급여는 몰라도 스스로를 보호하는 권리가 허술했던 것은 마찬가지다. 대표적으로, 이들은 노조 가입이나 집단행동을 할 수 없다. 가장 기본적 권리(노동권)가 없는데 무슨 방법으로 안전과 건강을 지킬 수 있을까. 이들 역시 강자의 선의에 기대를 걸 수밖에 없었을 것이다. 하지만 이는 한 치 앞을 알 수 없고 자의적이다. 그런 선의와 배려는 언제라도 후퇴할 수 있다.

서울과 제주에서 일어났던 사건들은 특수한 일이 아니다. 곳곳에서 오늘 일어나고 있고 내일 또한 그럴 것이다. 날짜만 바꾸면 시기는 별로 문제가 되지 않는다. 구조의 문제이고, 권력은 일방적으로 치우쳐 있기 때문이다.

죽음보다 좀 약한 직업병이나 다른 사고로 바꾸면 달라질까. 그렇지 않다. 죽음을 불러온 구조와 권력의 불균형은 질병과 사고에도 그대로 작동한다. 정도의 차이일 뿐, 차원이 다른 것은 아니다.

스트레스가 건강을 해친다는 사람이 많지만, 그 근원의 태반은 직장과 그곳에서 견디는 노동이다. 유연성이나 생산성 따위의 갖가지 중립적인 말로 치장한 권력관계가 그곳에서 어떻게 작동하는지 보라. 유해

가스나 중금속의 위험에서 노동자를 보호할 기술은 지금도 크게 모자라지 않는다. 그러나 노동자는 기술을 적용하고 보호 장치를 갖추게 강제할 힘을 갖지 못했다. 무엇이 얼마나 해로운지 알 길조차 없는 경우도 흔하다.

구조의 왜곡과 권력의 불균형은 좋아질 기미가 없다. 오히려 더 나빠지는 것처럼 보인다. 이런 상태가 더 진행된다면 노동자의 건강은 더욱 피폐해질 것이 틀림없다. 많은 사람이 '너' 또는 '그들'의 문제라고 생각하는 것은 더 나쁜 징조다. 노동이 죽음을 부추기는 현실을 되돌리기 위해서는 기울대로 기운 노동의 권력관계를 조금이라도 바꾸어야 한다.

지금까지 본 것처럼 노동은 건강을 결정하는 중요한 사회적 요인이다. 꼭 험악한 노동조건과 치우친 권력관계가 아니더라도 많은 요인이 건강을 해칠 수 있다. 그것은 형편없는 임금일 수도 있고, 나쁜 음식일 수도 있다.

이런 조건과 건강이라는 결과 사이에는 다양한 연결 고리들이 존재한다. 예를 들어 '비정규직 → 저임금 → 낮은 생활비 → 건강에 나쁜 음식과 주거 빈곤 → 질병'이 고리를 잇는 것과 같은 식이다. 흔히 이것을 사회적 요인이 건강에 영향을 미치는 '경로'라고 표현한다. 겉으로 보기에는 다 같은 사회적 요인인 것 같지만 그 위치가 다르고 그 사이에도 연결 고리가 존재하는 것은 당연하다. 가난과 노동의 권력이 좀 더 상위(근본)에 있는 것이라면 먹는 것이나 주거 형편은 좀 더 하위(현상)에 있는 요인이다.

건강 악화나 불평등이 일어나는 경로를 잘 아는 것은 매우 중요하다. 문제를 해결할 수 있는 고리를 찾을 수 있게 하고 방법을 정할 수 있기 때문이다. 가령 더위가 심하면 저소득층이 더 큰 건강 피해를 본다고 하자. 그들의 몸과 유전자가 본래 더위에 더 약하다면 모를까, 여기에는 분명 불평등한 결과가 빚어지는 경로가 있다. 그것을 찾을 수 있다면, 비록 가난 자체를 당장 없애지는 못하더라도 이들의 건강 피해를 조금이라도 줄일 수 있을 것이다.

자연적인 것과
사회적인 것

앞에서 이미 말한 대로, 건강을 위협하는 사회적 요인은 한 가지 모습으로 나타나지 않는다. 사회적 요인은 자연적인 원인을 통해, 그리고 다른 사회적 요인을 거쳐 건강에 영향을 미친다. 겉으로는 식품, 주거, 환경, 생활 습관이 건강을 해치는 것처럼 보인다. 그러나 직접 원인은 자연적인 것인 때에도 더 '깊은' 곳에서는 사회적 요인이 같이(또는 따로) 작동하는 경우가 많다.

폭염에 목숨을 잃는 사람들

1995년 7월 12일부터 16일 사이, 미국 시카고의 최고 기온은 낮게는 34도에서 높게는 41도에 이르렀다. 닷새 만에 739명이 심한 더위 때문에 사망했는데(사망자 수는 추정한 것이어서 조사에 따라 다르다), 미국의 어떤 재해보다도 더 많은 숫자였다고 한다.

숫자도 숫자지만, 피해가 일부 집단에 집중되었다는 사실이 더 중요하다. 대부분 사망자는 도심에 사는 빈곤층 노인이었다. 이들은 냉방 시설이 없거나 시설이 있더라도 전기료 때문에 더위를 그냥 견뎠다. 도둑이나 강도를 걱정해서 작은 창문조차 닫아 놓은 사람들도 많았다.

2003년 프랑스에서 발생한 폭염과 사망도 유명하다. 8월 4일부터 18일 사이에 프랑스 전국의 기후 관측소 중 3분의 2가 35도 이상의 최고 온도를 기록했고, 나머지 15퍼센트에 해당하는 지역에서는 40도 이상까지 치솟았다. 전문가들은 폭염으로 인한 사망자 수가 예년보다 1만 5천여 명 더 늘어났다고 분석했다. 도시에 있는 좁은 방(원룸이나 프랑스식 옥탑방이 많았다)에서 혼자 사는 노인이 사망자의 대부분을 차지한 것은 시카고와 비슷하다.

엄청나게 덥지만 않으면 괜찮을까 싶지만, 여름에 기온이 올라갈수록 사망률이 높아진다는 것은 최근 연구를 종합한 정설이다. 한국이라고 예외일 리 없다. 1994년에서 2003년까지의 자료를 분석한 결과를 보면(2006년 서울대 김호 교수 연구팀), 서울의 경우 기온이 1도 올라가면 사망률이 16.3퍼센트 증가하는 것으로 나타난다. 서울보다는 정도가 덜하지만 다른 대도시에서도 경향이 비슷하다.

경로야 어떻든 더위가 건강을 위협하는 것은 확실하다. 더위는 건강에 영향을 미치는 대표적인 물리적 환경으로 분류된다. 시카고나 프랑스의 사례에서 보듯이, 심하면 목숨까지 잃는다. 더위는 그저 불편한 것이 아니라 그 자체가 건강 위험인 셈이다.

폭염 때문에 생기는 질병과 사망을 의학적·생물학적으로 설명하는 것은 그리 어렵지 않다. 기온이 비정상적으로 높아지면 열사병이 늘어나고 심장 질환과 뇌혈관 질환이 악화되는 것이 직접 원인이다. 대표적인 희생자인 노인들은 땀으로 체온을 낮추는 기능도 약해져 있다.

그러나 이게 끝이 아니다. 폭염이 건강에 미치는 영향, 그리고 사망에 이르게 하는 경로는 생물학적이라기보다는 사회적이다. 생물학적으로 같은 조건을 가지고 있어도, 가령 심장이 약하고 뇌혈관 질환을 가지고 있어도, 질병과 사망은 얼마든지 피하고 예방할 수 있다. 시카고 사례에서 보듯이, 죽음은 더위에 제대로 대처할 수 없는 사회적·경제적 조건을 가진 사람에 집중되었다. 취약 계층이 흔히 그렇듯 고령, 질병과 장애, 빈곤, 열악한 주거 시설이라는 서너 가지 악조건이 겹친다. 사회적 원인이 결정적으로 중요하다는 점에서, 폭염 때문에 초래되는 사망은 '사회적 죽음'이라고 불러야 한다.

시카고와 프랑스에서 일어났던 일은 한국에서도 그대로 반복될 수 있다. 게다가 같은 더위라 하더라도 한국은 죽음을 불러오는 사회적 조건들을 두루 갖추고 있다. 우선 고령화와 빈곤이라는 요인이 두드러진다. 2012년 2월 한국개발연구원이 발표한 "가구 유형 변화에 대한 대응 방안"이라는 보고서를 보면, 2010년 1인 가구에 속한 빈곤 인구의 72퍼센트는 60대 이상이고, 2인 가구에 속한 빈곤 인구의 68.2퍼센트도 60대 이상의 고령자이다. 이제 노인과 빈곤, 그리고 단독 가구는 따로 떼어 놓고는 볼 수 없는 상황이 되었다.

다음으로는 주거 환경이 문제가 된다. 빈곤층과 빈곤 노인이 구체적으로 어떤 주거 환경에서 살고 있는지는 제대로 파악하기 어렵다. 다만, 박신영의 연구 "우리나라의 주거 빈곤 실태"(2012)(『보건복지포럼』 통권 184호)에 따르면, 2010년 현재 최저 주거 기준에 미달하는 가구가 약 184만 가구(전체 가구의 10.6퍼센트)에 이른다. 아마도 빈곤 노인 대다수가 여기에 속할 것이다.

빈곤층 노인을 둘러싼 환경을 좀 더 생생하게 보여 주는 자료도 있다. 2010년 기후변화행동연구소가 펴낸 "폭염이 서울시 쪽방촌 독거노인에게 미치는 건강 영향 조사"가 그것이다. 이 연구는 서울시 종로구의 한 쪽방촌을 대상으로 했는데, 주민 20명의 연령은 평균 73.4세, 쪽방의 평균 크기는 5.1제곱미터(약 1.5평)였다. 절반은 선풍기가 없었고, 3분의 1은 창문조차 없었다.

그 결과 쪽방 사람들은 여름철 권고치보다 대략 5도 정도 높은 실내 기온에서 생활하는 것으로 밝혀졌다. 이들의 건강 상태가 본래 나쁜 것도 당연한 일이다. 대부분이 관절염, 고혈압, 당뇨병과 같은 만성질환을 앓고 있다. 이런 여러 가지 악조건들을 동시에 가진 사람들이 더위에 얼마나 취약할까. 누구나 쉽게 짐작할 수 있을 것이다.

다시 말하지만, 고령, 질병과 장애, 빈곤, 열악한 주거 시설이라는 조건들이 한꺼번에 작용하면 더위는 심각한 건강 위험 요인으로 바뀐다. 그렇지만 사회적 요인이 직접 원인으로 드러나는 경우는 드물다. 건강 악화는 열악한 사회적 조건에다 개인의 취약성이 합해져서 빚어낸 결과이고, 이 과정에서 사회적 요인은 최대한 은폐되기 때문이다. 더위와 건강을 연결시키는 것이 생소할 뿐만 아니라, "환기만 제대로 했어도 그 정도까지는……"과 같은 식의 희생자를 탓하는 논리에 묻히기 십상이다.

사회적 죽음을 예방하는 방법은 중층적이고 통합적이다. 우선, "폭염 행동 요령"과 같은 개인적 행동 지침이 중심이 되는 것은 곤란하다. 비록 틀린 말은 아니지만, 사회적 죽음을 개인의 행동 교정으로 막자는 것은 앞뒤가 맞지 않으며, 그 한계 역시 뚜렷하다. 아마도 쪽방 사람들은 이런 것이 있다는 것도 잘 모를 것이다.

그나마 현실에서 택할 수 있는 행동은 지역을 기초로 한 집단적 예방 조치들이다. 그러나 이 역시 단편적이고 즉흥적으로 접근한다면 실행이 어려운 것은 물론 효과도 장담할 수 없다. 따라서 식수 공급, 목욕 시설의 설치, 무더위 쉼터 같은 방법들은 삶의 공동체를 만들고 고쳐 나가는 일과 함께 이루어져야 한다. 방문 보건이나 돌봄 서비스와 같은 복지 서비스도 지역복지의 전체 틀 속에서 편성되어야 할 것이다.

좀 더 근본적인 예방책은 노인의 소득 보장, 빈곤 감소, 주거 복지, 건강 증진과 일상 기능 향상이라는 복지국가의 지향과 맞닿아 있다. 이를 더 자세하게 설명할 필요는 없을 것이다. 자칫 환원주의의 오류에 빠질 수도 있지만, 그것이 사회적 죽음인 한 이와 같은 근본적인 해결책을 이야기하지 않고는 해결을 생각할 수 없다.

이와 함께, 폭염 때문에 생명을 잃는 사람의 상당수가 사회적 요인 때문이라는 문제의식(또는 관점) 자체가 중요하다는 것을 강조하고 싶다. 젠더에서 많이 쓰는 '주류화'라는 말을 빌려 오면, 건강을 생각하면서 사회적 결정 요인을 주류화하는 것이 필요하다.

더위를 건강에 연결시키는 시각도 익숙한 것은 아니지만, 이를 사회적으로 해석하는 것은 더 생소할 수도 있다. 그러나 폭염에서 보듯 더위가 건강을 결정하는 중요한 요인이라는 것은 분명하다. 물론 더위는 전형적인 사회적 요인은 아니다. 굳이 말하면 자연 현상이고 자연 요인이지만, 소득이나 주거와 결합해 '사회화'되었다고 할 것이다.

환경의 역습

시카고나 프랑스의 폭염만큼은 아니지만, 최근 들어 여름이 전보다 훨씬 더 더워졌다는 사람이 많다. 그러나 막상 통계 수치로 보면 해마다 기온이 올라가고 있는 것은 아니다. 실제 10년 정도를 놓고 평균치를 비교하면 별로 차이가 없다. 물론 겨우 10년을 두고 기온 변화를 말하는 것은 적절하지 않다. 이 분야 전문가들이 말하는 것은 100년, 200년 간격의 변화이다. 그 사이 지구의 온도는 0.5도에서 1.5도 정도 오른 것에 지나지 않는다.

1백 년을 두고 보더라도 한국 사람들은 1도 정도의 기온 변화에는 대체로 대범하다. 아열대 기후가 되었느니 명태가 없어졌느니 하는 뉴스를 재미 삼지만, 그것이 무슨 대수인가 하는 생각이 더 큰 것 같다. 투발루나 몰디브 같은 낯선 나라가 물에 잠겨 없어질지 모른다는 이야기는 아직 더위나 추위와는 잘 연결되지 않는다.

장기적으로 기온이 오른다거나 해수면이 높아진다는 걱정은 한 가지 현상, 기후변화로 서로 통한다. 사실 기후변화라는 말 자체는 이제 낯설지 않다. 정부 문서나 언론에도 점점 더 자주 등장하고, 연구소나 대학에서 발표하는 이 분야 연구도 훨씬 많아졌다. 말로나마 걱정하는 소리를 더 많이 듣는 것도 사실이다.

그러나 한국 사회에서 기후변화가 정말 무슨 사회적 과제로 인정받고 있는지는 의심스럽다. 일부 전문가와 환경에 관심이 큰 사람들만 신경을 쓰는, 말하자면 비주류 의제 신세라는 것이 더 정확하지 않을까.

기후변화를 보는 한국 사회의 시각은 국제적인 분위기와 비교해 볼때 더 확연한 차이를 보인다. 강 건너 불구경 정도의 분위기다. 경제적으로는 물론이고 정책적인 관심 역시 피상적이다. 환경과 연결되는 때에도 말만 그렇지 '녹색 성장'과 같은 '짝퉁' 구호뿐이다.

세계적으로도 기후변화를 둘러싼 목소리가 선명하고 통일된 것은 아니다. 지구온난화가 사실인지부터 어떻게 대응할 수 있을지에 이르기까지, 명확하게 결론이 내려진 것이 거의 없다고 해도 좋을 정도다. 기후변화협약을 대놓고 반대하는 미국 같은 나라도 있다. 하지만 기후변화 자체를 의심하는 사람은 점점 더 찾기 어려워지고 있다. 대응이 필요하다는 것에도 대부분의 나라들이 동의한다.

기후변화는 지금 세대가 당면한 대표적인 해결 과제, 그것도 역사에서 비슷한 예를 찾기 힘든 전 지구적 도전임을 부인할 수 없다. 문제의 발생부터 해결에 이르기까지 개별 국가의 범위를 훌쩍 넘어선다. 시간이라는 축으로 보더라도 100년, 200년을 쉽게 넘나든다.

기후변화가 우리 시대의 핵심 과제가 될 수밖에 없는 것은 인간의 삶에 미치는 영향이 엄청나기 때문이다. 여기에는 당연히 건강도 포함된다. 더 정확하게 말하면 기후변화는 건강에 악영향을 미칠 수 있다. 기후변화와 건강을 함께 생각하긴 쉬운 일이 아니지만, 둘의 연관 관계는 분명하다.

첫 번째 가능성은 기후변화가 건강에 직접 영향을 미칠 수 있다는 것이다. 앞에서도 본 것처럼 여름이면 늘 문제가 되는 폭염 피해가 대표적인 예다. 기온이 올라가면 열 피해도 당연히 늘어난다. 물론, 기온 변화는 오랜 기간을 두고 천천히 일어나기 때문에 사람들도 변화에 어느 정도 적응한다. 그러나 변화와 적응 사이에 간격이 있으면, 그리고 그

간격이 클수록, 피해는 커질 수밖에 없다.

다음으로, 기온처럼 직접적인 것은 아니지만 건강에 영향을 주는 요인이나 매개물이 바뀔 수도 있다. 문제는 그 결과로 피해가 생긴다는 것인데, 전염병이나 기생충 같은 병이 여기에 해당한다. 한국 사람들에게는 생소한 뎅기열이라는 병이 대표적이다. 모기가 옮기는 이 병은 본래 열대지방에서 흔하고, 말라리아만큼은 아니지만 세계적으로도 중요하다. 그런데 기후변화 때문에 뎅기열의 위험 지역이 훨씬 더 넓어졌고 실제 환자도 늘었다. 2002년 뉴질랜드와 오스트레일리아 연구팀이 분석한 결과를 보면, 앞으로 뎅기열이 훨씬 넓은 지역에서 창궐할 가능성이 아주 크다. 2085년까지 기후변화 때문에 위험에 추가로 노출될 사람이 세계 인구의 15퍼센트(15억 명)를 넘는다.

이런 변화보다는 조금 더 간접적으로 건강에 영향을 미치는 것도 있다. 공기와 물, 농산물 생산 같은 것이다. 기후가 변화하면 이런 요소가 큰 변화를 겪게 될 것은 뻔하다. 아프리카와 남부 아시아, 그리고 남반구에 해당하는 대부분 국가에서 농산물 생산이 많게는 절반 넘게 줄어들 것으로 예측된다. 물과 식량이 모자라면 건강에 어떤 문제가 생길지는 굳이 자세하게 설명할 필요가 없을 정도다. 전염병을 비롯한 여러 질병과 영양 부족의 위험이 크게 증가한다는 것을 쉽게 짐작할 수 있다.

이 같은 기후변화의 영향은 먼 미래에나 나타날, 그냥 어떤 가능성 수준이 아니다. 이미 세계 여러 지역에서 전에 볼 수 없던 질병이 새롭게 나타나고, 식량 생산과 이로 인한 영양 문제도 현재 진행형이다. 세계적인 식량 생산지의 가뭄으로 국제 곡물 가격이 오른다면 단지 경제나 산업의 문제로 그치지 않을 것이다.

기후변화가 건강 문제의 원인이 된다는 것보다 더 중요한 사실이 있다. 기후변화 때문에 생기는 건강 피해가 계층과 집단에 따라 차별적으로 나타난다는 점이다. 건강 불평등의 원인이 되는 다른 사회적 요인과 비슷하다.

한국에서도 조만간 뎅기열이 유행하고 말라리아가 더 늘어날지 모른다. 식량 가격이 폭등하는 바람에 영양 부족 문제가 생길 수도 있다. 그러나 모든 사람이 똑같이 위험에 빠지고 병에 걸리지는 않는다. 위험의 정도와 대응 능력도 다르다. 기후변화의 건강 피해도 예외 없이 불평등의 메커니즘을 거친 후에야 나타나기 때문이다.

이런 불평등 구조는 기후변화에서 건강 피해에 이르는 전체 과정에 포함되어 있다. 전형적으로 이 과정은 '기후변화 발생 → 기후변화에 노출 → 취약한 사람들에게서 피해 발생 → 회복이나 장애'의 순서를 거친다.

우선, 기후변화 자체가 불평등하게 시작되고 진행된다. 모두 알고 있듯이, 기후변화의 원인은 대부분 선진국이 제공한다. 나라별로 탄소 발생량이 얼마나 다른가를 보면 인과관계가 명확하다.

한 나라 안에서도 불평등 양상은 비슷하다. 에너지 소비 수준이 계층에 따라 다른 것이 좋은 예가 될 것이다. 통계청 자료를 참고하자. 2005년 현재 소득을 열 개 계층으로 나누면 최고 소득 계층이 지출하는 광열비가 최하 계층의 두 배에 가깝다. 이게 무슨 상관인가 싶지만, 화석연료를 얼마나 쓰는가에 따라 기후변화에 영향을 미치는 정도가 달라진다.

미리 말하자면, 발생의 불평등은 뒤에서 말할 피해의 불평등과 같이 생각해야 한다. 둘을 보태면 이중의 불평등 또는 '이익의 독점과 피해의 공유'라고 표현할 수 있다. 피해의 공유라고 했지만, 더 정확하게 말하면 피해 역시 다른 방향으로 독점된다.

방글라데시가 피해 독점의 대표적 사례다. 기후변화의 희생 제물이라고도 할 수 있는 방글라데시는 해수면이 1미터 올라가면 전 국토의 17퍼센트가 수몰될 것이라고 한다. 그렇지 않아도 전염병이 많은 곳인데, 인구 밀집과 홍수 증가로 수인성 전염병이 더욱 늘어날 것이다.

한 나라 안에서도 사정은 마찬가지다. 한국에서도 기후변화의 피해는 다 같지 않고 계급과 계층을 차별할 것이다. 지금의 방글라데시 정도는 아니겠지만, 새로운 건강 위험과 질병에 대처하는 능력은 모든 사람이 같을 수 없다. 어떤 소득 계층이 더 유리하고 불리할지는 굳이 따질 필요도 없는 일이다.

기후변화의 원인도 그렇지만, 기후변화에 누가 주로 노출되는가도 평등과는 거리가 멀다. 예를 들어 똑같이 기온이 올라도 모든 사람이 높은 온도와 씨름해야 하는 것은 아니다. 냉방으로 대처할 수 있는 쪽과 쪽방에 사는 빈곤층이 어떻게 다른가는 명확하다. 방글라데시에서도 홍수나 더러운 물과는 전혀 상관없는 계층이 있다. 노출되는 것까지는 비슷하다고 쳐도 노인, 어린이, 빈곤층, 환자 등 취약 계층이 더 큰 피해를 본다. 같은 고온에서도, 비슷하게 오염된 공기를 마셔도, 어떤 사람은 더 쉽게 병에 걸리고 또 죽는다. 이른바 취약성의 불평등이다.

건강 문제가 생기고 난 다음에 해결하는 능력도 사람마다 고르지 못하다. 보통 때보다 낮은 기온이 계속되어 동상 환자가 늘어났다고 가정해 보자. 어떤 사람은 바로 치료를 받을 수 있는 데 비해 어떤 사람은 그것이 불가능할 것이다. 이런 보건의료 서비스의 불평등은 기후변화로 인한 피해를 처리하는 데에서도 나타난다.

기후변화에 따르는 건강 불평등을 줄이자면 앞에서 말한 단계를 모두 포함해야 한다. 기후변화가 발생하고 진행되는 것은 차원이 조금 다르니 논외로 하자. 그러나 노출, 취약성, 해결의 세 단계에서는 형평이라는 것이 중요한 관점과 과제가 되어야 마땅하다.

한 철 추위나 더위를 가지고 기후변화를 의식하기는 어렵다. 하지만 앞으로 여름과 겨울마다 더위와 추위 때문에 많은 사람이 죽고 다치는 일이 늘어날 것이다. 국가 차원에서 기후변화의 건강 피해에 대비하는 종합 대책이 필요하다.

여기서도 잊지 말아야 할 일이 있다. 쪽방 주민과 노숙인, 농민과 일용직 노동자, 노인 등이 더 큰 피해를 입을 것이 분명하다는 것이다. 종합 대책의 바탕에 형평성이라는 렌즈가 필요한 것은 이 때문이다.

사는 곳이 건강을 결정한다

구조적 측면에서 더위와 기후변화 못지않게 건강을 위협하는 도전이 또 있다. 바로 주거 문제다. 지금까지 한국에서 주거는 곧 집(주택)이었고, 집의 주된 의미는 경제적 의미에서 '부동산'이었다. 주거를 삶의 질과 연관시켜 보는 경험은 빈약하고, 더구나 이를 건강과 같이 생각한 적은 전혀 없다.

그러나 역설적이게도 부동산이라는 광풍이 잦아드는 틈에 건강을 위협하는 주거의 조건이 새롭게 드러나고 있다. 주거 복지라는 말이 점점 더 많이 쓰이는 것은 이런 사회적 변화와 요구를 반영한다.

집들은 모두 부엌이 없었다. 수도가 연결된 낡은 공간은 공용 세탁실 겸 세면실로 사용되고 있었다. 그런데 거기 하수구 덮개 위에는 돌이 놓여 있었다. 구멍을 타고 쥐가 자주 올라오기 때문이란다. 최악은 공동 화장실이었다. 그냥 시멘트 바닥에 구멍이 뚫려 있을 뿐이었다(『오마이뉴스』 2012/10/22).

건강세상네트워크 활동가 김영동이 쓴 쪽방의 실상 가운데 한 부분이다. 아직도 그럴까 싶지만, 분명히 지금 여기서 일어나고 있는 일이다. 사회통합위원회가 2012년 11월 14일 주최한 "사회경제적 취약 계층 지원 방안 정책 토론회"에서도 비슷한 현실이 발표되었다. 쪽방도 당연히 중요한 주제로 포함되었다. 여기서 발표된 쪽방의 실상도 비슷하다. 평균 면적은 5.18제곱미터(1.57평), 82.5퍼센트가 공동 화장실을 사용한다. 화장실이 아예 없는 경우도 6.7퍼센트에 이른다.

'주거 복지'라는 말이 아직도 쓰이는 이유는 바로 이런 현실 때문이다. 사실 이미 2003년부터 주거복지과라는 정부 조직이 있었고 그 뒤에도 비슷한 이름(예를 들어 주거복지기획과)으로 담당 부서가 있다(아는 사람은 그리 많지 않다). 그렇게 치면 적어도 10년 이상 정부가 주거 복지에 관심을 가졌다는 말이다.

정부와 사회의 관심이 지속되었지만 주거의 취약성은 아직도 그냥 보아 넘길 수준이 아니다. 우선 주거 복지라는 말이 무색하게 수가 엄청나다. 주거복지연대라는 단체가 추산한 것을 보자. 전국적으로 쪽방만 8천 개가 넘고, 고시원과 비닐하우스, 숙박업소(여관과 여인숙), 컨테이너에 사는 사람은 통계를 내기도 어렵다. 여기에다 반지하 주택에 사는 사람도 150만 명 가까이 된다고 한다. 줄잡아 우리나라 가구 열 가구 중 두 가구 이상이 이른바 '주거 빈곤층'이라는 것이 전문가들의 대체적인 진단이다.

사는 곳(집)이 사람에게 얼마나 중요한지는 새삼 말할 필요도 없다. 지금까지 별로 심각하게 받아들이지 않았지만, 건강도 큰 영향을 받는다. 생각해 보면, 건강이 환경의 영향을 받는다는 것은 상식적이다. 접촉 시간으로나 긴밀한 정도로나 집만큼 중요한 환경도 드물다.

건강과 집은 서로 영향을 주고받는다. 집이 건강을 나쁘게 하지만,

건강 때문에 주거가 나빠지기도 한다. 전자가 건강 문제라면, 후자는 주거 복지의 영역이 된다. 두 가지를 모두 말하는 이유는 통합적으로 보아야 할 문제이기 때문이다.

우선, 건강이 나빠서 주거 사정이 악화되는 경우를 보자. 건강 문제로 노동을 할 수 없을 때, 소득만으로는 의료비 부담이 어려울 때 빈곤층으로 전락하는 것은 시간문제다.

벽돌 나르다가 걸려 넘어졌어요. 한 20년 됐죠. 근데 그게 이제 자꾸 일하다 보니까 누적이 되는 거죠. 엑스레이도 안 찍어 보고, 계속 침 맞고…… 일을 하루만이라도 힘들게 하면 무리가 오는 거야. 삽질 같은 거 하게 되잖아요. 20년 됐으니까 고질병이 된 것이지, 이제……(한국도시연구소, "비주택 거주민 인권 상황 실태 조사," 72쪽, 2009).

또 좋지 않은 주거 환경이 건강을 해치는 경우도 있다. 먼저, 화장실, 목욕 시설, 부엌과 같은 기본 시설이 문제가 된다. 환기, 채광, 소음 등은 물론이고, 냉난방 시설도 중요한 위험 요인이다.

화재나 수해와 같은 사고는 당장이라도 목숨까지 위협할 수 있다. 주거 취약 지역의 화재 소식은 연례행사가 된 지 오래다. 쪽방이나 비닐하우스, 반지하가 자연재해로 인한 사고에 얼마나 쉽게 노출되는지는 새삼 강조할 필요도 없다.

그나마 취약한 주거 조건이라 규정할 때 적용되는 기준 역시 최소 기준일 뿐이다. 건강 문제의 범위를 넓히면 건강한 삶터의 조건도 더 엄격해진다.

세계보건기구는 이미 1989년에 주거가 세 가지 측면에서 건강 친화적이어야 한다고 강조했다. 전염병을 예방할 수 있어야 하고, 사고와 중독, 그리고 만성질환을 막을 수 있어야 하며, 심리적·사회적 스트레스를 최소화할 수 있어야 한다.

이중에서 전염병 예방은 앞에서 말한 기본적인 설비와 밀접한 관계가 있다. 식수, 화장실, 쓰레기, 실내 위생, 음식물 조리, 환기와 채광 등이 전염병의 원인이 되기 때문이다. 이제 물로 전염되는 수인성 전염병은 크게 줄었다 하더라도, 결핵이나 식중독, 호흡기 질환 등은 아직도 중요하다. 특히 결핵은 경제 수준이 비슷한 다른 나라와 비교해 너무 많다.

세계보건기구가 그다음으로 문제 삼는 것이 사고인데, 이는 잘못된 설계와 건축에서 비롯되는 경우가 많다. 한국에서 생기는 어린이 사망의 첫 번째 원인은 안전사고이고, 특히 가정에서 일어나는 사고와 교통사고가 대부분을 차지한다. 중요성을 모르고 지나치기 쉽지만 가정에서 의외로 사고가 많다는 점에 주목해야 한다. 또 얼핏 생각할 때 가정에서 사고가 일어난다고 하면 그 대상이 어린이라고 생각하기 쉽지만 노인역시 이런 사고에 취약하다.

주거 환경과 연관된 중독이나 만성질환의 비중도 점점 커지고 있다. 적절하지 못하거나 질 나쁜 건축자재 때문에 실내 오염과 곰팡이가 생기고, 이는 천식이나 알레르기, 호흡기 질환을 유발한다. 납과 석면을 비롯한 중금속이나 화학물질도 무시하기 어렵다. 유럽에서는 폐암의 약 10퍼센트가 가정에서 발생하는 라돈 때문에 생긴다고 한다.

주거를 집 하나가 아니라 주거 환경이나 지역, 이웃으로 확대하면 건강에 영향을 미치는 사회 환경의 중요성이 더욱 커진다. 사회심리적 문제와 스트레스, 사회적 지지망, 음주와 식사 등의 문제까지 서로 연관되어 영향을 주고받는다.

이제 주거 때문에 생기는 건강 문제를 어떻게 해결할 것인가를 생각해 볼 차례다. 주로 집에 초점을 맞추어 크게 세 가지를 강조하고 싶다.

첫 번째는 근본적인 원인을 생각하는 시각과 접근이 중요하다는 것이다. 건강에 영향을 미치는 다른 사회적 요인도 마찬가지지만, 주거 역시 단번에 한 가지 방법으로 해결할 수 있는 묘수는 없다. 그러나 문제를 해결하는 데에 근본적·구조적 환경을 먼저 생각해야 한다는 것은 여전히 중요하다. 주거 때문에 건강 문제가 생긴다면, 근본적 원인에 손대지 않고 결과(예를 들어 질병)만 해결하기는 어렵다. 설령 무엇을 해결했다 하더라도 그건 미봉책에 그친다.

따라서 좀 더 뿌리에 가까운 과제, 예를 들어 주거 지원을 비롯한 주거 복지, 지역사회 복지사업, 일자리 등에 초점을 맞추어야 한다. 주거 취약 상태가 구조적이고 만성적이라는 점을 생각하면 더욱 그렇다.

앞에서 인용한 국가인권위원회의 보고서에 따르면, '비'주택 거주자의 36.7퍼센트는 10년 전부터 그런 곳에서 살았다고 한다. 주거 취약 계층의 상당수가 오랜 기간 극단적인 주거 빈곤 상태에 있었다는 뜻이다.

쪽방 거주자 가운데 34퍼센트가 노숙을 경험했고, 22.8퍼센트는 노숙인 쉼터 경험을 갖고 있다는 사회통합위원회의 조사 결과도 비슷하다. 근본적 원인이 이런 것이라면 건강 문제 역시 보건이나 의료 서비스의 차원을 넘어서야 풀린다.

두 번째로 전체 경로를 볼 때 문제 가까이에 있는 원인도 무시할 수 없다. 첫 단계에서 개입할 수 있는 지점이 될 수 있다는 점에서 그렇다. 특히 건강과 주거가 악순환의 고리를 만들고 있다면 그 연결을 끊는 것이 중요하고 또 필요하다. '장기간의 결핵 → 노동 능력 상실 → 빈곤 → 주거 빈곤 → 건강 악화'와 같은 식으로 이어지는 고리에서는 결핵을 제대로 치료하는 것이 근본적으로 문제를 해결하는 데 보탬이 될 수 있다. 다만, 개입의 지점이 정확하고 효과적이어야 한다.

세 번째로 앞에서 말한 것처럼 건강과 주거 복지의 통합적 접근을 강조하지 않을 수 없다. 우선, 건강과 보건이 주거 복지의 한 요소로 포함되어야 한다. 직접적인 주거 지원(노인, 장애인, 노숙인, 쪽방 거주자 등)에서 건강이란 요소를 포함해야 하는 것은 당연하다. 같은 주거 조건에서도 건강이 나쁜 사람이 더 큰 영향을 받을 수 있다. 또 처음에는 건강이 비슷해도 주거 조건에 따라 건강이 나빠질 수 있다는 점을 고려해야 한다. 직접적인 주거 지원 이외에 주거 복지를 위한 지역 복지사업도 마찬가지다.

건강과 보건의 시각에서 보면, 다른 사업과 연계되고 통합된 구조 안에서 필요한 역할을 하는 것이 바람직하다. 예를 들어, 쪽방에 사는 알코올 중독자를 의학적 치료 대상으로만 보아서는 곤란하다. 사실 이런 시각으로는 단기적인 치료 효과조차 얻기 어렵다.

　무엇보다 가장 중요한 것은 구조적 시각이다. 스쳐 지나가는 의료 봉사나 순회 진료로는 문제를 제대로 해결할 수 없다. 그래서 보건의료 측면의 작은 접근이라도 주거와 지역복지, 소득, 일자리 등과 함께 해결 방법을 모색하지 않으면 안 된다.

평등해야 건강하다

앞에서 살펴본 기후와 주거 환경은 물리적 조건이라고도 할 수 있다. 물론 그것은 사회적인 변용을 거친 것이다. 그런 점에서 이런 조건들이 건강에 영향을 미치는 과정에는 어느 정도 완충지대가 존재한다. 같은 조건에 있어도 어떤 사람은 건강이 나빠지지만, 또 어떤 사람은 아무 탈이 없기도 하다.

이에 비해 훨씬 직접적인 효과를 미치는 건강 위험도 있다. 물이나 식량 같은 것이다. 엄밀하게 말하면 물이나 식량은 건강에 영향을 미치는 정도를 넘어서 직접 원인으로 작용한다. 이런 원인을 흔히 건강을 결정하는 가까운 요인(근인根因)이라 부른다. 근인의 반대는 원인遠因이다. 근인일수록 쉽게 고치고 바꿀 수 있다는 장점이 있다. 가난보다는 깨끗한 물을 마시게 하는 것이 쉽고 효과도 바로 나타난다. 그러나 흔히 그

것이 미봉책이라는 것이 문제다. 깨끗한 물을 마실 수 있고 설사병이 없어지더라도 가난에서 벗어나는 일은 훨씬 더 어렵고 구조적이다.

굶주림은 추억이 아니다

어느새 '애그플레이션'agflation이란 낯선 말이 우리 곁으로 다가왔다. 영국의 경제 주간지 『이코노미스트』*The Economist*가 만들었다는 이 말은 농업을 뜻하는 애그리컬처agriculture와 인플레이션inflation(물가 상승)을 합성한 신조어로 국제시장에서 곡물 가격이 오를 때마다 예외 없이 다시 등장하는 말이다. 애그플레이션이라고 하면, 알 만한 이들은 2008년을 전후해 전 세계를 휩쓸었던 곡물 파동을 떠올린다. 당시 방글라데시와 이집트를 비롯한 십여 개국에서 먹는 문제 때문에 폭동이 일어났다.

한국에서도 얼마 전 비슷한 소동이 있었다. 2012년 8월 한국농촌경제연구원이 내놓은 전망 때문이었다. 2013년 초에 밀가루가 2012년 2분기보다 27.5퍼센트, 옥수수 가루는 13.9퍼센트 오른다고 예측했던 것이다. 그러나 그 후 곡물 가격이 안정되어 결과적으로 틀린 예측이 되었다.

당장 애그플레이션에 관심을 기울이는 사람은 드물다. 하지만 아예 가능성조차 없어진 것은 아니다. 무엇보다 애그플레이션을 불러오는 구조가 크게 바뀌지 않았다. 환경 변화에 따라 언제 다시 같은 일이 생길지 모른다.

곡물 가격은 일차적으로 시장 상황에 따라 오르내린다. 수요에 비해 공급이 부족하면 가격이 오른다는 시장의 법칙은 곡물에도 그대로 적용된다. 곡물 시장이 가격 상승 쪽으로 민감하게 반응할 이유는 지금도 많다.

2012년 당시를 되돌아보자. 미국이나 러시아, 우크라이나 같은 나라에서 이상기후 때문에 곡물 생산이 크게 줄었다. 한국의 정부 기관이 애그플레이션을 예측한 것도 이것이 주된 이유다. 물론 세계적으로 소비가 계속 늘어난 탓도 있다. 소비 증가는 이미 굳어진 경향이고, 이상기후는 언제라도 다시 생길 수 있다.

그러나 그게 문제의 전부가 아니다. 아니 더 중요한 문제는 정작 딴데 있을 수 있다. 더 정확히는 자연이 아니라 국제정치경제 구조가 식량위기를 불러오는 주범이라 할 수 있다. 2008년의 국제 경제 위기가 식량 위기로 이어진 것은 위기의 정치경제적 성격을 드러내는 대표적 예라 할 수 있다.

금융 위기 이후 미국과 유럽이 경기 부양을 위해 돈을 엄청나게 풀었고 그 결과 투기 자본이 곡물 시장에 몰려들었다. 유엔식량농업기구 FAO가 추정한 투기자본의 힘은 놀랍다. 2011년 곡물의 선물거래 가운데 실제 농산물 거래는 2퍼센트일 뿐이고, 나머지 98퍼센트가 투기자본이라고 한다. 그러나 곡물 투기를 금지하려는 국제사회의 노력은 미국과 영국의 거대 자본이 반대하는 바람에 별 진전이 없었다. 게다가 일부 국가는 식량을 무기화하거나 사재는 데 앞장섰다.

식량 위기를 둘러싼 이와 같은 구조로 볼 때 위기는 반복될 가능성이 크다. 기후, 소비 증가, 국제정치와 자본이 문제라면, 식량 위기의 공포는 언제라도 되살아날 수 있다. 물론 한국도 예외가 되지 못한다. 더 큰 문제는 위기와 공포가 모든 사람에게 같지 않다는 것이다. 영향은 다른 문제와 마찬가지로 차별과 불평등의 구조를 완벽하게 재현한다.

식량 위기는 흔히 물가 위기로 포장된다. 늘 그렇듯 정부와 여론은 물가지수를 말하면서 문제를 비인격화한다. 0.3퍼센트 물가 인상 요인이 더 있다는 식으로는 어떤 고통과 불안도 드러날 틈이 없다. 이에 대해 농업 구조를 개편하고 식량 자급에 힘써야 한다며 목소리를 높이는 일도 반복되지만, 현실의 위기는 그것으로 끝이 아니다.

진정한 문제는 국제적인 식량 위기가 한국에서도 굶주림을 현실로 만들 수도 있다는 데 있다. 많은 사람에게 굶주림은 옛날 일이고 곡물 가격이 올라도 아무 문제가 되지 않는다. 그러나 또 다른 사람들에게는 식량 위기는 공포의 대상이 될 수도 있다. 얇고 엉성한 안전망을 가진 사람이 바로 그들이다. 먹고 굶는 문제를 지나간 옛 노래로 치부하는 것은 현실을 모르거나 외면하는 것이다. 이른바 과잉 영양의 문제를 차치하더라도, 영양 부족과 결핍의 문제를 극소수 예외라고 보기는 어렵다.

간단한 수치로 확인해 보자. 『아동청소년백서』에 따르면 2011년 아동 급식을 지원한 대상자 수는 47만 명을 넘었다. 어떤 사회복지 단체들의 추산으로는 끼니를 굶는 아이들이 백만 명을 넘을 것이라고 한다. 급식을 지원해야 할 사정과 결식의 이유는 한두 가지가 아닐 것이다. 그러나 어떤 이유든 이 많은 아동과 청소년이 사회의 도움으로 밥을 먹어야 한다는 것은 그냥 지나칠 수 없는 일이다.

비슷한 처지에 있는 계층이나 집단은 또 있다. 영양에 취약한 것으로 치자면 노인도 어린이 못지않다. 2012년 서울시가 식비를 지원하겠다고 발표한 노인 저소득층 숫자만 하더라도 2만 1천 명이 넘는다. 서울시가 이렇다면 경제 사정이 더 나쁜 다른 지역이야 말해 무엇 하랴.

아예 굶는 것이 중요한 문제이기는 하지만, 전쟁이나 재난 시기라면 모를까 보통 때의 위기에서 극단적인 굶주림은 드문 일이다. 오히려 광범위한 '저강도'의 기아를 불러올 수 있다는 사실이 더 큰 문제이다. 저강도의 기아란 학술적으로는 영양 결핍이라고 부르는 문제로, '보이지 않는 굶주림'이라고도 한다. 무기질이나 비타민 같은 영양소가 만성적으로 모자랄 때 생기는데, 겉으로는 금방 표시가 나지 않는다는 것이 특징이다.

그러나 보이지 않는다는 수식어와는 어울리지 않게 그것이 빚어내는 결과는 생생하고 또 비참하다. 세계적으로 매년 2백만 명 이상의 어린이가 비타민 A나 아연 등의 영양소 부족으로 생명을 잃을 정도다. 물론, 한국에서 이런 종류의 후진국형 영양 결핍은 보기 힘들다. 한국에서 단백질 결핍증(콰시오커Kwashiorkor), 구루병 등과 같은 심각한 문제가 생길 가능성은 낮다. 그렇지만 그렇다고 남의 일로 치부할 수만도 없다. 강도가 낮다는 표현이 암시하듯, 알아차리기 어렵고 왜곡된 형태의 굶주림, 즉 라면으로 끼니를 때우는 아이들과 같은 경우가 주목받지 못하고 있을 뿐이다. 조금 오래된 것이긴 하지만 2007년 인하대 연구팀이 조사한 결과에 따르면, 빈곤층 아동들이 섭취하는 영양은 평균에 비해 크게 부족해 열량(칼로리)은 전체 아동의 약 81.5퍼센트, 비타민 C는 75.3퍼센트, 칼슘은 85.6퍼센트에 그쳤다.

아프리카 개발도상국에 비할 것은 아니지만, 우리 사회에도 보이지 않는 굶주림이 널리 퍼져 있다는 것은 부인할 수 없다. 저소득층에서 비만의 빈도가 높다는 것도 이런 저강도 굶주림의 결과라고 할 수 있다. 싸고 간단하게 먹을 수 있는 라면이나 햄 같은 음식은 열량은 높은 반면 비타민이나 무기질은 적게 들어 있다. 균형을 위해선 과일이나 채소를 충분히 먹어야 하지만, 비싸다 보니 충분히 섭취하기가 어렵다. 여기에 다 운동 부족까지 보태지면 비만은 당연한 결과가 된다. 모두 아는 대로, 비만은 많은 만성질환의 원인이 되는 핵심 위험 요인에 속한다. 위험 요소와 이로 인한 질병 모두가 빈곤층에 집중되어 불평등하게 나타나는 것은 필연적이다.

2012년 2월 발표된 통계청의 가계 동향 자료에 따르면 소득 하위 20퍼센트의 엥겔계수는 20.7퍼센트로, 2005년 이후 가장 높았다. 최상위 20퍼센트보다 식료품비의 비중은 두 배가량 높다. 세계적으로 곡물 가격이 올라가면 한국의 가계에 어떤 차별적 영향을 미칠지 불을 보듯 훤하다. 취약 계층과 저소득층은 더 싼 식료품을 더 적게 소비하는 수밖에 없다. 양과 질이 모두 나빠지게 될 것이다.

2012년 여름, 정부 기관이 식량 위기의 가능성을 발표하자 일부 언론은 곧 'A의 공포'(A는 신조어 애그플레이션을 뜻한다)가 닥칠지도 모른다고 전망했다. 다행히 위기는 무사히 지나갔지만 앞으로도 식량 위기가 닥칠 수 있다는 것, 그리고 그것은 차별적 영향을 미칠 것이라는 사실까지 잊어서는 안 된다.

거듭 말하지만, 식량 위기는 건강에 직접적인 영향을 미친다. 굶주림이 건강을 위협한다는 것은 더 설명할 필요가 없는 당연한 인과관계다. 앞에서 말한 표현대로 건강과 건강 불평등의 '근인'인 것이다.

사회적 약자를 공격하는 경제 위기

식량과 건강을 잇는 경로를 따지다 보면 식량 위기의 근본 원인을 묻지 않을 수 없다. 실제 개발도상국의 불평등한(그것도 국제적으로) 영양 문제는 더 근본적 원인, 즉 원인遠因을 빼고는 제대로 이해하기 어렵다.

2008년 경제 위기가 식량 위기의 한 원인이 되었다는 인과관계는 근본적 원인의 중요성을 일깨운다. 식량 위기의 출발이 경제 위기였기 때문이다. 물론, 경제 위기를 중심에 놓으면 식량이 기여하는 부분은 줄어든다. 경제 위기가 건강으로 이어지는 경로에서 식량이 기여하는 부분이 그리 크지 않기 때문이다. 게다가 2008년의 경제 위기는 여러 경로를 거쳐 식량 위기로 연결되었다. 위기의 핵심 요인으로 작용한 것은 국제적인 금융자본의 활약이었다.

물론 꼭 위기여야 할 필요는 없다. 식량 위기와 무관해도 경제는 다른 경로를 거쳐 건강에 중요한 영향을 미친다. 자본주의 시장경제 체제에서는 그 정도가 더하다. 하지만 경제가 건강에 미치는 영향은 특히 '위기' 국면에서 더 분명하게 드러난다. 대표적인 것이 실업과 소득 감소 때문에 생기는 건강 효과이다. 쉽게 위기라고 했지만, 우선 경제 위기가 무엇인지 따져 보자. 요즘은 경제 위기(또는 그렇게 표현하는 것)가 만성화되어 무엇이 위기인지도 헷갈리기 때문이다. 늘 경제가 어렵다고 하니, 위기라는 말이 곧이곧대로 들리지 않는 것이 당연하다.

그 결과겠지만 위기를 극복한다는 대책도 늘 의심스럽다. 굳이 따지자면 이렇게 된 원인을 모를 일도 아니다. 전에도 위기를 핑계로 일부 사람, 그것도 주로 없는 사람이 더 많은 희생을 해왔기 때문일 것이다.

조금만 생각하면 진짜 위기는 재벌과 부자의 어려움이 아니라는 것이 금방 드러난다. 박제화된 의미 없는 경제지표도 기준이 될 수 없다. 정확한 뜻으로 위기라고 부르려면 보통 사람들의 삶이 얼마나 나쁜지가 잣대가 되어야 한다. 실업과 소득 하락, 부채 증가와 서민들의 구매력 감소 같은 것 말이다.

가깝게는 2008년에, 또 그 후에도 정부는 여러 차례 경제가 위기 상황이라고 말해 왔다. 때로는 수출의 부진이나 환율, 다른 때는 세계경제의 불황, 그리고 어떨 때는 성장 잠재력 훼손과 같은 어려운 말을 내세웠다. 그때마다 종합 대책에 '근본적' 타개책이 빠지지 않았다.

그러나 이런 정부 정책에 기대를 거는 사람은 많지 않았다. 특히 서민과 빈곤층에게 희망이 된 적이 없었다. 가장 중요한 이유는 정부가 말하는 위기와 보통 사람들이 말하는 위기가 다르기 때문이다. 대책은 늘 복잡하지만 실제 내용에서는 사람이 빠져 있는 물화物化 정책이라는 혐의를 지우기 어렵다. 암호처럼 숫자만 난무하고 사람들이 겪는 어려움과 아픔은 좀처럼 드러나지 않는다.

그러니 경제 위기가 만들어 내는(또는 만들어 낼) 고통에 어떻게 대처할 것인지는 찾기 어렵다. 꼭 필요한 것이 아니면 식비와 교육비까지 줄이고, 병원마저 함부로 갈 수 없다는데, 무엇이 그것을 해결할 대책이고 방안인지 모를 때가 태반이다. 그 속에서 건강 대책을 찾기는 더더욱 어렵다. 경제 위기가 건강을 위협한다는 것은 상식이지만, 경제 위기 대책에서 건강 문제는 아예 상상조차 되지 않는, 공식 대책의 경계 바깥에 위치해 있다.

먼저 명토 박아 두자. 경제 위기는 곧 건강의 위기다. 지금까지 연구된 바에 따르면, 경기 변동이나 경제 위기는 건강의 악화를 불러온다. 특히 이는 몇몇 건강 문제에 집중된다. 자살, 살인, 전염병 같은 것이 그렇다. 예를 들어, 2001년 송영종의 연구("한국의 IMF 경제 위기 전·후 질병 이환율, 의료 이용 및 사망률의 변화")에 따르면, 1998년 경제 위기 직후 자살률이 위기 발생 3개월 후부터 6개월 후까지 급격하게 증가했다. 경제 위기를 전후해 식중독 환자가 두세 배 늘었다는 신문 기사도 보인다.

그나마 다행인 소식도 있다. 흔히 경제 위기 때는 교통사고 때문에 생기는 손상이나 사망이 줄어든다. 실제로 1998년이 그랬다. 차를 덜 운행한 결과 그만큼 사고도 덜 일어나기 때문이다. 물론, 경제 위기가 지속되면 이런 효과는 보잘 것 없어진다.

전체적으로 어떤 병이 더 생기고 건강이 얼마나 나빠지는가보다 더 큰 관심을 기울여야 할 것이 있다. 경제 위기의 건강 효과가 사람을 차별한다는 사실이다. 어린이, 노인, 이미 질병을 가진 사람, 실직자 등 이른바 취약 집단이 주로 피해를 입는다. 그 결과, 건강 불평등이 심화되는 것이 경제 위기의 두드러진 효과다. 세계적으로는 소련 붕괴 직후 러시아의 경제 위기가 유명하고, 한국에서도 1998년 경제 위기 때 이런 현상이 나타났다.

불평등한 건강 악화와 함께 의료 이용의 불평등도 커진다. "IMF 시대엔 값싼 보건소, 약국 이용도 줄인다." 1998년 6월 22일 『연합뉴스』가 전한 기사 첫머리다. 서민의 값싼 의료 이용조차 줄어든다는 것이다. 아무리 의료보장, 건강보장제도가 잘 갖추어져 있어도 경제가 나빠지면 의료 이용에 곤란을 겪는다. 2008년 이후 경제 위기를 맞은 일부 유럽 국가들(그리스, 스페인, 에스토니아, 체코, 아일랜드 등)처럼 보장 수준이 후퇴하면 위험은 더 커지게 마련이다.

안전망이 본래부터 부실하면 충격은 더 크다. 필요할 때 제대로 치료를 받지 못하는 것은 잠시 불편과 고통을 참는다는 차원을 넘어선다. 초기에 치료를 받지 못해 병을 키우는 것은 물론이고, 생사에 직접 영향을 미칠 수도 있다.

이처럼 경제 위기는 다양한 건강과 의료 문제를 불러온다. 따라서 이미 닥쳤다는 경제 위기, 또는 앞으로 닥칠 위기에 대비하려면 그 대책 안에는 당연히 건강 문제도 들어 있어야 한다. 다시 말하지만 대책의 가장 중요한 고려 사항은 위기의 파급효과가 불평등하다는 것이다.

우선, 취약 계층에게 필요한 보호망을 튼튼하게 정비하는 것이 첫 번째 대책이다. 취약이라는 말이 뜻하는 대로, 이들에게는 작은 환경 변화도 큰 위협이 될 수 있다. 의식주는 물론이고, 생활환경과 의료 이용도 마찬가지이다. 실직과 같은 급격한 경제적·사회적 변화도 취약성의 원인이 된다. 쌍용차 사건에서 보듯, 대책은 경제적 보호에 그쳐서도 안 된다. 사회심리적 지원도 꼭 필요하다.

다음으로, 경제 상황이나 빈곤에 민감한 영역이나 집단을 대상으로 한 공중 보건 조치를 강화해야 한다. 전염병 발생을 막고 유행을 줄이기 위해서는 경제 위기 상황에서 더 적극적인 투자가 필요하다. 전염병 예방, 영양, 위생, 모자 보건 같은 것들이 여기에 속한다. 어린이와 노인 등 취약 계층이 특히 더 중요한 것은 물론이다.

경제 상황에 따라서도 그렇지만, 대책을 잘 마련하면 가장 빠르게 효과가 나타나는 것이 의료 대책이다. 그런 만큼 필요한 의료 서비스를 이용하지 못하는 일이 없도록 미리 대비해야 한다. 이것이 세 번째 대책이다. 이미 운영하고 있던 제도인 의료 급여는 이런 목적을 달성할 가장 유용한 정책 수단이자 보호 장치라 할 수 있다. 의료 급여 대상을 확대하고, 남아 있는 본인 부담을 줄여야 한다. 건강보험에서도 우선 비용 부담을 더 줄이는 대책이 마련되어야 한다.

앞에서 말한 하나하나의 정책적 대응이 가능한가를 결정하는 것은 경제 위기에 대응하는 정부의 기본적인 정책 기조이다. 위기 대책은 흔히 전 국민을 내세우며 중립을 가장하지만, 이익과 희생이 불평등하다는 사실을 숨긴다.

정부 대책이 일부에게만 유리하고 다른 계층에는 불리하다고 말할 수 있는 근거는 쉽게 찾을 수 있다. 지난 2008년의 경제 위기 상황에서도 일부 개인과 집단은 큰 이익을 본 반면에 빈부 격차는 계속 확대되었다. 통계청이 2012년 3월에 발표한 지니계수는 2006년에 0.330이었으나 2008년 0.344, 2009년 0.345로 악화되었다. 성장을 명분으로 한 감세 혜택도 몇몇 대기업과 아주 소수의 부자들에게만 돌아갔다.

건강 대책 역시 한계 계층과 불리한 처지에 있는 사람들의 불공평한 희생을 요구하는 일이 흔하다. 긴축 예산을 편성한다는 이유로 가혹할 정도로 의료 급여의 지출을 통제하려는 것이 대표적인 예다. 1998년 경제 위기 때 정부가 '약한' 곳을 집중적으로 구조 조정한 것도 비슷하다. 당시 정부는 공공 부문, 그것도 취약지라 할 수 있는 농촌 지역의 보건 진료소를 구조 조정의 핵심 대상으로 삼았다.

지금까지 어느 정부든 늘 경제 위기를 말해 왔다. 그렇지만 정부의 대책은 좁은 의미의 경제를 넘은 적이 없다. 그러니 그 대책이 적절한지 아닌지 따지는 것은 부질없다. 경제 위기 그 자체보다 무엇을 위기로 보고 또 어떻게 위기에 대응하는가 하는 기본 틀이 더 중요하다. 오랜 기조는 바뀌어야 하고, 대신 불평등에 '민감'하고 불평등을 완화하는 새로운 틀을 짜는 것이 필요하다.

사람을 중심에 두고 새로운 틀을 짠다면 경제 위기에서 건강의 위기를 생각하는 것은 당연하다. 경제 위기야말로 건강에 가장 강한 영향을 미치는 사회적 요인이기 때문이다. 그리고 여기에 무슨 대책이라는 것이 있다면, 보편을 명목으로 한 두루뭉술한 대책보다는 건강 피해가 집중되는 이들을 위한 '편파적' 대책이 수립되어야 한다.

지역 격차와 건강 불평등

앞에서 경제 위기의 효과가 불평등하게 나타난다는 점은 이미 지적했다. 이런 효과는 특정 공간과 대상 속에서 구체화되어 나타난다. 그중에서도 지역 간 불평등은 한 공간 속에서 집합적으로 나타나기 때문에 쉽게 눈에 띈다. 지역 불평등이 다른 것보다 더 예민한 문제가 되는 것도 이 때문이다.

한국에서 가장 대표적인 지역 불평등은 도시와 농촌, 수도권과 비수도권 간의 격차이다. 하지만 수도권이 국토의 모든 것을 빨아들인 것은 반세기도 채 되지 않았다. 귀성객 규모는 1960년대 말에는 10만 명이 넘지 않았고 1980년대 중반까지도 8백만 명 정도였다고 한다. 문화와 본능으로 포장되는 귀성은 결국 산업화와 도시 집중이라는 한국적 근대화의 결과물이다. 누구는 훈훈한 가족애와 고향의 따뜻함에 대해 이야기하겠지만, 고단한 농촌과 피폐한 지방의 모습이 같이 떠오르는 것은 이 때문이다.

그 사이 농촌의 쇠락은 누구나 잘 아는 것과 같다. 30년 새 농촌 인구는 70퍼센트가 줄어 현재는 농업 종사자가 3백만도 되지 않는다. 그나마 노인이 대부분이라, 50대 이상이 60퍼센트를 넘는다.

경제적 격차도 이제는 상식에 속한다. 2012년 9월에 농촌경제연구원이 발표한 보고서를 보면, 2011년 농가 소득은 도시 근로자 가구의 59.1퍼센트 수준으로 도농 간의 격차가 사상 최대로 벌어졌다고 한다. 게다가 농촌 내부의 불평등도 더 심해지고 있다. 불평등 정도를 나타내는 지니계수가 2007년 0.402에서 2011년 0.424까지 올라갔다. 절대적으로 소득이 낮은 빈곤 농가가 그만큼 많아졌다는 뜻이다.

농촌문제와는 다른 듯싶지만, 비수도권의 고질적 침체 역시 그 뿌리는 같다. 농촌의 실상이 주로 농업 문제에서 비롯된 것이라면 지방의 위축은 전반적 경제사회 구조와 연관되어 있다(지방은 본래는 중립적 말이지만 이제 비수도권을 가리키는 말로 굳어졌다).

모든 것이 수도권에 집중되어 있다는 것은 다시 말하기도 민망하다. 노무현 정부까지는 그나마 형식적 관심이라도 있었으나 그 이후에는 당연하고 자연스러운 일인 양 아예 의례적 언급도 하지 않는다. 지역 균형발전이란 말은 비수도권의 비명처럼 들리지만 응답 없는 메아리 신세다.

건강과 보건의료에서 볼 수 있는 지역 간 불평등은 이런 국가 차원의 사회경제적 불평등을 그대로 반영한다. 불평등의 구조는 분명하다. 농촌과 비수도권에서 질병과 죽음의 확률은 더 높은 반면에, 병원과 의사, 의료 이용은 더 적다. 영국 사회주의의사협회Socialist Health Association 회장을 지내기도 한 의사 튜더 하트Tudor Hart가 말하는 '의료 제공의 반비례 법칙'inverse- care law이 여기에 딱 맞는 말이다. 이는 사회경제적 수준이 높은 건강한 지역에는 의사나 병원이 더 많고, 사회경제적 수준이 낮은 곳, 즉 건강이 나빠서 의사나 병원이 더 많이 필요한 지역은 의사와 병원이 적은 불평등한 현실을 나타낸다. 현재 한국의 상황에는 이 법칙이 딱 들어맞는다. 자본주의와 시장 법칙에 충실한 보건의료 체계가 빚어낸 필연적 결과다.

그중에서도 농촌의 상황은 더 심각하다. 2012년 7월 13일『연합뉴스』보도를 보면, 경남 고성군에 있는 14개 읍면 가운데에 아홉 곳에 의료 기관이 없다(아마 공중보건의는 있을 것이다). 그 몇 달 전 보건복지부 장관은 국회에서 전국 1천 5백여 개 읍면 중 약국이 없는 곳이 655개라고 답변했다.

농촌에 의원과 약국이 적은 것은 당연하다. 읍면 소재지에도 의원이나 약국이 없는 곳이 많다. 한마디로, 시장의 법칙이 작용한 결과다. 개인이 투자하고 경영하는 의료 기관이라면 환자 수가 적은 곳에서는 버틸 수 없다. 전국적으로 통계에 잡히는 의사 수와 약사 수를 늘린다고 저절로 해결될 문제가 아니다.

도로가 좋아지고 자동차가 많아져서 인근 도시로 가는 데 30분이면 된다는 주장도 있다. 의사나 병원이 도시에 있으면 되었지 농촌이야 크게 중요하지 않다는 뜻이다. 그러나 농촌에 어떤 사람이 살고 어떤 건강 문제가 있는지를 생각하면 탁상공론에 불과하다. 응급 상황에서는 더 말할 필요도 없다.

이런 현실보다 더 심각한 문제는 아예 포기한 분위기가 짙다는 점이다. 농업과 농촌을 되살리는 과제는 시대착오라는 소리를 듣기 십상이다. 한미 자유무역협정FTA 논의에서 보듯이 비교 우위와 경쟁, 그리고 효율성은 농민들의 내면까지 장악한 시대정신처럼 보인다. 균형 발전도 뭘 모르는 소리로 취급받기 쉽다. 그렇지 않아도 좁은 나라에, 국경을 넘는 글로벌 경쟁 시대에, 수도권과 지방을 구분한다는 것이 가당키나 한가. 흔히 이런 식으로 말한다.

그러나 농촌과 지방은 여전히 중요한 삶의 터전이다. 적어도 두 가지 의미에서 농촌과 지방을 살 만한 곳으로 만들어야 한다. 첫 번째는 명백한 삶의 불평등이 개선되어야 한다는 점이다. 농촌과 지방에 산다는 이유만으로 건강과 의료의 필수적 요구를 충족하지 못한다는 것은 정의에 어긋난다. 그게 어떤 정의든 마찬가지다. 백보를 양보하더라도 문명사회의 원리가 될 수 없다. 인구가 적고 구매력이 떨어지는 곳에서 시장이 작동하기를 바라는 것은 말이 안 된다. 이런 곳의 건강 문제는 시장과 효율성이 아니라 정의와 형평성의 관점에서 생각해야 한다.

농촌을 살릴 근거로 식량 안보니 새로운 부가가치니 하는 논리를 제시하는 이들이 있다. 그러나 그것조차 이익을 보고 투자를 더하라는 시장 논리를 벗어나지 못한 생각이다. 기간이 길고 짧을 뿐 농촌에 대한 투자가 수지 타산이 맞아야 된다는 논리와 다르지 않다. 아무리 그것이 맞다 하더라도 경제적 가치가 기본권으로서의 건강과 의료에 대한 권리를 넘어설 수는 없다. 경제적 채산이 맞지 않아도, 심지어 전망이 어두워도, 모든 사람은 나면서부터 건강과 보건의료의 권리를 가진다. 더 늦기 전에 인력과 시설, 의료 서비스, 응급 의료 체계를 공공 중심으로 완전히 다시 짜야 한다. 평균적인 방식과 관행을 벗어난, 근본부터 새로운 접근이 필요하다. 공허한 소리처럼 들리겠지만 이 길 말고는 방법이 없다.

두 번째 이유가 더 중요하다. 농촌과 지방이 '2등' 국민, '내부 식민지'가 되어서는 안 된다. 어떤 국가의 어떤 지역도 이런 처지가 되어서는 제대로 된 국가라 할 수 없다. 현대 정의론의 기초를 놓은 정치철학자 롤스John Rawls는 자긍심을 정의 실현의 필수 요소로 여겼다. 그는 자긍심의 사회적 토대야말로 정의로운 사회가 평등하게 배분해야 할 기본 가치(또는 기본재)의 하나라고 주장했다.

농촌과 지방에 산다는 것이 왜 자긍심에 상처를 주는 요인이 되어야 하는가. 더 나은 삶을 추구하려면 도시로 또 수도권으로 가야 하는 부정의의 구조를 바꾸어야 한다. 기회만 되면 떠나고 싶은 곳에서 자긍심을 갖기는 애당초 불가능하다.

크게는 발전의 의미조차 다시 정의해야 하겠지만, 우선 국토 균형 발전의 목표와 전략을 새롭게 가다듬어야 한다. 목적을 가지고 농촌과 비수도권을 '역차별'하는 것이 그 시작이다. 과거의 경험에서 보듯, 시장에 의존하는 것은 아무것도 하지 말자는 이야기와 같다. 비시장적 방식 ─ 더 강력한 사회적 개입 ─ 이 필요하다. 다시 강조하지만, 국가와 공공을 빼고는 이 일을 실현할 수 없다.

여성과 어린이를 건강하게

불평등한 사회, 아픈 아이들

우리 사회에서 어린이와 여성은 '이중적' 위치에 있다. 이중적이란 불평등한 구조의 피해자인 동시에 '특수한' 개입의 대상이 되는 것을 뜻한다. 어린이가 '특수한' 것은 한국과 외국이 크게 다르지 않다. 어린이날만 해도 그렇다. 일부러 날을 정해 기념할 정도면 분명 다른 대접을 받는 것이 분명하다. 기왕 말이 나왔으니, 어린이날을 한번 따져 보자. 한국에서 이 날은 극단적으로 상품화되어 있다. 대부분은 선물과 놀이공원 수준을 넘지 못한다. 구색 맞추기로 어린이 '문제'도 빠지지 않는다. 성적 스트레스, 안전, 행복 지수 같은 것들이다. 희귀 난치성 질환을 앓고 있는 어린이들을 보여 주고 병실에 위문 가는 행사도 기계적으로 반복된다.

그래도 문제를 드러내는 쪽이 어린이를 '소비'하는 것보다는 낫다. 만들어진 허상(하버마스식으로 이야기하면 '식민지'가 된 생활 세계)에 작지만 틈을 내기 때문이다. 물론 한계를 크게 넘기는 어렵다. 애타는 사연이나 미담이 에피소드는 될지언정 그 뿌리가 사회구조에 닿는다는 사실은 감추어진다.

건강에 관심을 갖는 경우도 피상적인 접근이 대부분이다. 아무리 좋게 바라본다 하더라도 어린이가 건강을 빌미로 소모되는 것은 아닐까 의심스럽다. 성적 스트레스 때문에 정신 건강이 중요하고 그래서 전문가의 도움이 필요하단다. 이런 식이면 단순한 의심 수준을 넘는다.

어린이날을 예로 들었지만, 다른 일상도 마찬가지다. 〈사랑의 리퀘스트〉나 백혈병 환아 돕기가 다 그런 식을 벗어나지 못한다. 문제의 핵심에는 불평등 구조가 있는데도, 단편적으로는 잘 드러나지 않는다.

한국의 어린이가 경험하는 불평등 양상은 다양하고 범위가 넓다. 2012년 전국교직원노동조합(전교조)이 발표한 조사 자료를 보면, 토요일 점심을 혼자 먹는 초등학생이 27.9퍼센트, 굶는 학생이 3.2퍼센트였다. 이 결과를 적용하면 전국적으로 10만 명 이상의 초등학생이 점심을 굶는다. 놀랍게도 아직도 그렇다.

어린이가 겪는 건강 불평등도 심각하다. 성장과 발달, 정신과 사회적 건강, 건강 관련 행동, 질병과 사망 등 모든 면에서 불평등은 일관되게 나타난다. 요즘 다들 관심이 많은 우울증이 그중 하나다. 고소득층

초등학생들은 약 80퍼센트가 행복하거나 매우 행복하다고 했지만, 저소득층은 50퍼센트가 행복하지 않거나 전혀 행복하지 않다고 응답했다. 어린이에게는 극단적인 건강 결과인 죽음이나 손상도 마찬가지다. 어린이의 사회경제적 위치(부모의 학력이나 직업, 거주지의 수준 등)가 낮을수록 더 많이 죽고 다친다.

이런 불평등은 두말할 것도 없이 사회구조에서 비롯되고, 그 핵심에는 빈곤 문제가 자리 잡고 있다. 2011년 경제협력개발기구 자료에 따르면 한국의 아동(0~17세) 빈곤율은 10.3퍼센트에 이른다. 특히 한 부모 가정은 빈곤율이 20퍼센트를 넘는다.

간단하고 건조한 수치지만 뜻하는 바는 적지 않다. 빈곤, 가족 구조, 노동은 따로 떨어진 문제가 아니라는 것, 그리고 빈곤에서 건강 불평등에 이르기까지 직선 경로가 있다는 것을 쉽게 짐작할 수 있다. 빈곤, 실업과 비정규 노동, 가정 폭력, 가족 해체, 턱없이 부족한 어린이 보호와 교육, 열악한 주거와 위생 환경, 빈약한 문화생활 등의 요인은 빈곤에서 불평등에 이르는 경로에서 서로 복잡하게 얽혀 있다.

현실에서 경험하는 어린이의 빈곤과 불평등은 일차적으로 개인적 감성과 도덕에 호소한다. 앞에서 말한 일종의 개인화 경향이다. 지하철에서 도움을 청하는 어린 손을 쉽게 뿌리치지 못하는 이유도 결국 비슷하다.

그러나 어린이의 빈곤과 불평등은 대표적인 권리 침해에 해당한다. 현대 국가에서 인권을 말할 때는 권리 충족이 국가의 의무임을 전제로 한다. 그러므로 어린이의 빈곤과 불평등 역시 개인의 차원을 넘는 사회적 의제이다. 특히 1989년 유엔 총회가 아동권리협약을 채택한 이후, 어린이의 빈곤과 불평등은 국제적 규범이자 보편적 권리를 침해하는 중대한 문제가 되었다.

구체적으로는 다음과 같은 아동권리협약의 조항들이 빈곤 또는 건강 불평등과 직접 관련된다.

- 차별받지 않을 권리(2조)
- 어린이의 이익을 가장 우선에 둘 의무(3조)
- 생존과 발달의 권리(6조)
- 장애를 가진 어린이가 존중을 받고 자립해 사회에 참여할 수 있도록 특별한 보호와 교육을 받을 권리(23조)
- 가능한 가장 높은 수준의 건강을 누리고 보건의료에 접근할 수 있는 권리(24조)
- 신체적·정신적·사회적 발달에 적합한 생활수준을 누릴 권리(27조)
- 평등한 교육을 받을 권리(28조)
- 건강과 발달에 해가 되는 유해한 노동으로부터 보호받을 권리(32조)
- 마약 등의 약물로부터 보호받을 권리(33조)
- 성 착취와 성폭력으로부터 보호받을 권리(34조)

언뜻 보더라도 현실에서 이런 권리를 모두 충족시키는 것은 불가능하다. 그러나 영국의 인권학자 프레드먼Sandra Fredman이 『인권의 대전환』(조효제 옮김, 교양인, 2009)에서 주장한 대로, 의무를 다하는 것이 불가능하다고 해서 권리가 성립하지 않는다는 것은 아니다. 모두 성취하지 못해도 의무는 존재한다. 아동권리협약의 조항 하나하나가 우리 사회에서 중대한 인권침해가 일상적으로 일어나고 있다는 것을 일깨운다. 또한 성취하기 위해서는 어떤 노력이 필요한가도 제시한다.

한국에서 어린이를 권리의 주체로 보는 시각은 익숙하지 않다. 권리에 초점을 두고 어린이의 건강 문제에 접근하는 것도 마찬가지다. 개인을 넘어 구조적 문제로 보지 않는 인식의 틀은 더욱 중요한 장애물로 작용한다.

국제적으로 어린이의 권리는 이제 누구도 부인하지 못할 인권으로 자리 잡아 가고 있다. 어린이의 권리 충족을 위한 핵심 과제에 건강 불평등이 포함된다는 것에도 크게 이견이 없을 것이다.

아울러 개인의 권리를 넘어 사회적 권리가 되기 위해서는 건강 불평등을 구조적으로 인식하는 것이 필요하다는 것을 덧붙인다. 어린이의 건강 증진을 위해 '권리에 기초한' 또는 '인권에 기초한' 접근이 필요하다는 것을 거듭 강조하고 싶다.

여성 차별과 여성 건강

학문적으로는 어린이와 더불어 가장 자주 논의되는 건강 불평등의 대상이 여성이다. 그러나 적어도 한국에서 여성의 건강 불평등은 크게 관심을 끌지 못했다. 제왕절개 분만 같이 특수한 문제가 깊이 다루어진 적은 있다. 하지만 여성의 평균수명이 더 길어서 그런지 남성과 여성 사이의 건강 불평등은 아직도 중요한 의제가 되지 못하고 있다.

물론 성차별 자체는 제법 많은 관심과 주목을 받고 있다. 세계경제포럼이 매년 성 불평등 보고서를 발표하고 나면 잠깐이나마 요란한 반응이 일어난다. 이에 따르면 한국의 성 평등 수준은 참담하다. 2011년에 세계 107위, 2012년에 108위로 소위 후진국이라 불리는 나라보다 순위가 처진다.

물론 무슨 포럼이나 연구소 같은 곳에서 나라별로 등수를 매겨 발표하는 수치를 그대로 믿기는 힘들다. 특히 '경쟁력'이니 경영 '환경'이니 할 때는 꼭 치우치고 왜곡된 의도가 개입되기 마련이다. 세계경제포럼은 국가 경쟁력 보고서로 더 유명하다. 그런 점에서 이곳에서 낸 성 불평등 보고서도 꼼꼼하게 다시 들여다봐야 한다.

2012년 보고서의 서문에서도 알 수 있지만, 이들의 관점에서는 사람을 자원으로 본다. 이런 배경에서 성차별을 문제 삼는다면 그 의도를 제대로 이해하는 것이 중요하다. 여성이 평등할수록 인적 자원으로 쓰임새가 크다는 뜻이다. 경제를 위해 애를 더 낳으라는 소리와 마찬가지로, 도구적 관점에서 양성 평등을 이해하면 그 결과와 함께 과정도 크게 달라진다.

하지만 한국에서 성별 격차가 심각하다는 사실 만큼은 크게 변화하지 않는다. 다른 지표를 가지고 다른 기관에서 발표해도 비슷하니 말이다. 사실 한국의 성차별 상황은 심각하다는 표현만 가지고는 모자란다. 세계경제포럼의 보고서만 해도 그렇다. 2012년의 비교 대상 국가가 135개였으니, 그야말로 하위권이다. 어떤 언론은 중동 아프리카 수준이라고 표현했는데(의도는 알겠지만 옳지 않은 표현이다), 국가 등수를 좋아하는 사람들은 자존심이 좀 상했을 것이다.

2012년 결과를 부문별로 보면 실상이 좀 더 분명하다. 경제 참여도와 참여 기회 지수 116위, 교육 수준 지수 99위, 정치력 지수 86위, 건강과 수명 지수 78위이다. 그나마 건강과 수명이 약간 더 낫다. 그렇지만 이 역시 세계적으로는 중간 등수에도 미치지 못했다.

우선, 흔히 상식이라고 해도 틀릴 수 있다는 점을 지적해 둔다. 여자들이 훨씬 오래 사는데 여성 차별이라니, 오히려 남성을 역차별한다고 해야 하지 않나. 하지만 이런 방식으로 건강의 성차별을 따질 때는 주의해서 볼 것이 있다. 여성이 더 오래 산다고 성차별이 없다고 하지 않고, 남성이 불평등하다고 하지도 않는다. 여성이 생물학적으로 본래 더 건강하고 오래 살게끔 태어나기 때문이다. 다시 말하지만, 아무 차별이 없다면 여성이 더 오래 산다. 따라서 불평등이 없을수록 남녀의 평균수명은 차이가 많이 나고, 불평등이 심할수록 차이가 줄어든다. 양성 사이에

수명의 차이가 없는 상태(극단적으로는 역전되기도 한다)가 성 불평등이 가장 심한 수준이라고 해석된다.

제대로 해석하는 것이 약간 복잡하지만, 세계경제포럼의 지표도 기본적으로는 마찬가지다. 불평등을 재는 지표 가운데 하나로 여성이 남성이 비해 얼마나 더 오래 사나 하는 것을 택했다. 한국에서도 여성의 평균수명이 더 길다. 그러나 그렇다고 해서 그만하면 평등하다고 하지 않는다. 타고난 것, 잠재력으로는 지금보다 차이가 더 많이 나야 한다.

그래도 116등, 99등 수준인 다른 불평등에 비하면 낫지 않느냐고 하는 사람도 있을 것이다. 그러나 전체 건강 지표를 함께 놓고 보면 건강 쪽이 꼭 낫다고 자신하기 어렵다. 최근 한국인의 평균수명을 순위로 매기면, 자료에 따라 조금씩 다르기는 하지만, 세계 20위 안에 든다. 그런데 양성 불평등의 측면에서는 78위에 그쳤을 정도로 그 격차가 엄청나다. 사람들을 건강하게 할 수 있는 한 사회의 능력이나 잠재력이 양성 사이에 골고루 미치지 못한다는 뜻이다.

이처럼 건강의 성 격차가 뚜렷하게 나타난다면 그 원인은 무엇일까. 세계경제포럼의 보고서는 지표를 통해 이미 이에 대한 해답을 제시하고 있다. 다른 사회에서도 그렇지만, 정치적·경제적·사회적 원인이 양성 사이에 나타나는 건강 불평등을 가장 잘 설명한다. 이런 요인들은 세계 경제포럼 보고서가 사용한 지표들, 즉 경제 참여도와 참여 기회, 교육, 정치력과 정치적 영향력 같은 것들과 다르지 않다.

불평등의 상호 관련성을 잘 나타내는 것 중 한 가지가 여성의 고용과 노동이다. 세계경제포럼의 보고서에서는 경제 참여도와 기회라고 건조하게 표현했지만, 여성이 고용과 노동에서 불리한 것이 특히 더 두드러진다.

이런 불평등의 네트워크를 보여 주는 좋은 사례가 있다. 많은 사람들을 백혈병으로 죽게 만든, 그 유명한 삼성전자 반도체 노동자들의 직업병 사건이 그것이다. 앞으로도 결론을 내기는 어렵겠지만, 건강의 성 불평등과 노동의 성 불평등을 함께 놓고 생각하지 않을 수 없다. 성별 분포에 주목해야 한다. 이들을 지원하는 인권 모임인 반올림이 모은 자료에 따르면 2012년 3월까지 사망한 피해자는 30명이다. 그런데 그중 20명이 여성이다. 이게 우연일까.

물론, 여성이 이토록 많은 이유를 설명하는 것은 결코 간단치 않다. 그곳에 젊은 여성 노동자가 많았다거나 여성에게 더 위험한 작업환경이었다는 식으로 설명하는 것이 우선이다. 다르게 생각하면, 같은 위험에도 여성이 더 민감하기 때문일 가능성도 없지 않다.

그러나 결과적으로 양성 사이의 이런 격차가 우연히 생겼다고 보기는 힘들다. 왜 여성 노동자가 더 많았을까. 경로가 무엇이든 근본 원인은 여성에게 불리한 고용과 노동환경일 가능성이 크다.

회사를 넘어 노동시장과 노동조건으로 시야를 넓히면 구조의 네트워크가 더욱 뚜렷해진다. 노동의 불평등 구조는 한 작업장 내로 그치지 않고 임금격차, 비정규 노동, 여성 노동의 성격 같은 문제로 확대된다. 낮은 임금과 비정규 노동이 여성에게 집중되는 한, 여성의 건강이 차별적으로 악영향을 받는 것은 피할 수 없다.

또 다른 예가 있다. 간병, 요양, 장애인 활동 보조 등을 포함한 돌봄 노동은 노동의 성차별적 특성을 압축해서 상징적으로 보여 준다. 저임금, 비정규, 감정 노동, 인권침해 등 여성 노동의 문제를 고스란히 안고 있는 것이다. 돌봄 노동자들의 건강이 어떤 상태에 있는지를 굳이 자세히 밝힐 필요는 없을 것이다. 다만, 건강과 노동이 서로 뗄 수 없이 결합된 가운데에 악순환의 고리를 만든다는 것을 유념해야 한다.

성의 불평등 구조를 통해 여성의 건강 잠재력은 훼손된다. 고용과 노동만 말했지만, 다른 정치적·사회경제적 요인도 크게 다르지 않다. 차별의 심리와 문화만으로도 건강은 나빠진다. 건강의 양성 불평등이 다른 불평등 구조와 뗄 수 없다면, 해결을 모색하는 것 역시 구조적이고 통합적일 수밖에 없다. 즉, 한국 사회의 성별 격차를 줄이는 노력 속에 자리 잡아야 한다.

건강과 질병의 양상이 급격하게 변화하는 만큼, 사회경제적 요인이 건강에 미치는 영향은 더욱 커질 것이다. 성 불평등이라는 요인, 그리고 그것의 근본적 요인들 역시 건강과 건강 불평등에 더욱 크게 영향을 미칠 것으로 예상할 수 있다. 여성이 본래 가진 건강의 잠재력이 온전하게 발현되려면 사회경제적인 족쇄를 풀어야 한다. 정치, 경제, 고용과 노동, 교육에서 성 불평등을 줄여야 건강 불평등도 줄어든다.

또한 우리가 성 평등을 말하는 목적이 인적 자원을 키우고 국가 경쟁력을 높이는 데 있는 것이 아니라 그것이 남성을 포함한 모든 사람들의 동등한 권리이고 정의이기 때문이라는 점 역시 유념해야 한다.

결혼 이주 여성의 건강 위험

앞에서 성차별과 건강을 말했지만, 같은 여성 안에서도 다양한 차이와 불평등이 있을 수 있다. 특히 결혼 이주 여성은 온갖 불평등의 구조를 한꺼번에 드러낸다. 꼭 거시적일 필요도 없다. 건강만 하더라도 이주, 노동, 소득, 교육, 사회적 지지, 지역, 주거, 폭력, 의료 등 많은 문제를 같이 안고 있다.

2012년 11월 23일, 여러 언론은 한 결혼 이주 여성이 두 아이와 함께 스스로 삶을 마감했다는 소식을 단신으로 전했다. 기사는 별다른 설명 없이 단순하고 건조했다. 20대 여성이 40대 남편과 이혼소송 중이었다는 것, 아이들과 헤어질 것을 걱정하고 있었다는 내용이 기사의 전부였다. 한국에서의 8년간의 삶은 그렇게 압축되어 있었다. 그러나 황망하게 세상을 떠난 세 모자의 짧은 삶은 기사만큼 간단치 않았을 것이다.

이주 여성 문제는 사회적으로 주목받던 때도 있었지만 이제는 이에 대한 관심도 수그러들었다. 객관적 통계가 있는 것은 아니지만 외국 여성과 혼인하는 사람이 줄어들었기 때문일 수도 있다. 통계청 조사로는 2011년 외국 여성과 결혼한 한국 남성은 2만 2천 명이 조금 넘는 숫자였다. 아직도 많은 숫자지만 2010년에 비하면 15.3퍼센트나 줄어든 수치다. 비중으로 치면 어떨지 몰라도 앞으로 전체 숫자는 더 줄어들 수도 있다.

그래도 한국 사회에서 이주민 비중은 그저 소수라고 할 수 없을 정도로 커졌다. 단순한 숫자로만 보아도 그렇다. 최근 몇 년간 결혼한 사람 아홉이나 열 명 중 하나는 그 상대가 외국인이다. 농림어업에 종사하는 남성은 세 명 중 한 명꼴로 외국 여성과 혼인했을 정도다. 결혼으로 이민한 여성은 귀화한 사람까지 합치면 21만 명이 넘는다고 한다.

인종으로는 비교적 동질적이었던 한국 사회가 다민족 사회로 변화하는 것은 역사상 처음 겪는 큰 도전이다. 적응은 아직 진행 중이고 본격적인 문제는 시작되지도 않았다. 제일 첫 단계로 이주민이 겪는 문제가 조금씩 드러나는 중이다.

그런데 지금까지 나타난 문제만으로도 벌써 힘에 겹다. 그만큼 준비가 덜 되었던 탓이다. 이주는 어느 한 가지 빼놓을 수 없을 정도로 여러 문제를 골고루 겪게 만든다. 결혼 이주는 더 말할 것도 없다. 언어와 문화의 차이는 가장 직접적인 문제일 뿐이다. 이들의 팍팍한 삶은 당연히 건강에 영향을 미친다. 우울증과 가정 폭력은 비교적 널리 알려져 있다. 결혼 이주라는 사회·문화적 조건이 만들어 낸 전형적인 건강 문제다. 문제는 앞으로다. 아직 젊은 사람들이 많아서 이 정도지, 건강 문제는 더욱 많아지고 복잡해질 것이다.

문제의 원인도 중요하지만, 이들이 건강 문제를 제때 잘 해결하고 있지 못하다는 것도 마찬가지로 중요하다. 흔히 그렇듯, 원인과 해결은 공통의 요인으로 연결되어 있다. 이들을 둘러싼 사회적·경제적 요인이 핵심적인 조건으로 작용한다. 2012년 차수진의 서울대학교 보건학 석사 학위논문 "여성 결혼 이민자의 미충족 의료에 영향을 미치는 요인"을 보면 이들이 필요할 때 도움을 받지 못하는 일이 많다는 것이 잘 나타나 있다.

결혼 이주 여성 가운데 10.2퍼센트는 지난 1년간 의사의 도움이 필요했음에도 병원에 가지 못했거나 중도에 치료를 포기한 경험이 있었다. 필요가 있었는데도 해결되지 못했다고 해서 전문적으로는 '미충족 필요'라고 부르는데, 예상대로 가구의 사회경제적 상황이 좋지 않을 때 미충족 필요가 많았다. 가정 형편이 나쁠수록 필요할 때 제대로 치료를 받지 못했다는 뜻이다. 소득이 3백만 원 이상인 가구에 비해 1백만 원 이하일 경우 미충족 필요가 6.8배나 더 많았다. 또 배우자의 교육 수준이 낮을수록 미충족 필요도 많다.

주목할 것은 건강보험 가입자보다 의료 급여 대상자의 미충족 필요가 많았다는 점이다. 제도의 취지가 잘 살아 있다면, 건강보험보다는 의료 급여가 더 많은 도움이 되어야 한다. 직접 부담해야 하는 비용이 적고, 따라서 미충족 필요도 적어야 당연하다. 그러나 실제로는 건강보험 쪽의 사정이 좀 더 나았다. 이런 결과는 의료 급여 대상자의 소득이 낮기 때문에 생긴 결과라고 해석할 수 있다. 의료 혜택을 주는 제도보다는 소득이 적은 것이 더 큰 문제라는 뜻이다. 의료 이용을 보장하는 제도인 의료 급여가 있다 하더라도 의료 이용을 막는 장애물을 다 해결할 수 없었던 것이다.

결혼 이주 여성의 건강은 다른 사회경제적 조건에 이주라는 요인이 결합되어 만들어진 결과물이다. 빈곤, 노동조건, 농어촌이라는 지리적 여건, 이질적 문화와 언어 등이 함께 작용한다. 따라서 이들의 건강을 제대로 이해하기 위해서는 단순한 의학적 관점을 넘어 통합적 시각이 필요하다. 좋은 의도라고는 하나, 무료 건강검진이나 순회 진료와 같은 단발성 서비스로는 문제를 해결하기 어려운 이유다. 한마디로 말하면 구조적 문제로 접근해야 한다는 뜻이다. 소득과 취업, 교육, 지역개발, 문화 등이 함께 개선되어야 건강도 더 나아진다. 사회경제와 문화적 요인을 포함하는 통합적 정책이 아닌 한, 보건과 의료 사업은 미봉책 이상이 되기 어렵다.

물론 미시적인 노력도 필요하다. 예를 들어 보건 정책이나 사업에서는 이미 현실이 된 다양한 인종과 언어를 고려하는 것이 중요하다. 질병관리본부는 이미 2008년에 중국어, 베트남어 등 일곱 개 나라말로 예방접종 자료를 번역해 배포했다. 통역을 배치한 보건소와 병원도 있다.

문화적 감수성은 단지 서로 말이 통하는 것에 그치지 않는다. 인종과 언어가 다양한 사회에서는 건강에 문화를 고려하는 것이 필수적이다. 최근 들어 '사람을 중심에 둔' 보건의료를 강조하면서 이런 경향은 더욱 강해졌다. 언어 말고도 습관, 종교, 인간관계, 가치 등을 모두 고려해야 한다. 산후 조리의 풍습이 다르면 어떻게 해야 할까를 생각해 보면 해야 할 일을 쉽게 찾아낼 수 있다.

한국적 상황을 반영한 또 다른 과제가 자녀를 기르는 것과 교육 문제이다. 영유아 시기의 양육, 보육, 교육이 인지능력을 좌우하고 이후의 교육 성과에 영향을 미친다는 것은 정설이 된 지 오래다. 그뿐만 아니라 이 시기를 어떻게 보냈는가에 따라 건강도 평생 영향을 받는다. 신체적 건강과 정신적 건강 모두 그렇다. 세계보건기구가 건강 불평등을 줄이기 위해 가장 강조하는 것 중 하나도 이 시기의 불평등 해소다.

초중등 교육도 사정이 나쁘기는 마찬가지다. 2012년 국정감사 자료에 따르면 결혼 이주 여성이 기르는 자녀들의 초등학교 취학률은 78.2퍼센트, 중학교 취학률은 56.3퍼센트에 머물렀다. 고등학교 취학률은 더 낮아져 35.6퍼센트에도 미치지 못한다. 이런 수치는 전체 취학률의 약 3분의 2수준이라고 한다. 한국 사회에서 교육이 가진 의미로 볼 때 빈곤이 대물림될 가능성을 걱정하지 않을 수 없다. 빈곤의 대물림은 곧 건강과 질병의 대물림이기도 하다.

다시 강조하지만, 결혼 이주 여성(그리고 그 가족)의 건강은 단지 의사나 병원만으로 해결되는 것이 아니다. 다른 사회경제적·문화적 요인이 더 중요하고, 따라서 맥락과 환경이 더 큰 영향을 미친다. 통합적 사회정책이 필요한 이유다. 물론 정책은 한국 사회가 이주와 이주자를 어떻게 이해하는가에 따라 결정적으로 달라진다. 한국 사회에서 이주와 이주민을 보는 눈은 여전히 도구적이다. 그리고 다분히 인종적이다.

이제는 한국 사회가 이 문제에 접근하는 새로운 시각이 필요하다. 그것은 결혼 이주 여성 역시 가치 있고 존엄한 삶을 살아갈 권리를 가진 사람이라는 것이다. 이들의 건강 역시 (도구적 관점이 아니라) 건강권과 건강 정의의 원리 위에 서있다.

지금까지 사회적 요인이 건강에 큰 영향을 미친다는 점을 다양한 측면에서 살펴보았다. 물론 이게 전부가 아니다. 당장이라도 수많은 다른 예를 들 수 있다. 교통사고나 손상, 결핵 같은 병이 사회적 요인의 영향을 강하게 받는 것은 누구나 쉽게 짐작할 수 있다. 하지만 보통은 의학적으로만 생각하는 병, 예를 들어 암이나 고혈압, 당뇨병 같은 질환도 사회적 요인의 영향에서 자유롭지 않다.

조금 단순하게 말하면 모든 병에는 예외 없이 사회적 결정 요인이 작동한다(아주 연관성이 적은 몇 가지가 있기는 하다). 병이 생기는 데에는 물론이고, 생긴 후 병을 치료하고 관리하는 데에도 사회적 요인은 결정적으로 중요하다. 발병 후 치료와 관리는 보통 의료라고 부르는 영역이다. 우리 사회에서는 건강보험이 큰 역할을 맡는 부분이기도 하다.

결국 건강의 모든 단계에서 사회적 요인이 크든 작든 영향을 미친다. 이 때문에 요인 하나하나를 보는 것보다 더 중요한 것이 있다. 사회적 요인이라는 관점과 시각이다. 이미 앞에서 '주류화'라는 용어를 쓰자고 제안했다. 이는 이해와 분석, 진단 및 대안의 모든 과정에서 건강의 사회적 결정 요인이라는 시각을 적용하는 것을 뜻한다. 이런 방식을 통해 아직은 생물학적 틀 안에 남아 있는 많은 이해와 태도를 경계 밖으로 확대할 수 있을 것이다.

사회적 결정 요인이 작용한 결과는 흔히 불평등으로 나타난다. 서로 뗄 수 없는 관련성이 있는 이유다. 불평등이 이 시기 한국 사회가 극복해야 할 가장 중요한 도전이자 과제라는 데에 이의를 달기는 어렵다. 그렇다면 이제 사회적 결정 요인을 이해하는 단계를 넘어 그것을 '건강 친화적'으로 그리고 불평등을 줄이는 방향으로 만드는 것이 과제다.

2부

시장을 넘어 공공으로

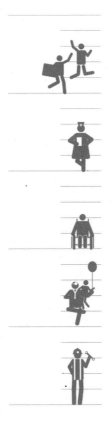

시장이 지배하는
의료 현실

　건강한 사회, 그것도 불평등이 가장 적은 사회를 만들기 위해서는 공공을 먼저 생각하지 않을 도리가 없다. 앞에서 여러 번 설명했듯이 건강에는 사회적 요인이 강한 영향을 미치고 그 결과 불평등이 필연적으로 나타난다. 이때 사회적 요인의 근본 원인, 즉 '원인의 원인'은 자본주의 시장경제 체제 그 자체다. 따라서 건강 정의의 실현과 불평등 완화는 시장 권력을 어떻게 통제할 수 있는가에 달려 있다.

　현실적으로 시장을 관리하고 통제할 수 있는 일차적 주체는 국가다. 국가는 시장과 협력 또는 긴장 관계에 있으면서 시장에 강력한 영향을 미친다. 공공은 이런 국가가 현실에서 작동하는 핵심 방식이자 모습이다.

　공공을 한마디로 정의하기는 어렵다. 특히 시민사회가 성장하고 강화된 현대 국가에서는 더욱 그렇다. 공공 기관과 공공 부문이 똑같은 것은 아니며, 공공 부문이 반드시 공공성을 보장한다고 할 수도 없다. 민간이 공공적 역할을 한다는 말도 전혀 불가능한 것은 아니다. 무엇보다 근본적인 문제는 시장과의 관계에서 공공성을 명확하게 정의하기 곤란하다는 점이다. 공공 부문의 역할 역시 깔끔하게 구분되지 않는 경우가 많다.

이런 현실의 어려움이 있지만, 새로운 건강 체제를 구상하는 일은 공공의 역할에 기반을 둘 수밖에 없다. 건강의 사회적 결정 요인과 불평등 구조가 이것을 불가피하게 만든다는 점은 앞에서 설명한 것과 같다.

건강에서 공공이 나타나는 방식과 양상은 다양하다. 공공 병원과 같이 어느 정도는 누구나 경험한 실체가 있는가 하면, 의료의 공공성이라는 표현처럼 추상적이고 불분명한 것도 있다. 현재로서는 공공의 다양한 측면을 성찰하는 데에서 실마리를 구할 수밖에 없다.

우선 소유 주체로서의 공공에서 출발하는 것이 편리할 것이다. 여기에서 소유 주체로서의 공공이란 공기업, 공공 기관, 공공 병원과 같이 공공(국가)의 소유를 말한다. 구분이 명확하고 실체가 분명하기 때문에 공공성과 공공 기능을 생각하는 데에 중요한 바탕이 된다. 문제는 소유로서의 공공과 기능의 공공성이 반드시 일치하지 않는다는 점이다. 더 나아가면 공공적 기능을 무엇으로 정의할지가 중요하다. 공공적 기능을 어떻게 보는가에 따라 공공적 소유가 정당화되거나 부정된다.

공공성 또는 공공적 기능은 국가나 공공 기관이 소유해야만 실현될 수 있는 것이 아니다(이는 공공·민간이라는 소유 주체를 기준으로 공공성 여부를 판단하는 방법이다). 적어도 이론적으로는 민간 역시 공공 기능을 수행할 수 있다. 학교보건이나 응급 의료를 생각하면 쉽다. 나아가 민간의 공공적 기능이 무엇인지도 물어야 한다. 공공적 기능을 주로 수행하는 민간은 있을 수 없는지, 공공과 민간의 협력은 불가능한지 등이 중요한 생각 거리이다.

공공성에는 또한 과정이 포함된다. 개방적이고 평등하며 민주적이라는 특성은 공공성과 공공을 과정 측면에서 설명하는 속성들이다. 일부는 다음 장에서 다루겠지만, 공공적 과정은 공공이 지향하는 공적 가치가 무엇인가와 무관하지 않다.

한국 의료 시장의 실상

공공을 말하기 이전에 먼저 의료 시장을 규정해야 할 것 같다. 보건의료를 시장이라고 부르는 것에 불만을 표시할 사람도 많을 것이다. 어떤 사람은 윤리적 시각에서 건강과 보건의료는 시장이 다루는 상품이 아니라고 할 것이다(아마도 소수 의견일 것이다). 전혀 다른 입장에서, 지금처럼 영리 추구를 심하게 규제하는 시장이 어디 있느냐고 할 수도 있다.

방향은 어느 쪽이든 많은 사람이 아직도 공공을 말하고 시장이란 표현을 불편해 한다. 그러나 그런 현실 인식과 달리 한국의 보건의료는 세계적으로도 유례없이 시장 친화적이다. 일부에서 건강보험의 구조나 수가(진료비) 통제 등을 이유로 들며 국가의 간섭이 심하다고 하지만, 그건 다른 문제다. 근본적으로는 시장의 구조를 완벽하게 갖추고 있고 기능 또한 시장과 분리되지 않는다. 여기에서 무엇이 시장적 요소이고 어디까지 시장적인가를 따지는 것은 부질없는 일이다.

한국의 보건의료가 어떤 사회적 특성을 드러내고 있는가 하는 점이 더 중요하다. 첫 손가락으로 꼽을 수 있는 특징은 보건의료 서비스의 '시장형' 공급 구조이다. 현재의 의료 서비스 공급은 거의 '무정부적'인 상태라 해도 지나친 표현이 아니다. 적어도 공급만큼은 완전 시장에 가깝다.

공급 구조는 구체적으로 의료 기관(주로 병원)과 장비, 시설 등을 둘러싼 구조를 뜻한다. 수요와 공급, 투자, 이용 등이 모두 구조의 요소들이다. 예를 들어 보자. 대표적인 고가 의료 장비인 전산화단층촬영기CT, 자기공명영상장치MRI, 유방암 진단기, 양전자컴퓨터단층촬영기PET-CT 등이 의료 기관의 경쟁에 따라 사실상 제한 없이 도입되고 있다. 그 결과 이들 장비는 인구당 장비 수를 기준으로 세계 최고 수준을 다툴 정도로 많이 보급되어 있다. 그뿐만 아니라 각종 재료, 소모품, 약품 등도 신제품이 개발되자마자 바로 들어온다. 의료 재료와 장비의 '백화점'이라는 비아냥거림을 들을 정도다.

또 다른 예가 요양 병원의 증가이다. 요양 병원은 급성기를 넘겨 병이 가벼운 환자가 장기간 치료를 받을 때 이용한다. 몇 해 전만 하더라도 장기 병상이 부족한 것이 문제라고 했는데, 상황이 완전히 달라졌다. 건강보험 통계로 보면, 요양 병원은 2007년 591개에서 2011년 988개로 늘어나 4년 만에 67.2퍼센트나 증가했다. 이제 다들 과잉을 걱정할 수준에 이르렀다. 요양 병원은 수요가 증가하면서 공급이 크게 늘어난 전형적인 시장의 모습을 보인다. 공급 측면에서 보면 진입 제한이 거의 없는 '자유 시장'이다.

시설과 장비의 과잉 공급과 경쟁이 벌어지는 경로는 이렇다. 현재의 시장구조 안에서 민간 기관은 전형적인 경쟁 시장 참여자다. 가격 경쟁은 처음부터 불가능한 상태에서 의료의 질보다는 주로 시설 규모, 신기술과 장비를 두고 경쟁이 벌어진다. 몇 년간 수도권 대형 병원들이 경쟁적으로 암센터를 건립한 것이 좋은 예다. 의료 기관은 지역사회나 의학적 필요가 아니라 경쟁 때문에 시설과 장비 경쟁에 나설 수밖에 없다.

일단 만들어진 시설, 도입된 고가 의료 장비나 재료는 일반 상품과 똑같은 형태로 경쟁 시장에서 '판매'된다. 의료 기관은 더 큰 수익을 확보하기 위해 또는 투자를 회수하기 위해 더 많은 환자를 유치해야 한다. 이렇게 되면 보건의료 서비스는 소비자가 일방적으로 불리하다는 것 말고는 일반 상품과 다를 바 없다. 정보의 불균형은 공급자가 주도하는 서비스 생산과 공급을 더욱 촉진한다. 이 과정에서 강한 영리 추구 경향을 보이는 것은 당연하다.

공급 구조의 무정부성은 흔히 자원 분포의 불평등으로 귀결된다. 농촌과 도시 사이에서, 수도권과 비수도권 사이에서, 수요가 많은 분야와 그렇지 않은 분야 사이에서, 그리고 사회경제적 수준이 높은 곳과 그렇지 않은 곳 사이에서, 자원은 극심한 불균형 분포를 보인다. 많은 농촌 지역에 분만을 할 수 있는 시설과 인력이 없다는 것은 시장 원리에 기초한 자원 배분의 가감 없는 결과다.

완전 시장에 가깝게 공급이 이루어지는 것은 거의 전적으로 민간 부문에 의존하는 한국 의료의 기본 구조 때문이다. 한국의 의료 기관 대부분은 사적私的 소유 구조를 가지고 있다. 2013년 보건복지부가 만든 자료를 보면 한국의 공공 의료 비중은 기관 수 기준 5.8퍼센트, 병상 수 기준 10.0퍼센트에 지나지 않는다(2012년 말 현재). 이는 세계적으로도 매우 예외적이고 기형적이다. 병상 수를 기준으로 할 때, 영국 100퍼센트, 오스트레일리아 69.5퍼센트, 프랑스 62.5퍼센트, 독일 40.6퍼센트라고 하니 아예 비교가 불가능하다. 민간 부문이 우세하기로 유명한 일본과 미국조차 26.4퍼센트, 24.9퍼센트에 이를 정도다.

현실은 그 수치에 비해서도 더 나쁜 것처럼 보인다. 숫자가 의미하는 것 이상으로 국가의 역할이 작기 때문이다. 예를 들어 공식적으로는 공공 병원이라 하더라도 사실상 공공이라 할 수 없는 병원이 많다. 극소수의 국립 병원을 빼고는 정부가 운영 주체가 아닌데다가, 별도의 직접적인 재정 지원도 거의 없다. 이름만 공공 병원이지 민간 병원과 전혀 다를 바 없는 것이다. 국립대학 병원을 '공공' 의료 기관이라고 생각하는 사람은 찾아보기 힘들다.

한편, 민간 기관은 공공성의 측면에서 거의 전적으로 국가로부터 배제 또는 소외되어 있다. 외국에서는 민간 병원도 어느 정도까지 공공의 역할을 하지만 우리의 사정은 전혀 그렇지 못하다. 외국처럼 자본 투자는 정부가 한다거나, 지역사회나 단체, 조직의 자구적 재정 조달 기전을 갖는다는 것은 꿈도 꾸기 어렵다. 따라서 거의 모든 의료 기관이 정도의 차이는 있을망정 초과 수익을 추구하지 않을 수 없다. 이는 한국 보건의료의 시장적 성격을 불가피하게 하는 가장 중요한 원인으로 작용한다.

자유 시장에 가까운 공급 구조가 보건의료 서비스의 특성에 영향을 미치는 것은 당연하다. 앞에서 '판매'라고 표현했지만, 이런 구조 속에서는 보건의료의 상품화 경향을 피할 수 없다. 자본주의 시장경제를 전제하면 보건의료 서비스는 얼마간 상품으로서의 성격을 가진다. 그러나 상품화 또는 상품화 경향은 단순히 어떤 것이 시장에서 거래된다는 의미를 넘어선다.

영국의 진보적 지리학자 데이비드 하비David Harvey의 표현대로라면 "상품화는 과정, 사물, 그리고 사회적 관계에 대해 소유권의 존재를 가정하며, 가격이 이들에 부과될 수 있고, 이들이 법적 계약에 따라 거래될 수 있음을 가정한다"(『신자유주의: 간략한 역사』, 최병두 옮김, 한울, 2009). 신자유주의는 상품이 될 것 같지 않은 것을 포함해 모든 것을 상품으로 만든다. 하비의 말대로 성, 문화, 역사, 유산, 자연, 예술 등 실제 상품으로 생산되지 않은 물건들에 가격을 매기고 거래를 한다.

상품이 아니던 것을 상품으로 만든다는 의미에서, 한국의 의료 시장에서는 이제 더 많이 그리고 더 깊이 상품화가 진행되고 있다. 과거에는 상품이 아니었던 것, 예를 들어 학습, 음식, 습관, 운동, 체중 등 거의 모든 것이 상품으로 전환되고 있는 것이다. 교육이나 상담과 같은 이른바 '휴먼' 서비스도 예외가 아니다.

또한 상품화가 강화되는 구조 속에는 보건의료뿐만 아니라 다른 영역도 참여한다. 다른 자본이 병원 또는 관련 산업에 진출하는 것은 가장 직접적인 예일 뿐이다. 과거에는 별다른 관련성이 없던 교육, 언론, 문화 등도 상품화에 깊이 개입되어 있다.

의료 양극화와 대형 병원의 독점

한국 의료의 시장화·상품화 경향을 나타내는 대표적인 추세가 의료기관의 '양극화' 현상이다. 수도권의 큰 병원 병실은 빈자리가 없을 정도지만, 환자가 없어 문을 닫는 의원도 적지 않다. 대형 병원 응급실의 혼잡은 벌써 오래된 현상인 데 비해, 중소 병원의 응급실은 환자가 없어 유지할 필요도 없을 정도다. 일부 대형 병원의 독점적 몸집 불리기는 한국은 물론 다른 나라에서도 비슷한 사례를 찾기 어렵다.

본래 의료 쪽에서 쓰는 말 중에는 암호 같은 말이 많다. 그중에 최근 들어 유행하는 말 한 가지가 '빅 5'이다. 서울의 큰 병원 다섯 군데를 가리키는데, 그냥 규모가 큰 것보다는 이들이 차지하는 비중이 그렇다고 해서 붙은 말이다. 이 분야에서 일하는 사람들 사이에서는 어느새 모르는 이가 없을 정도다.

이 말이 유행하기 시작한 것도 그리 오래되지 않았는데, 이제는 그냥 '빅'으로는 모자랄 판이다. 2012년 국정감사에 제출된 자료를 보면, 이른바 빅 5 병원이 차지하는 진료비 비중이 매년 늘어나고 있다. 건강보험이 지출하는 재정 가운데 상급 종합병원(건강보험에서 쓰는 말로, 큰 대학병원이나 3차 병원이라고 이해하면 된다)이 가져가는 돈이 2011년 현재 7조 2,500억 원 정도다. 그런데 이중 35퍼센트가량인 2조 5천억 원이 빅 5 차지다. 전체 진료비 중에서는 어림잡아 7퍼센트를 좀 넘는다.

이미 비중이 크다는 것도 문제지만 그것이 계속 늘어나는 것이 더 중요하다. 이들이 차지하는 점유율은 2007년 33.1퍼센트, 2009년 33.5퍼센트, 그리고 2011년에는 35.0퍼센트로 꾸준히 오르고 있다.

사태가 여기까지 온 데에는 여러 가지 요인이 복합적으로 작용했다. 환자들이 대형 병원을 주로 찾아가는 것이 첫 번째 이유고, 그 때문이겠지만, 병원 규모가 따라서 커지는 것이 다른 원인이다. 사실 이 두 가지는 선후 관계나 인과관계로나 앞뒤를 가릴 수 없이 맞물려 있다.

더 근본적으로 따지면, 환자들이 왜 대형 병원을 앞다투어 찾는가 하는 질문이 나올 수밖에 없다. 간단하게 답할 수 있을 것 같지만 실은 만만한 문제가 아니다. 워낙 여러 가지 원인이 복잡하게 얽혀 있기 때문이다.

환자를 비난할 수 없다는 것, 그리고 비난해서는 안 된다는 것을 먼저 말해야 하겠다. 어리석고 욕심 많은 환자들이 무조건 더 좋은 병원과 명의를 찾는 것이 아니다. 누구든 병에 걸리면 주어진 조건 속에서 최선을 찾는다. 물론 환자가 잘 모를 수 있고, 잘못된 정보에 정신을 빼앗길 수도 있다. 그러나 제일 큰 병원을 찾아 서울행 기차나 비행기를 탈 때에, 그리고 소문난 명의에게 하루라도 빨리 진료를 받으려고 온갖 수소문을 할 때, 괜한 허영으로 그러는 사람은 드물다.

그러니 큰 병원 이용을 삼가자고 해서는 답이 안 된다. 우리 지역 발전을 위해, 보험 재정을 아끼기 위해, 동네 병원을 이용하자는 말이 먹힐 리 없다. 근본 원인이야 무엇이든, 환자는 더 좋은 병원과 의사를 찾아 움직인다. 지금 그렇지 않은 사람들도 사정이 되고 여유가 생기면 똑같은 행동을 보일 가능성이 크다.

결국 지금 상황이 계속되면 환자 집중 현상이 더 심해질 것이라는 말이 된다. 진료비나 환자 수, 무엇을 기준으로 삼더라도 동네 병원의 비중이 나날이 줄어드는 것은 이런 사정을 반영한다. 동네 병원의 질적 수준, 의료 전달 체계, 건강보험 제도, 한국 사람들의 문화…… 꼽자면 원인은 길게 이어진다. 그러나 잠깐 원인은 제쳐 놓고 현재까지 벌어진 결과에 집중하자.

대형 병원은 더욱 커지고 동네 병원은 줄어드는 것이 무슨 큰 문제가 될까. 이 대목에서 경제 민주화를 떠올리게 되는 것은 어쩔 수 없다. 아직 기억하고 있겠지만 경제 민주화는 2012년 대선의 핵심 쟁점 중 하나였다. 그런데 이게 무엇을 뜻하는지는 모호하다. 그나마 공감대가 컸던 헌법 119조 2항을 살펴보면 다음과 같다.

국가는 균형 있는 국민경제의 성장 및 안정과 적정한 소득의 분배를 유지하고 시장의 지배와 경제력의 남용을 방지하며, 경제 주체 간의 조화를 통한 경제의 민주화를 위해 경제에 관한 규제와 조정을 할 수 있다.

구체적 방법은 여전히 모호하지만, 소득의 분배와 독점의 규제가 핵심이라는 것을 부인하기는 어렵다. 더불어, 균형 있는 성장, 주체 간의 조화, 민주화 같은 것을 지향한다고 보아야 할 것이다.

경제 민주화가 이런 것이라면, 대형 병원의 독주와 환자 집중에서 '의료 민주화'라는 새로운 대구對句가 떠오르는 것이 자연스럽다. 사실 경제 민주화와 의료 민주화는 비슷한 점이 많고, 그중에서도 독점과 집중의 폐해가 더욱 그렇다.

대기업이 의료에 진출한 것을 먼저 떠올리기 쉽지만 그것은 사실 작은 문제다. 전체 숫자가 적고 모기업과의 연결도 아직은 느슨하기 때문이다. 더 중요한 것은 대형 병원이, 재벌이 그러하듯, 한국 보건의료가 나아갈 길을 독점적으로 규정한다는 점이다.

한국 보건의료가 발전했다고 하면 누구나 떠올리는 모델이 있다. 외국인에게 삼성전자나 포스코를 견학시키는 것과 마찬가지다. 한국 의료의 발전상을 보이느라 빅 5 병원에 데리고 간다. 가장 최신의 장비, 고급 호텔에 버금가는 시설, 대규모의 자동 생산 체제, 전문화를 넘어선 초超

전문화, 기업식 관리 방식과 경영 기법 등이 모델의 핵심 요소를 차지한다. 보건의료의 궁극적 발전은 곧 이런 것이라는 신화는 이런 과정을 통해 만들어진다.

대형 병원의 독과점 구조는 이런 의료가 곧 좋은 것이고 또한 이상적이라는 신화를 강고하게 만든다. 반면, 지역 보건이나 인간적 관계를 중시하는 일차 진료 모델은 살아남기 어렵다. 재벌 기업의 미래가 곧 한국 경제의 미래라는 지배적 관념이 만들어진 것과 마찬가지다.

두 번째 폐해는 앞의 것과 연관된 것으로, 독점이 이들 병원에 권력을 쥐어 주고 있다는 점이다. 대형 병원을 사회적으로 통제하는 일이 점점 더 어려워지고 있고 앞으로는 더욱더 그럴 것이다.

이는 일탈과 불법을 저지르고 정부 정책에 반대를 일삼는다는 뜻이 아니다. 재벌인들 대놓고 그러기는 어렵다. 대형 병원의 비중과 중요성이 커짐에 따라 그 이해를 거슬러, 또는 대형 병원을 고려하지 않고 무슨 결정을 하는 것이 점점 더 어려워질 것이라는 뜻이다. 대형 병원의 비중이 커질수록 사회적 통제에 맞서는 권력은 커진다. 권력은 스스로 의식하든 그렇지 않든 의사 결정 과정에서 작동하는 힘을 말한다.

사회적 통제는 공공성을 확보하려는 핵심 장치다. 따라서 대형 병원의 권력이 사회적 통제를 벗어나면 공공성을 높이는 정책은 더 어려워진다. 예를 들어 진료비 제도, 건강보험 진료비(수가) 결정, 또는 동네 병원의 발전 방안 같은 정책은 대형 병원의 이해관계를 벗어나지 못한다.

세 번째 문제는 독점과 집중이 환자들의 불평등을 심화시킨다는 것이다. 대형 병원이 더 많고 커질수록 자원은 서울로, 대형 병원으로, 그리고 최고 시설과 장비로 더욱 쏠리게 된다. 지역, 계층, 집단 사이에 불평등은 더욱 악화될 수밖에 없다. 강도는 다르지만 많은 사람들이 이와 같은 폐해가 있다는 데 동의한다. 그렇다면 이제 해결책을 생각해 볼 순서다. 그러나 처방에 앞서 민주화가 필요하다는 총론에 대해서조차 반대가 만만치 않다. 독과점이 줄어들고 많은 중소 병원이 제 역할을 하는 것이 바람직하다는 주장은 말하자면 '이상론'이다. 이에 비해 '현실론'은 자본과 시설, 인력은 물론이고 환자의 선호도도 격차가 크고 쉽게 고치기도 어렵다고 주장한다.

여러 걸음 양보해도 대형 병원의 독점과 집중이 한국 보건의료의 중요한 개혁 의제라는 것은 분명하다. 구체적인 방안은 따로 논의해야 하겠으나, 우선은 폐해를 인식하고 해결이 필요하다는 사회적 공감대가 중요하다.

이 글에서는 제쳐 놓는다고 앞에서 말했지만, 원인을 제대로 찾는 일도 시급하다. 정확한 진단이 이루어져야 좋은 처방으로 이어진다. 예를 들어 환자가 동네 병원을 믿지 못해서 그런 것이면 근본 원인을 찾아야 해결책이 나온다. 잊지 말 것은 궁극적으로는 시장화된 의료가 이 현상의 주범이라는 사실이다. 이 문제를 해결하지 않고는 다른 모든 해결책이 임시변통을 벗어나기 어렵다.

의료 민주화라는 새로운 말을 두고 그리 엄밀하지도 과학적이지도 않은 개념이라고 눈을 치켜뜰 필요는 없다. 경제 민주화의 힘을 빌려 의료 민주화를 논의할 수 있다면 그것으로 새로운 힘이 될 가능성은 충분하다.

공공 병원과 불평등의 정치

공공이 부실한 것으로 치면 다산 정약용이 살던 시기에도 마찬가지였던 모양이다. 그는 『경세유표』에서 나라가 운영하는 공공 병원의 살림이 형편없다고 통탄한다.

전의감·혜민서는 『주례』의 질의疾醫·양의瘍醫이다. 그런데 이 관서의 재정이 빈약해 그 형편이 말이 아니다. 때문에 그 임무를 수행할 수 없어 결국 극히 중요한 관서로서 도리어 내용 없는 명칭만 가지고 있게 되었으니 어찌 한심하지 않으랴? (중략) 의학이란 것은 국가의 큰 사업으로 된다. 이제 그에 대한 법제를 해명하여 명실이 서로 부합되도록 할 것이며 그 피폐 현상을 일체 방임해서는 안 된다(『경세유표』 제1권 천관이조天官吏曹, 여강출판사, 2001)

조선 시대와 마찬가지로 지금도 비슷한 일이 반복되고 있다. 가까운 시기에 있었던 예를 보자. 2013년 봄, 경상남도가 진주의료원을 폐업한다고 발표했다. 몇 가지 맥락만 바꾸면 『경세유표』에 적힌 내용 그대로다.

진주의료원을 닫겠다는 공식적인 이유는 부채 때문이었다. 진주의료원은 2012년 말을 기준으로 부채가 279억 원이고, 매년 40~60억 원의 적자를 본다고 한다. 부채와 적자의 내용은 자세하게 따져 볼 필요가 있지만, 결국 경제와 효율을 이유로 삼는 것은 변하지 않는다. 1998년 경제 위기 이후 구조 개혁이란 이름으로 경제와 효율을 말하는 것은 충분히 익숙하다.

다른 곳의 사정도 크게 다른 것 같지는 않다. 기회만 있으면 시도립 의료원을 없애자는 지방자치단체가 한두 군데가 아니다. 적자를 줄이라고 대놓고 압박하는 곳이 그나마 좀 나은 데다. 공공 병원을 동네 슈퍼나 통닭집으로 보면 문을 닫는 것이 당연하다. 수입보다 지출이 많으면 감당할 도리가 없다. 다른 슈퍼나 닭집, 음식점이 있을 테니 주민들도 그러려니 여기기 쉽다.

어디 진주의료원만 그럴까. 지금 공공 병원의 적자를 타박하고 있는 사람들의 논리는 동네 슈퍼를 벗어나지 못한다. 그나마 저소득층 진료를 담당한다는 소리에 잠깐 멈칫거릴 뿐이다. 이런 관점에서 공공 병원의 존폐는 재정과 경영이라는 기술적 근거에 따라 좌우된다. 그러나 천만에, 공공 병원은 벌써부터 1백 퍼센트 정치의 영역이었다. 비효율과 재정 적자라는 껍데기 속에 숨어 있는 권력의 불평등이 핵심이다.

경상남도에서도 쉽게 예를 찾을 수 있다. 경남 거제도와 부산 가덕도를 잇는 거가대교를 만들기 위해 효율성을 명목으로 민간 자본을 유치했다. 그러나 2010년 완공된 후의 실상은 공익은 고사하고 효율과도 거리가 멀다. 부산시와 경상남도가 민간 업체에 보전해 준 돈이 2012년에만 469억 원이란다. 이대로 가면, 물가 상승분까지 고려해 앞으로 20년간 6조 원을 물어 줘야 할 형편이다. 놀랍게도 경상남도 안에 비슷한 다리가 또 있다. 마창대교 역시 매년 1백억 원가량의 적자를 도 정부가 메워 준다.

이 정도면 진주의료원의 적자는 그야말로 애교 수준이다. 도 살림이 어렵다면서도 다리에 쏟아붓는 혈세는 상상을 초월할 만한 수준이다. 그런데도 짐짓 도 정부의 반격은 공공 병원을 향한다. 의료원을 없애서 적자를 줄이겠다는 신파 정치의 논리는 공공이 공공을 공격하는 자해 행위나 다름없다.

정부 재정을 어디에 어떻게 쓸 것인가는 정치적으로 결정된다. 여기서 정치는 국회의원이나 도지사, 선거에서의 표만을 뜻하지 않는다. 평범한 사람들의 욕망과 의지, 도덕과 선의까지 모두 포함하는 넓은 뜻의 정치다. 물론 제도 정치가 결정적으로 중요하다. 도지사와 도의회가 의료원의 목을 쥐고 있다. 그러나 이들을 단지 한 개인으로 볼 수는 없다. 직접적으로든 간접적으로든 이들은 사회경제적 권력과 강자의 이익을 차별적으로 대변하고 대표한다.

의료원을 없애서 줄일 수 있는 재정 적자는 미미하다. 그런데도 이를 제일 먼저 정리하려는 데에는 불평등의 정치가 작동한다. 의료원은 기존 권력이 자신의 이해관계를 해치지 않고 정치적 목적을 달성할 수 있는 대상이다. 나아가 폐쇄를 통해 직접 이익을 얻을 수도 있다.

의료원과 같은 공공 병원에 미치는 권력관계를 생각하면 당연한 일이다. 공공 병원의 존폐에 이해관계를 가진 사람들 사이에서 힘의 균형은 따질 필요도 없는 일이다. 지키자는 사람들은 현실 정치에서 변변한 목소리도 내지 못하고 과소 대표된다. 지금은 의료원을 없애도 광역 자치단체장(도지사나 시장), 국회의원, 시도의원으로 다시 뽑히는 데 거의 문제가 되지 않는다. 그렇다면 공공 병원은 늘 정치적 소모품 신세를 벗어나기 어렵다.

게다가 공공 의료의 비중은 민간에 비할 바가 아니다. 곳곳에 민간 병원이 버티고 있다. 시설이나 장비, 꾸밈새는 점점 더 경쟁 대상이 되지 못한다. 주민들의 호감이나 평가도 아직 갈 길이 멀다. 한마디로, 많은 주민들은 공공 병원이 없어져도 별로 아쉬울 것이 없다고 생각한다. 여론과 대중 정치의 측면에서도 공공 병원의 기반은 그만큼 취약하다. 극단적으로 고급과 대형, 기술을 숭상하는 의료 구조는 이미 사람들의 생각까지 차지했다.

이런 공공 병원의 위축은 진주에만 그치지 않을 것이다. 비수도권의 사정이 어려워질수록 그리고 경제가 힘들수록 공공 병원은 구조 조정의 첫 번째 대상이 될 것이 틀림없다. 정치와 사회구조 때문에 당장 한꺼번에 문제를 해결할 수는 없지만 공공 병원이 제자리를 찾고 제 역할을 하게 하는 것은 피할 수 없는 과제이다.

길게 보아서 공공 의료가 제자리를 찾으려면 정치가 변해야 한다. 공공 의료가 정치적으로 적절하게 대표될 때에만 이들의 역할과 기능을 다시 설계할 수 있다. 사회경제적 불평등이 정치적 대표성의 핵심에 있는 것은 다시 말할 필요도 없다. 공공 병원은 여러 사람들의 이해관계를 더욱 민감하게 반영하도록 변화해야 하고 그 규모도 커져야 한다. 공공 병원이 좀 더 많은 주민들에게 꼭 필요한 역할을 할 때 그것이 발휘할 수 있는 정치적 구속력도 커질 것이다. 아울러, 어떤 이름으로든 여론과 대중 정치 역시 공공 의료를 응원하는 환경을 만들어야 할 것이다.

그러는 중에도 불평등의 정치는 끊임없이 공공 병원을 악용하려 할 것이다. 형편을 바꾸려면, 우선 왜, 어떻게, 악용하려 하는지 드러내야 한다. 전근대성과 신자유주의의 기묘한 조합을 해체하는 것이야말로 기득권의 횡포에 대항하는 첫걸음이다.

의醫-산産-언言 복합체의 시장 동맹

공공 보건의료의 약화는 병원이나 보건소와 같은 조직이나 기관에만 해당하는 일이 아니다. 의료 기술이 상품화됨으로써 진료와 치유 과정 자체가 돈벌이 대상이 되었다. 이런 과정을 중간에서 연결하고 강화하는 것이 산업과 언론이다.

먼저 언론이 눈에 들어온다. TV를 보니 스무 명 가까운 전문의가 한자리에 모여 앉아 낯익은 연예인들과 의학 지식을 겨루고 있다. 이들을 모으는 것조차 어려운 일일 텐데 방송의 재주가 참 용하다. 또 다른 종편 채널에서는 방송에 단골 출연하는 의사 부부가 보인다. 홈 쇼핑 채널에도 비슷한 얼굴들이 나타나 열심히 건강식품을 설명한다. 방송인지 광고인지 영 분간하기 어렵다. 어디 그뿐이랴. 건강이나 의학과는 전혀 관계가 없는 인기 프로그램에서도 재주 있는 사람들의 간접 교육이 활발하다.

전에도 아주 없던 일은 아니었다. 하지만 채널이 늘어나고 경쟁이 심해지면서 의학 프로그램의 인기는 더 높아졌다. 생활 정보 프로그램이니 '인포테인먼트' 형식이니 하면서 주력 상품이라도 된 느낌이다.

'정통' 의학 프로그램도 여전히 성업 중이다. 공중파든 케이블이든, 그리고 영역이 무엇이든 한두 꼭지쯤 의학이 들어가지 않는 게 이상할 정도다. 의학 전문 채널도 있었던 것 같은데, 사정이 이러니 오히려 역할이나 인기가 시들하다.

방송만 그런 것도 아니다. 신문의 의학 면이야 오래전부터 있던 것이니 이젠 정보와 홍보가 넘치는 것이 자연스러운 일처럼 보인다. 쉬우니 어려우니 광고니 공익이니 하지만 꿋꿋하게 한결같다. 방송에 비해 이젠 오히려 우직하거나 안이하게 보이는 것이 문제라면 문젤까. 전문적인데다 새로운 기술을 소개하는 데에 더 열심이다. 그런 중에 독자의 눈을 붙들어야 하니 고르는 주제는 더 흥미 위주일 수밖에 없다.

그냥 가볍게 지나갈 수도 있다. 어차피 웃어넘기면 그뿐이라고 생각해도 된다. 정보의 질로 보자면 단편적이고 휘발성이 강해 큰 영향이 없다고 하는 말이 맞을 것이다. 신문보다는 방송이 그렇고, 방송 중에서도 오락성이 강할수록 더하다.

그런데 그게 끝이 아니다. 무슨 식품이 몸에 좋다고 방송이 나간 다음날 시장에서 어떤 일이 벌어지는지 다들 아는 대로다. 의사가 한번 방송을 '타려고' 그렇게 기를 쓰는 이유도 뻔하다. 신문에 소개된 최신 요법은 채 검증되기도 전에 입소문을 타고 전국의 환자를 움직인다.

이러니 다들 언론을 활용하려고 온갖 노력을 다하는 것이다. 때로는 은밀하게 또 다른 때는 아예 노골적으로 언론과 기사에 줄을 댄다. 많은 세계 최초와 최고, 그보다 더 많은 한국 최초와 최고가 이렇게 만들어지고 또 소비된다.

흔히 쉽게 한국 언론의 수준 미달을 말한다. 그러나 선진국 언론이라고 해도 근본적으로 다르지 않다. 한국만의 문제가 아니라는 뜻이다. 그렇다고 자본주의와 시장경제에서 으레 있는 사소한 부작용으로 치부할 수만도 없다.

보아야 할 문제는 더 근본적이다. 추상적으로 말하면 언론은 한 사회의 '정신적 생산수단'을 통제하는 역할을 한다. 즉, 사람들의 관심을 정하고 사물을 보는 눈을 틀 지우는 것이다. 당연히 사회적 권력관계의 균형을 반영할 수밖에 없다.

건강과 의료를 다루는 한국 언론의 시선 역시 마찬가지다. 어떤 것에 관심을 둘 것인가부터 해석과 해결 방법에 이르기까지 모두 더 큰 권력을 치우치게 반영한다. 몇 가지 특성만 보자.

첫째, 많은 건강 문제와 질병을 개인화한다. 문제의 원인은 물론이고 해결 방법에 이르기까지 개인의 노력과 책임을 앞세운다는 뜻이다. 언론의 주된 소비자가 개인이라는 것을 명분으로 삼지만, 알게 모르게 '문제투성이에 박약한' 개인을 윽박지른다.

스트레스, 불규칙한 식사, 잦은 음주…… 어느 프로에나 등장하는 건강 위험 요소다. 개인이 가진 문제고 결국에는 개인이 해결해야 한다는 것을 누가 모를까. 그렇지만 이들 요인은 한 꺼풀만 벗기면 생활의 근본 조건과 뗄 수 없다. 개인의 과제인 동시에 구조의 문제라는 뜻이다. 그러나 언론이 다루는 개인은 흔히 구조와 분리되어 진공 속에 있다.

해결을 개인에 의존하는 것도 다르지 않다. 온갖 스트레스 해소법은 난무하지만 노동조건은 한 줄 배경으로 구색을 맞추는 정도에 머문다. 한참 유행인 힐링 열풍도 그렇다. 생각하기 나름이고 마음공부가 필요하다는 처방 이상을 보기 어렵다.

둘째로, 의료 역시 상품이라는 논리를 충실하게 가르친다. 영리 병원이나 민간 보험을 적극 옹호하는 것은 본래의(?) 기능이라 치자. 질병과 치료에 한정된 좁은 의미의 건강이나 의료만 하더라도 언론의 관심은 첨단, 최고, 최대, 최초에 한없이 쏠려 있다. 한마디로 돈 되는 것이 중심을 차지한다.

이에 비하면 일상에서 꾸준하게 예방과 건강 증진을 실천해야 한다는 내용은 언론의 관심이 아니다. 동네의 일차 의료도 마찬가지다. 뉴스거리가 되기에는 부족하고 토크쇼에 나올 만한 주제도 아니기 때문이다. 언론과 의료 어느 쪽에서 보든 구매력이 떨어지는 경제적 약자, 장애인, 취약 집단, 비수도권을 다루는 경우는 더더욱 찾아볼 수 없다.

언론은 흔히 대중의 관심을 탓한다. 뉴스와 오락 프로그램이 소비되려면 독자와 시청자의 구미에 맞아야 한다는 것이다. 언론도 시장에서 생존하기 위해서는 소비자에 맞출 수밖에 없다고 말한다. 그런 기자나 피디를 비난할 필요는 없다. 언론의 행동을 둘러싼 구조가 본디 그런 것이다. 자본은 끝없이 시장을 확장하려 하고, 욕망과 선호를 새롭게 만들어 낸다. 그것들은 당연히 계급적이고 불평등하다. 언론 역시 열심히 시장에 봉사할 뿐이다.

셋째, 많은 것을 새로운 의료의 대상으로 만드는 역할을 무시할 수 없다. 이런 현상을 의료화medicalization라고 한다. 의료가 상업화되는 순간 나타나는 중요한 사회현상이다.

용모와 관계된 성형수술은 다시 말할 필요도 없다. 공부가 부진한 것이 어느새 학습 '장애'가 되었고, 부부가 관계를 회복하는 것은 부부 '치료'의 영역으로 취급된다. 요즘은 취업이 큰 관심사니, 조만간 회사형 인간으로 개조하는 의학 프로그램이 등장할지도 모르겠다.

지식과 기술이 발달해서 새로운 진단법과 치료 기술을 사용하게 된 것, 예를 들어 중풍 환자가 전과 달리 모두 CT를 찍는다고 탓하는 것이 아니다. 의료화된 것들이 주로 상품과 돈과 연관되어 있는 것이라는 점에 주목해야 한다. 더 많은 의학 기술과 전문가의 도움이 필요한 결핵 문제는 개선이 몹시 더디다. 더 많이 의료화가 진행되었어야 할 만성 정신 질환은 오히려 오랜 기간 방치되고 있다. 상품성이 약하고 돈벌이가 시원찮기 때문이다.

여기에 언론이 무슨 책임이냐고 할 것이다. 그러나 의료화는 의사와 병원의 사사로운 자가 발전이 아니다. 일차적으로는 새로운 시장을 찾는 의료 산업이 의료화 경향을 주도한다. 그러나 새로운 소비자를 찾는 언론의 이해관계 역시 작다고 할 수 없다. 의료 산업과 언론이 공생 관계에 있는 것이다.

군산軍産 복합체라는 말을 살짝 비튼 '의산醫産 복합체'라는 말은 1980년 미국 하버드 의대 교수인 아널드 렐먼Arnold Relman이 처음 사용했다. 의사와 병원, 보험회사, 제약 기업, 의료 기기 업체, 다른 사업체가 서로 긴밀하게 연결해 만드는 이해관계 네트워크를 뜻한다. 이들은 서로 긴밀한 관계를 갖고 협력하면서 공공 보건 정책과 제도를 통제하고 힘을 미치려 한다. 또한 한 사회의 건강과 의료가 흘러가는 방향에 큰 영향을 끼친다. 물론, 공익보다는 사사로운 이익이 우선이다. 군산 복합체의 핵심인 무기 산업의 논리와 이데올로기를 생각하면 이 말이 의도하는 바를 쉽게 이해할 수 있을 것이다.

지금 한국의 상황에서는 의산 복합체에 한 가지를 더 보태야 한다. 바로 언론이다. 언론은 제3의 행위자로, 의산 복합체가 작동할 수 있도록 촉매 또는 접착제 구실을 한다. 그런 의미에서 의산 복합체는 '의-산-언' 복합체라는 말로 바꾸는 것이 좋겠다.

건강 측면에서 언론의 제 기능에 관심을 갖는 이유가 이것이다. 흔히 언론 개혁과 대안 언론을 말한다. 하지만 의산언 복합체라는 시각에서 보면 그 개혁의 목표는 공정성이라는 해묵은 과제를 넘어선다. 문제는 언론이 시장 권력에 완전히 투항했다는 것이다.

시장을 넘어 공공성을, 상품을 넘어 형평성을 추구할 때 언론은 제 구실을 할 수 있다. 그뿐만이 아니다. 전문성의 불균형보다는 참여하고 같이 결정하는 새로운 힘의 균형이 작동해야 한다. 기존의 의-산-언 복합체는 해체되고, 새로운 형태의 민底-의-산-언 복합체가 그 자리를 대신하기를 바란다.

새로운 의료 기술 : 10 대 90의 법칙

시장이 관철되고 상품화가 강화되는 정도로는 병원이나 보건의료 서비스보다 기술 쪽이 더할 것이다. 장비와 기계, 기술은 산업의 형태로 시장에 통합되어 있다. 이런 점에서 시장화된 한국 의료가 장비와 기술에 크게 의존하고 있는 것은 이상한 일이 아니다. 어떤 점에서는 의료와 기술이 상승 작용을 일으키면서 시장을 더욱 키우고 강화한다.

보건의료 기술도 기술인만큼 다른 기술과 많은 특성을 공유한다. 우선 과학기술이 '발전'이라는 사회적 비전과 강한 친화성을 가진다는 점을 먼저 지적해야 하겠다. 물론, 때로 핵무기처럼 과학기술이 재앙이 된 경우도 있었다. 그러나 후쿠시마의 핵발전소 사건(그리고 그 이후)에서도 보듯이 기술이 가진 발전의 신화는 강고하다. 사고는 기술의 실패가 아니라 피할 수 없는 자연재해 또는 인간의 실패로 이해된다. 더 안전한 기술로 사고를 막을 수 있고 이것이 곧 발전이라는 믿음은 여전하다.

한편에서는 과학기술이 중립적이지 않다고 말하는 것도 새삼스럽다. 굳이 많은 예를 들지 않더라도 과학기술은 사회적·정치적·문화적 가치의 영향을 강하게 받는다. 크게 보면 자본주의사회의 상품화·영리화 경향에서 한 발짝도 자유롭지 않다.

의료 기술 역시 마찬가지다. 생명은 다 같은 값을 가지고 질병의 고통은 사람을 차별하지 않지만, 여기에 대처하는 의료 기술은 다르다. 사람을 가린다는 점에서 사회경제적 맥락에서 자유롭지 않다. 흔히 '소외된 질병'neglected disease이라고 부르는 한센씨병, 트라코마, 황열, 주혈흡충병 등의 전염병이나 기생충병은 많은 사람들을 병들고 죽게 만들지만 돈이 되지 않는다는 이유로 방치되고 있다. 당연히 후진국, 개발도상국에 많다.

치료법이 있지만 재정 사정 때문에 널리 사용되지 않는 것도 있고, 투자가 되지 않아서 아예 기술이 개발되지 않은 것도 있다. 기술의 개발과 활용 어느 쪽이든 경제적 이익과 밀접하게 연관되어 있는 것은 물론이다. 소외된 질병은 의료 기술의 구조적 불평등성을 그대로 나타낸다. 이른바 '10 대 90의 법칙'이 적용되는 것이다. 이 법칙은 (주로 가난한 사람들인) 전 세계 인구의 90퍼센트가 앓는 질병을 연구하는 데에 전체 보건의료 연구비의 단 10퍼센트만 투자된다는 뜻이다.

　정확한 통계는 없지만, 한국에서도 이런 종류의 불평등은 크게 다르지 않다. 뭉뚱그려서 과학기술 투자니 R&D니 하는 것을 국가적 과제로 말한다. 그러나 그 안에 버티고 있는 불평등은 완고하다. 소외된 질병처럼, 막상 필요하지만 돈은 안 되는 분야에 대한 관심은 거의 없다. 당장 약품만 보더라도 그렇다. 전염병에 쓰이는 항생제나 백신은 연구 투자도 기술개발도 부진하다.

　한발 더 나가서 인력이나 시설 같은 것까지 의료 기술의 범위에 포함하면 문제는 더 심각하다. 돈이 되지 않는 분야는 인력이나 시설이 제대로 설치되고 운영되기 어렵다. 거의 전적으로 시장 논리에 포섭된 온갖 구조 안에서 의료 기술의 불평등은 필연적이다.

　이보다는 좀 더 천천히 진행되고 잘 드러나지 않는 불평등도 있다. 정보 통신 기술이 보건의료에 적용되는 것이 좋은 예이다. 이 기술은 의학 고유의 기술과 달리 당장은 편리성을 조금 더 늘려 주는 기술 정도로 받아들여진다. 혈당이나 혈압을 멀리 떨어진 곳에서 측정하는 원격 측정 기술이 그런 예에 속한다. 이런 기술들은 초음파나 항암제와 같은 고유한 의료 기술에 비해 의료 '내부'로 진입하는 데에 시간이 많이 걸린다. 그러다 보니 부작용이 있더라도 바로 드러나지 않는다. 그러나 본격적으로 기능할 때(예를 들어 많은 병원에서 원격 측정 기술을 쓰는 시점)부터는 경제적 능력이나 연령 등에 따라 구조적인 불평등 문제를 드러낼 가능성도 그만큼 커진다. 집 안에 새로운 기술을 들여 놓을 능력이 안 되는 환자는 불편하고 질이 떨어지는 진료를 받게 되는 것이다.

사실 정보 통신 분야에서 건강과 보건의료에 주목하기 시작한 것은 꽤 오래된 일이다. 정보 통신 기술의 시장을 확대하고 부가가치를 높이는 데에 건강과 보건의료가 가능성이 높은 영역이었기 때문이다. 인터넷과 휴대전화는 초기부터 보건의료를 통해 새로운 가치를 창출할 분야로 꼽혀 왔다. 이런 맥락에서 한국에서도 정보 통신 기술과 보건의료를 접목하려고 시도한 역사가 벌써 20년에 가깝다. 초기에는 주로 원격 진료나 원격 의료라는 이름으로 관심을 한 몸에 받았다. 그 사이에 뚜렷한 성과가 없었음에도 불구하고 아직도 의료계는 물론 정보 통신 쪽에서도 혁신의 대표 선수로 꼽힌다. e-헬스e-health, u-헬스u-health, m-헬스m-health 등 이름을 바꾸어 가며 진화(때로는 혼란)를 거듭하는 중이다.

무엇이라 부르든, 정보 통신 기술을 건강과 보건의료에 적용하는 것은 여러 사람에게 환상을 불러일으키기에 딱 맞다. 말하자면 '소비자의 무지'가 심한 두 분야가 만난 셈이다. 몇 년 전에 텔레비전 광고에 등장했던 원격 진료 장면을 기억해 보라. 효자 아들 덕분에 늙은 부모가 독도의 집에 앉아서 혈당을 잰다니.

그러나 광고가 설득하는 배후 논리는 효도도 건강도 아니다. 수십 년째 그래 왔고 지금도 되풀이되는 비슷한 논리, 때로는 설득과 마케팅의 근거가 되는 성장 동력론이 숨어 있다. 세계적으로 경쟁력이 있는 한국의 정보 통신 기술에 폭발하는 건강과 보건의료 수요를 결합한다? 누구라도 단번에 넘어갈 꿈이 쉽게 그려진다. 부가가치가 높은 새로운 기간산업을 만들어 낼 수 있다는 것이다.

물론 성장 동력이라는 논리가 따라붙는 것은 원격 진료나 e-헬스 이외에도 많다. 익숙하기는 영리 병원이나 의료 관광이 더 익숙하다. 그러나 원격 진료나 e-헬스는 과학 기술과 의료 기술이 결합되어, 겉으로는 중립성을 띤 것처럼 보인다는 점에서 신화가 되기에 더 적합하다.

원격 진료나 e-헬스를 비롯한 정보 통신 기술이 삶의 질을 올릴 수 있는 잠재력이 큰 것은 사실이다. 의사가 없는 남해안의 어느 섬에서 방사선 사진을 찍고 서울에서 판독하는 것은 오래전부터 얼마든지 할 수 있는 일이었다. 스마트폰을 활용해서 (더 적은 돈과 노력으로) 환자 교육을 하는 것은 기술적으로 그리 어렵지 않다. 진료 일정을 알려 주고 결과를 통보해 주는 것도 이미 많은 병원에서 하고 있는 일이다. 앞으로 삶을 풍요롭고 윤택하게 하는 기술은 더욱 정교해지고 풍부해질 것이다.

하지만 멋진 신세계는 모두에게 공평하지 않다. 한때 우리 사회에서도 '디지털 디바이드'digital divide라는 말이 유행했다. 우리말로는 정보격차라고 한다. 이제 정보 기술의 발전은 한층 더 벌어진 격차를 예고한다. 이전의 격차는 주로 물리적인 것이었다는 점에서 차라리 간단했다. 휴대전화나 팩스가 있는지, 또는 인터넷에 쉽게 접속할 수 있는지 같은 것이 기준이었다.

그러나 원격 진료와 e-헬스의 모든 과정은 더 크고 심각한 불평등에 노출되어 있다. 단순히 정보 접근성이 문제가 되는 시기를 지났기 때문이다. 지식과 정보를 얻고 그것을 제대로 해석하는, 말하자면 소프트웨

어의 불평등은 훨씬 폭발력이 크다. 더 중요한 것은 정보 통신에 기초한 의료 기술 역시 성장 동력이라는 시장 논리에 전적으로 의존하고 있다는 점이다. 시장에서의 가치 생산을 기술의 동력으로 하는 한, 구매력에 따른 불평등이 심화되는 것은 당연한 일이다.

이처럼 의료 기술의 불평등 구조는 때로는 직접적으로, 또 다른 때에는 좀 더 간접적으로 작동한다. 그러나 시장, 그리고 이윤의 극대화라는 논리가 배후에 있다는 점은 다르지 않다. 그런 점에서 의료 기술 역시 시장경제의 구조적 문제로 이해해야 맞다.

그렇다면, 더 많은 사람들의 복지 증진에 이바지하고 불평등을 줄이는 데에 기여하는 기술, 즉 인간의 얼굴을 한 의료 기술은 어떻게 가능할까. 세계은행은 2012년 5월 펴낸 "모바일 활용의 극대화"Maximizing Mobile라는 보고서에서, 시장에서 살아남아 지속될 수 있는 비즈니스 모델을 만드는 것이 가장 중요하다고 주장했다. 이 보고서는 (모바일 의료 기술을 중심으로 했지만) 의료 기술이 후진국 빈민들의 복지에 기여할 수 있는 잠재력을 인정하면서도 시장에서 답을 찾으려고 한 것이다.

모르긴 해도, 이들은 방글라데시의 그라민 은행이 벌였던 통신사업을 염두에 두었는지도 모르겠다. 이 은행이 농촌의 여성 인력을 활용해 휴대전화 사업을 벌인 일은 유명하다. 그러나 세계은행의 결론과 권고를 그냥 받아들이기는 어렵다. 시장이 아니라 사회가, 그리고 시장의 법칙이 아니라 민주주의의 원리가 기술을 어떻게 통제할 수 있는가가 더 중요하다. 기술이 시장에 완전히 통합되는 한, 도덕적 규범만으로 인간적 가치에 봉사할 여지는 매우 희박하다.

　이런 맥락에서는 국가와 시민 권력의 역할이 매우 중요하다. 구체적으로 말하자면 의료 기술의 민주적 공공성을 강화하는 것이 핵심이다. 기획과 정책, 투자, 연구 개발, 활용, 평가 등 의료 기술의 전체 과정에서 공공성이라는 가치가 중심에 놓여야 한다.

　당장의 과제는 매우 분명하다. 의료 기술과 관련된 모든 과정에 공공성이라는 잣대를 적용해 보아야 한다. 이런 일의 일차적인 책임은 당연히 정부에 있다. 정부가 정책 기획과 투자의 가장 중요한 주체이기 때문이다.

취약한 공공성의
근본 구조

한국의 보건의료가 시장화와 상품화 경향에 거의 전적으로 종속되어 있지만, 이에 대응하는 국가와 공공의 처지는 옹색하다. 그리고 이런 상황은 하루아침에 만들어진 것이 아니다. 한 가지 원인, 예를 들어 공공 부문의 관료주의적 병폐에 책임을 물을 수도 없다. 정치와 경제, 사회, 문화에 이르기까지 공공 보건의료가 제구실을 못하게 하는 조건들은 역사적으로 구조적이다.

공공에 대한 불신의 탄생

한국에서 공공은 믿을 수 없는 대상이다. 기관이든 제도든 마찬가지다. 공공을 대표하는 제도인 국민연금에 대한 불신 역시 강하다. 2060년에는 국민연금이 고갈된다고 하니 불신이 최고조에 이른다. 31년 후에는 적자가 된다는 소리에 제도 철폐 운동까지 벌어지는 판이다.

그렇지만 우리가 언제부터 이렇게 먼 훗날까지 예측하고 정책을 논의했는가 생각하니 신기하기만 하다. 솔직히 말해 통계적으로 맞는 예측인지조차 잘 모르겠다. 2013년 초 한 언론 보도에 따르면, 통계청이 2년 만에 인구 감소 시점을 2018년에서 2030년으로 정정했다고 한다. 국가 통계조차 믿기 어렵다는 뜻이다.

인구통계가 이 정도라면 연금 예측이야 더 말할 것도 없다. 부실한 연금 계산을 어떻게 믿을 수 있을까. 아무래도 자꾸 적자와 고갈을 강조하는 다른 꿍꿍이가 있지 않나 의심스럽다.

한 가지 더, 겉으로는 연금과 전혀 다른 이야기다. 공기업을 비롯한 공공 기관에 대해 매년 경영 실적 평가가 이루어진다. 민간이 하는 형식이지만, 결국 기획재정부가 주관해서 1백 개가 넘는 공공 기관을 평가한다.

문제는 평가 결과다. 해마다 결과를 발표하는 것이야 당연하다 하더라도 형식도 그렇고 특히 파급효과가 간단하지 않다. 평가에 기초해서 기관장의 임면을 결정하겠다는 것은 그중 하나다. 결과를 발표할 때마다 '경영 부실', '방만 경영', '혈세 물 새듯' 등과 같은 부정적 표현이 언론을 도배한다. 어찌 보면 이쪽이 장기적인 효과는 더 크다.

또 아직도 끝나지 않은 고속철도KTX 민영화 문제를 예로 들어보자. 도무지 이해하지 못할 일 가운데 하나는 감독관청인 국토부가 KTX가 곧 사단이 날 것처럼 흠집 내기에 여념이 없다는 것이다. 사고가 끊이지 않는데다 적자까지 심해 운영이 엉망진창이라고 앞장서서 홍보를 하는 형편이다. 말 그대로 운영이 엉망이면 감독관청인 국토부 역시 책임이 클 텐데 스스로를 탓하는 모양이긴 하나 반성일 리는 없고 이상한 자아 분열처럼 보인다. 무엇을 바라는 것인지는 뻔하다. 민영화라고 그랬다가 제2 철도공사를 만든다고도 하는데, 어느 쪽이든 현재의 공공 체계를 흔들겠다는 의도가 명백하다.

이 세 가지 사례는 언뜻 보면 별개의 일처럼 보이지만, 찬찬히 뜯어보면 일치하는 것이 있다. 어떤 형태로든 공공을 공격하고 부정적 인상을 심는다는 점이 그렇다. 문제의 양상과 그 이유는 다채롭지만 공공이 하는 일은 영 미덥지 못한 것으로 결론이 난다. 비판과 공격은 공공이 가진 모든 문제점을 망라한다. 비효율과 적자는 물론이고, 툭하면 낙하산에 부정부패의 온상, 혈세 낭비의 주범으로 지목되기 일쑤다. 새 정부가 들어선 시기에는 정권의 전리품으로 전락한다.

이런 공격은 여러 곳에서 온다. 일반 시민이 혈세 낭비나 비효율을 비판하는 것은 충분히 이해가 된다. 언론과 시민 단체가 흔히 하는 일이기도 하다. 짐작하기 어려운 것은 정부 스스로 그런 일에 앞장서는 일이 한두 번이 아니라는 점이다.

외부든 내부든 공격의 결과는 불신으로 이어진다. 아예 공공의 존립 근거는 사라지고, 잘 봐줘야 '필요악' 정도다. 공격과 비판이 쌓일수록 공공은 더 믿을 수 없는 것이 된다는 점이 중요하다. 이래저래 공공과 공공 기관을 향한 대중의 불신은 한계를 넘은 지 오래다.

미국의 레이건 대통령이 1980년 대통령에 취임하면서 노골적으로 연방 정부를 공격한 것은 유명하다. 그는 "정부는 문제의 해결책이 아니라 문제 그 자체"라고 선언했다. 큰 정부와 정부의 개입은 경제 위기의 원인을 넘어 마치 부도덕하고 반국가적인 것처럼 묘사되었다. 공공을 향한 레이건의 공격은 그의 정책 기조를 설명하는 도입부였다. 정부의 역할을 줄이고 시장에 문제 해결을 맡기는 레이거노믹스의 시작이었던 셈이다. 오늘날 신자유주의의 모범 사례처럼 되어 있는 레이거노믹스는 이처럼 공공과 정부를 공격하는 데서 출발했다.

레이건에서 보듯, 공공에 대한 공공연한 공격은 대중의 불신을 재생산한다. 그 과정에서 일어나는 연쇄반응은 명백하게 이념적이다. 당사자들이 인식하든 그렇지 않든, 공공 부문을 공격하고 비판하는 것은 단지 지엽 말단의 기술적 문제에 머물지 않기 때문이다. 대중과 유권자가 공공을 혐오하고 반대하는 것은 처음에는 정서적 반응에서 출발한다. 그러나 반감과 분노는 여기서 끝나지 않고 시장에 대한 맹목적 믿음을 강화하는 토대 노릇을 한다. 반反공공이 자연스럽게 민간, 민영화, 시장을 옹호하는 어떤 하나의 이념 체계 또는 '주의'를 구성하게 되는 것이다.

불신을 지렛대로 해서 시장은 지금도 영토를 확장 중이다. 국민연금을 믿지 못하면 개인 저축이나 민간 연금에 의존할 수밖에 없다. 아니나 다를까 국민연금을 폐지하자는 조직적 운동이 생기고, 그 '운동'을 민간 보험사가 후원한다는 믿지 못할 이야기까지 들린다(당사자들은 후원이 아니라 광고비였다고 한다). 노후 소득 보장이 시장 논리를 따라야 한다는 주장은 미국의 레이거노믹스와 쌍둥이처럼 닮았다.

공공 기관에 대한 평가 역시 마찬가지다. 평가 결과가 발표되면 공기관 비판과 함께 늘 비슷한 처방이 뒤따른다. 다름 아니라 민영화. 공공의 문제를 해결할 유일한 방법은 민간으로 넘기는 것이라는 메시지다.

KTX 민영화는 더 노골적이다. 감독관청이 앞장서서 공공은 문제가 많으니 민간으로 넘겨야 한다는 주장을 전파하고 있다. 영국에서 항공과 철도 등 국영기업의 민영화를 밀어붙인 대처 총리가 한국에서 부활하기라도 한 것일까.

공공 의료나 공공 보건에서도 비슷한 일이 자주 일어난다. 운영이 방만하니, 비효율의 극치니 하지만, 결론은 민간으로 넘기고 시장에 의존하라는 주장으로 끝난다. 진주의료원 폐업의 전체 시나리오도 공공을 공격하는 익숙한 논리에서 한걸음도 벗어나지 못했다.

이런 예들이 주는 교훈은 분명하다. 공공을 공격하는 것, 나아가 정부 스스로 앞장선 '자해' 행위는 대중과 유권자가 갖는 불신을 더욱 심화시킨다. 일부러 그렇게 하지 않는 경우도 마찬가지다. 무엇을 원하든 정부는 자해 행위를 하고 있는 셈이다.

물론 공공의 문제를 감추고 거짓으로 아름다움을 꾸밀 수는 없다. 운영은 투명해야 하고, 공공의 가치를 충족하는 성과는 커져야 마땅하다. 그러나 그 어떤 시도도 대중의 불신 위에서는 성공할 수 없다. 신뢰 회복 프로세스가 필요하다.

그러나 그것은 스스로 시장의 논리에, 그것도 타락한 시장에 붙잡혀 자해를 일삼는 정부만 쳐다보아서는 성공할 수 없다. 바깥에서 시작하는 압력이 필요하다. 역설적이지만, 제도화된 공공의 바깥에 기반을 둔 사회 권력이 새로운 공공의 기초가 될 수 있다.

정부를 포함해서 공공 기관과 공공 부문의 거버넌스를 혁신하는 일이 시급하다. 우선, 명토 박아 두자. 공공 기관이 정권의 전리품에 머물거나 자치 단체장의 선거용 소모품이 되어서는 그 무엇도 바꾸기 어렵다. 나아가 거버넌스 혁신은 고상하고 어려운 말이 아니다. 정책 결정과 시행에 국민과 시민이 제대로 참여하는 것은 기본 전제다. 공공 기관의 지배 구조는 민주화되어야 하고, 제도의 구조와 운영은 진짜 '참여형'으로 바뀌어야 한다.

어떻게 하는 것인지, 어떻게 만들어야 할지 잘 모른다? 익숙하지 않으면 지금부터라도 시험하고 시도해야 한다. 스스로를 해치는 자아분열이 아니라, 치료하고 건강을 회복하는 것이 공공이 먼저 해야 할 일이다. 그렇게 하도록 압박하는 것이 필요하다.

공공이 제대로 작동하고 공공다워지는 것은 시민의 신뢰를 바탕으로한다. 믿음을 키우기 위해서는 공공의 내외부가 협력하려는 노력이 새로 시작되어야 한다. 여기에 사회 권력의 역할은 더할 나위 없이 중요하다. 자해에서 신뢰 회복으로, 공공 부문 정책의 기조가 바뀌어야 한다.

민영화가 아닌 사영화

불신의 대상인 공공과 이에 대한 대항으로서의 민간의 관계를 잘 드러내는 대표적 사안이 민영화다. 이는 흔히 공공 부문의 비효율성과 후진성을 단번에 해결하는 '마법'으로 받아들여진다.

한국에서 민영화 문제는 수십 년 동안 늘 진행형이다. 비교적 최근에도 두 가지 교통 문제가 논란이 되었다. KTX와 서울 메트로 9호선을 둘러싼 논란이 그것이다. 후자를 둘러싼 논란은 금방 가라앉았지만, KTX 문제는 아직도 논쟁 중이다.

더 들어가기 전에 우선 민영화라는 말부터 바꾸자고 제안한다. 언론을 비롯해 많은 사람들이 민영화라는 말을 쓰지만 나는 이 말이 정확하지 않다고 생각한다. '민영'이라는 말은 아마도 '국영'이나 '공영'에 견주어 쓰기 시작했을 것이다. 그렇지만 이런 식으로 쓰인 민영이라는 말은 현실을 비틀고 진실을 가린다. 공공성이나 공익이라는 가치판단이 '공公영'이란 말에 포함되어 있다면 그 반대말로 '민民영'은 가당치 않다(민주, 민생, 민중과 같이 '민'이 들어간 말을 생각해 보라). 제안하려는 대안은 '사영화'私營化

라는 말이다. '사유화'라는 말도 쓸 수 있겠으나, 소유만 나타내는 느낌이 강해서 조금 정태적이라는 인상을 준다. 앞에서는 '사사화'란 말도 썼지만 이 역시 민영화를 대신하기에는 부적절하다는 느낌이다. 영어 privatization을 우리말로 옮기더라도 사영화가 더 정확한 것 같다.

철도와 지하철의 사영화가 어떤 문제를 일으켰고 또 일으킬지는 이미 잘 알려져 있다. 지하철 9호선은 그런 사실을 드러낸 좋은 교육 자료였다. 2012년에 논란이 된 후 황당한 사영화의 실상이 일부 드러났다. 탐욕에 가득 찬 자본과 이에 맞장구를 친 서울시(정부)의 기막힌 합작품이었다.

이런 상황에서 KTX를 사영화하겠다니 이해조차 힘든 일이다. 요금이 내려간다는 소리는 무엇인지, 경쟁을 촉진해 서비스를 개선한다는 주장은 또 무엇인지 도무지 알 수가 없다. KTX를 팔아넘기려는 시도는 썩 성공적인 것 같지 않다. 지난 이명박 정부가 시장이 만능이라는 믿음으로 밀어붙였지만 여론이 협조하지 않았다. 경쟁과 효율, 더 좋은 서비스, 싼 요금이라는 약속을 의심했기 때문이다.

그리 운이 나쁘지 않았다면 KTX 일부를 민간 기업에 넘기는 일은 훨씬 수월했을 것이다. 걸핏하면 사고에다 요금은 점점 올라가는데 민간에 맡기면 더 잘할 수 있다. 서로 경쟁하면 서비스는 좋아지고 요금은 내려간다. 대강 이런 논리로 더 많은 사람을 설득할 수도 있었으리라. 태백선이나 경전선, 경원선 같이 만성 적자 노선을 이용하는 사람이나 요금 혜택이 있는 장애인, 노인, 학생이 아니라면 혹할 수도 있다. 아직도 포기하지 않고 계속 추진한다고 하니, 또 무슨 이상한 논리가 동원되는지 보자.

2012년에는 철도와 지하철이 도드라졌지만 사영화는 여러 곳에서 꾸준히 전진하는 중이다. 인천공항 매각을 둘러싼 시비는 유명하다. 청주공항 운영권은 잘 모르는 사이 2012년 2월에 이미 민간 기업에 넘어갔다. 우리은행과 산업은행 역시 논란이 뜨겁다.

곧바로 올 미래를 전망하기는 쉽지 않다. 아직은 경과와 진도가 천차만별이다. 사회적 관심, 동의와 비판, 저항과 수용의 힘이 각기 달라 한 가지 모양으로 진행될 것 같지는 않다. 예를 들어 인천공항에 대해서는 사영화에 반대하는 목소리가 더 클 것이고, 은행은 사영화가 좀 더 쉬울 것이다.

그러나 냉정하게 말하면 사영화의 경향성은 다른 저항을 충분히 이길 정도로 강하다. 인천공항조차 공공성의 기반은 매우 허약하다. 다른 민간 회사와 비슷한 성과를 이룬 덕분에 우선 공격을 피했지만, 똑같은 잣대가 조만간 부메랑으로 돌아올 수 있다. 조금이라도 효율과 성과, 경쟁력이 의심받는 순간, 바로 사영화의 압력이 시작될 것이다.

이처럼 공공 실패, 정부 실패가 사영화를 뒷받침하는 강력한 논리다. 진작 '민영화'라는 이름으로 사적 체계에 편입된 대한항공공사(대한항공), 대한석유공사(SK에너지), 한국통신(KT), 포스코, 한국이동통신(SK텔레콤) 등은 공공이 실패했다는 것을 중요한 명분으로 내세웠다. 앞으로 KTX도 적자와 인건비, 안전사고, 이용자의 불만을 앞세울 것이다.

코레일이라는 공공이 '돈의 가치'를 구현하는 데에 실패했다고 거듭 강조할 것이 틀림없다.

사영화의 근거는 시장과 효율성이라는 한국 사회의 지배적 담론을 충실하게 따른다. 과거에도 그랬고 지금도 마찬가지다. 그러나 효율성을 돈벌이라는 아주 좁은 기준으로 정의하더라도(사실 좁게 정의한 것이 아니라 잘못 정의한 것이지만) 사영화가 더 효율적이라는 근거는 빈약하다(지금은 인천공항 사례가 이에 해당한다). 그래서 효율성 주장은 대부분 근거가 아니라 믿음에 의존한다. 사영화 실패(예를 들어 영국의 철도)를 비판하면, '더 완전한 사영화'와 '더 철저한 시장 경쟁'이라는 근본주의적 대응이 돌아온다.

더구나 효율성은 이익이나 돈벌이라는 목표에 한정되는 것이 아니라, 어떤 가치를 얼마나 잘 성취했느냐를 따지는 기준이다. 미국의 영리 병원이 돈을 더 번다고 해서, 질과 안전을 희생한 채 얻은 이윤을 효율성이라고 할 수는 없다. 제대로라면, 어떤 목표(예를 들어 정의나 평등, 삶의 질, 의료의 질)를 얼마나 효율적으로 달성했는가를 묻는 것이 효율성의 진정한 의미다. KTX 문제로 다시 돌아가면, 이윤, 서비스와 질, 안전, 국민의 권리 보장 등의 목표를 달성하는 데에 사영화가 효율적인지 잘 따져 봐야 한다.

사영화는 효율보다 더 근본적인 문제를 제기한다. 본래는 그렇지 않던 많은 인간 활동과 사회적 관계를 상품과 화폐가치로 바꾸기 때문이다. 폴라니의 말대로 인류는 시장 방식으로만 노동 분업 활동을 한 것이 아니다. 그러나 사영화는 시장 밖에 있던 것을 시장 속 깊숙이 밀어 넣고, 돈으로 바꿀 수 없던 것들을 화폐가치로 바꾼다. 정치철학자 마이클 샌델의 표현을 빌리면, 살 수 없는 것(예를 들어 사랑)과 사고팔아서는 안 되는 것(예를 들어 인간의 장기)까지 상품으로 바꾼다.

KTX가 사영화될 경우 (삶의 가치이자 권리일 수 있는) 사람의 이동을 화폐가치로만 판단하게 될 것이다. 움직이고 사람을 만나고 새로운 경험을 하는 인간 활동의 가치는 고려하지 않게 되는 것이다. 또한 보건의료가 영리를 중심에 놓을수록 병과 아픔을 돈벌이의 기회로만 여기게 될 것이다. 노인의 일상생활을 사회적으로 돕는다는 장기 요양도 마찬가지다. 사영화되는 순간 상품 교환과 영리의 대상이 되어 버리고 만다. 다른 사람을 위로하는 것도, 지식을 얻고 나누는 것도, 인터넷도, 건강관리도 이제 모두 상품이 되었고, 그리하여 경제적 능력에 따라 좌우되게 되었다.

모든 것을 상품과 돈으로 바꾸어 버리는 지금의 경제사회 구조가 조만간 '거대한 전환'을 할 수 있을지는 불확실하다. 자본주의의 조정 능력을 결코 얕잡아 볼 수 없기 때문이다. 그러나 극단적으로 상품화된 인간 활동과 사회적 관계가 다시 본래의 가치를 회복해야 한다는 데 이의를 달기는 힘들다. 그렇다면 사고팔아서는 안 되는 것들을 공공화(또는 재공공화)하는 것 이외에 다른 선택은 없다.

규제 완화의 본질

2012년 9월 경북 구미시에서 불산 가스 누출 사고가 발생한 데 이어 2013년 1월에는 화성의 삼성전자 사업장에서 또다시 불산 가스 누출 사고가 났다. 그동안 듣도 보도 못한 불산이 도대체 무엇이며, 그렇게 무서운 것인가 다들 불안에 떨었다. 사고마다 여러 명의 사상자가 생겼고, 구미에서는 주민 수천 명이 진료를 받았다. 나중에라도 심장이나 뼈에 이상이 올 수 있다고 하니, 앞으로 주민들에게 문제가 없을지 걱정이다. 그뿐인가, 경제적 피해도 엄청났다.

뜬금없지만, 2012년 미국에서 생긴 약화 사고가 여기에 자꾸 겹쳐 보인다. 미국에서는 곰팡이에 오염된 스테로이드 주사를 맞아 690명 이상이 뇌척수막염에 걸리고, 그중 45명은 목숨을 잃었다. 사고가 생긴 이후에야 누가 주사를 맞았는지 정확한 원인이 무엇인지 찾느라 애를 먹었다. 그러나 이 사건 역시 이런 저런 대책을 이야기할 무렵에는 이미 많은 사람이 아까운 목숨을 잃은 다음이었다.

종류가 무엇이든 사고가 생긴 후에는 피해를 본래대로 되돌리기 어렵다. 건강 피해 역시 마찬가지다. 사망은 물론이고 부상이나 장애도 원상을 회복하기 힘든 경우가 많다. 물론 사고가 생긴 이후에도 역학조사를 하고 장기간 꼼꼼히 살피는 것은 꼭 필요하다. 그나마 후유증을 줄이고 비슷한 사고를 예방하는 것이 목적이다.

어떤 사후 대책도 사고가 나지 않는 것만 못하다. 당연히 그런 관점에서 사고를 바라봐야 한다. 건강과 안전은 특히 그런 특성이 더 강하다. 가장 나쁜 상황을 염두에 두고 대비하는 것이 기본이다. 확실한 증거가 없을 때에도 심각한 위험을 대비해 적극적인 조치를 취해야 한다는 '사전 예방의 원칙'은 바로 이런 경우에 적용된다.

구미와 화성의 불산 가스 누출 사고와 미국에서 생긴 사고는 다른 것도 많지만 닮은 점 역시 적지 않다. 특히 해당 업체나 공정이 정부의 관리 대상에서 제외되어 있었거나 부실하게 관리되었다는 것이 공통점이다. 두 곳 모두 관리 감독이 소홀했고 모니터링이나 조사 대상에서도 빠져 있었다. 법률의 미비나 제도의 허술함을 따지는 것도 두 나라가 다르지 않았다.

따져 보아야 할 것은 이런 결과를 낳은 근본 원인이 무엇인가 하는 점이다. 미국의 약화 사고를 두고 『뉴욕타임스』는 초기부터 감독을 비롯한 정부의 규제 실패를 원인으로 의심했다. 한국에서도 사고가 다 지난 다음에야 규제가 허술했다는 여론이 일었다. 비슷한 시기에 서로 다른 모습으로 생긴 사건이지만, 한국과 미국 모두 뿌리에서 는 규제 완화라는 '시대정신'을 쉽게 발견할 수 있다.

특히 한국에서는 사건의 근원을 규제 완화에서 찾는 것이 매우 합리적인 추론이다. 현재 행정규제기본법은 "규제를 신설 또는 강화하고자 하는 경우에는 규제개혁위원회에 규제 심사를 요청"하도록 강제하고 있다. 규제를 어떤 태도로 보는지 법이 이미 말해 주고 있는 것이다. 어떤 부처에는 아예 규제'완화'위원회가 있다. 한창때는 부처별로 규제 완화를 추진한 성적을 매겨 발표했고, 백서를 내기도 했다.

관료가 아무리 영혼을 가져도 이런 분위기에서는 규제를 유지할 수 없다. 막상 필요해도 새로 시작하기는 더 어렵다. 규제의 공백이 넓어지는 것이다. 이런 규제 완화의 동기와 동력은 뻔하다. 경제 활성화, 투자 촉진, 부패 방지, 부담 경감 등 겉으로는 중립적인 또는 전 국민적인 이해를 내세운다. 그러나 실상 그 과실은 일부에게만 돌아간다.

기계적으로 따라붙는 또 하나의 사족이 있다. 국민의 안전과 생명에 직결되는 규제는 더욱 강화한다는 다짐이다. 그러나 이 역시 대부분 공염불로 끝난다. 규제를 완화한 실적을 보고받고 백서까지 만드는데 안전과 생명을 위한 규제라고 해서 남아날 재간이 있을까.

2011년 순천향대 장원기 교수가 발표한 연구 결과*는 이런 실상의 일부를 드러내 준다. 산업안전보건 분야의 규제를 분석한 결과, 1998년에서 2002년 사이에 규제가 강화된 경우는 41건인 데 비해 완화된 경우는 91건으로 두 배 이상 많았다. 2008년 한 해 동안은 강화가 두 건, 완화가 아홉 건이었다.

되돌아보면 1992년 규제 완화 초창기에도 비슷했다. 규제 완화라는 이름으로 공장의 산업안전관리자, 보건관리자, 영양사, 조리사를 두는

● Jhang Won Gi, 2011, "Changes in labor regulations during economic crises: does deregulation favor health and safety?," *Journal of Preventive Medicine and Public Health*, 2011, Jan, 44(1), pp. 14-21.

기준을 낮추어 배치 인원을 줄였다. 대기, 수질, 소음, 진동 등의 배출 시설 설치 허가를 간소화한다는 내용도 보인다.

규제를 없애거나 줄여서 많은 사람에게 혜택이 돌아가면 문제 될 것이 없다. 그러나 규제 완화의 결과는 많은 경우 '이익의 사유화와 부담의 사회화'라는 신자유주의적 원리를 따른다. 피해가 일부 계층에 집중되고, 특히 건강과 안전은 더욱 취약하다.

아주대 팀이 2010년 발표한 또 다른 연구 결과●는 규제 완화가 건강과 안전에 악영향을 미친다는 것을 잘 보여 준다. 1997~98년 경제 위기와 더불어 산업안전보건 관련 규제를 완화한 결과는 생각 이상으로 뚜렷하다. 정부는 위기를 핑계로 특별법을 만들면서까지 규제를 줄였다. 안전에 필요한 검사를 줄이고, 안전 및 보건과 관련된 의무교육을 면제했으며, 전문 인력을 고용해야 하는 의무를 느슨하게 풀었다. 그 결과, 1997년까지 빠르게 줄어들던 산업재해가 이후 정체 상태를 보인다.

건강과 관련된 규제 하면 앞에서도 보았듯이 흔히 노동 건강 분야(산업 안전, 노동환경 등)를 떠올리지만, 보건 정책과 의료 정책도 결코 뒤지지 않는다. 의료 광고와 의약품의 슈퍼 판매, 고가 의료 장비 도입 등은 이미 규제 완화를 거친 결과다. 영리 병원, 외국인 환자 유치, 민간 의

● Kyoung-Bok Min, Jin-Young Min, Jae-Beom Park, Shin-Goo Park, and Kyung-Jong Lee, 2010, "Changes in occupational safety and health indices after the Korean economic crisis: analysis of a national sample, 1991-2007," *American Journal of Public Health*, 2010 November, 100(11), pp. 2165-67.

료보험 등은 규제가 풀리기만 기다리고 있다.

규제 하나하나는 시민의 건강과 뗄 수 없이 밀접한 관련을 가지고 있다. 물론, 크고 작은 것이 있고, 서로 성격이 달라서 한 가지로 이야기할 수 없다. 실제 없애야 하는 규제도 있을 것이다. 그러나 규제가 얼마나 필요하고 잘 작동하는가 하는 기술적이고 미시적인 분석에 초점을 맞출 일이 아니다. 그보다는 규제 완화의 정치경제가 불평등 구조를 기초로 하고 있다는 점이 더 중요하다. 이런 구조 안에서 이익과 피해가 이중적으로 불평등하다는 것은 다시 말할 필요가 없다.

규제를 근본적으로 다시 정의해야 한다. 우선, 규제에 붙어 있는 익숙한 이데올로기, 우리도 모르는 사이 가지고 있는 인식을 해체할 필요가 있다. 규제 완화는 특히 경제적 규제가 관료의 자기 이익, 비효율, 독점, 부정부패 등과 연관되어 있다는 것을 명분으로 삼는다. 관공서의 번잡하고 까다로운 업무 처리를 경험한 사람이라면 두 손 들어 반길 일이다. 그러나 규제를 줄이고 없애서 해결할 수 있는 일은 매우 적다. 흔히 해답이라고 생각하는 시장 원리는 또 다른 병폐를 낳는다. 규제 완화에 대한 맹신이 불러온 금융 위기를 잊기에는 아직 이르다.

관료주의적 통제의 병폐는 규제 완화가 아니라 민주적 통제로 해결해야 한다. 규제를 관료의 것이 아니라 시민의 것으로, 그리고 공공의 통제로 전환해야 하는 것이다. 말 많은 방송과 통신을 관료적으로 규제하는 것이 최선은 아니다. 휴대전화를 규제한다고 좋아지는 것은 많지 않다. 그러나 그렇다고 해서 시장에 그냥 넘길 수는 없다. 공공성을 지향하는 시민의 민주적 참여가 더 바람직한 통제 방법일 수 있다.

환경이나 건강, 안전 같은 것들을 위한 규제는 더욱 강화하는 것이 맞다. 지난 정부가 비즈니스 프렌들리라는 이상한 이름으로 풀어놓은 규제, 그리고 손도 대지 못한 규제의 공백을 개혁해야 한다. 이명박 정부에서는 다들 별로 이견이 없는 금연 정책에서조차 알게 모르게 규제 완화의 영향을 받았다는 것이 정설이다. 이제라도 재규제를 통해 사회적 통제를 강화하는 것이 시급하다.

다시 구미와 화성의 불행한 사건으로 돌아가자. 규제를 완화한 것이든 아예 시작도 못한 것이든, 문제의 근본은 규제를 보는 시각에 있다. 과거처럼 한다면 비슷한 사건이 생길 때 어떤 대책이 나올지 뻔하다. 관리 강화, 엄격한 감독과 처벌, 비상시 행동 지침 등이 예상 시나리오다. 하지만 더 이상 관료적 통제와 시장 사이를 시계추처럼 왕복할 일이 아니다. 규제를 사회적 통제로 전환해야 한다. 시민과 주민이 참여하고, 통제의 대상과 방법은 더욱 민주적으로 정하는 방법을 찾아야 할 것이다.

시장에 사로잡힌 공직 윤리

민영화의 또 다른 모습이 민간 부문의 '유사 정부화' 현상이다. 새 정부가 들어설 때마다 민간 연구소가 '국정' 목표를 제안하고 민간 경제 단체인 전경련이나 경총이 거의 모든 정책에 간여한다.

사람도 공공과 민간의 경계가 흐려지고 있다. 민간이 공공으로 진출하는 것뿐만 아니라, 사람이 공공에서 민간으로 옮기는 예도 날로 늘어난다. 단지 직업 선택이나 경력 이전이 아니라 국가와 시장이 결합하는 또 다른 측면으로 해석할 수 있다. 이제 공공이 시장의 대변자 노릇을 하는 일은 너무 흔하다. 인적 교류도 늘어나서 가끔은 누구의 입장인지조차 혼란스럽다. 어제까지 고위 공직자로 있다가 이익 단체의 대표 노릇을 하면 무엇이 진심인지 헷갈리는 것이 당연하다.

꼭 인적 교류가 있어야 하는 것도 아니다. 공식, 비공식 통로를 통해 같은 시각으로 문제를 보고 비슷한 지향을 가지고 해결책을 구한다. 하나의 '동맹'을 구성하고 있다고 해도 과언이 아니다. 이런 공공-민간의 연합은 공적 가치의 지향을 혼란스럽게 만든다.

새 정부 초기마다, 그리고 중간중간에 소규모로 벌어지는 고위 공직자 청문회는 이런 공적 가치의 혼란을 직접 느끼게 한다. 매번 그러려니 하지만 갈수록 정도가 심해진다.

박근혜 정부가 출범할 당시 공직 인사를 잊을 수 없다. 한 달에 1억을 벌었다는 전관예우 정도는 약과였다. 무기 중개상에 취직해 있던 자를 국방장관에, 내내 재벌만 대변하고 해외로 재산을 빼돌린 사람을 공정거래위원장에 임명하려 했다. 청문회를 어찌어찌 통과한 사람들 중에도 비슷한 인사가 수도 없이 많았다.

개인 기업 운영자인지 공직자인지 구분하기 어려운 것이 특징이라면 특징이었다. 공직자가 되고자 하는 사람들의 탈세와 불법이 그나마 시장에 충실한 기업인이나 상인을 무색하게 만들었다. 시대착오적이라고 하는 봉건적 또는 국가주의적 도덕마저 아쉬울 정도였다.

청문회까지 나오는 높은 사람에게만 공직 윤리를 따질 일도 아니다. 어제까지 '을' 노릇을 하던 기업이나 공기관에 취업하는 공직자가 어디한 둘인가. 대놓고 바람막이를 찾는 기업으로 바로 자리를 옮기는 사람에 비하면 산하 기관이 그나마 윤리적이라고 자위라도 해야 할까.

보건이나 의료 분야도 다르지 않다. 말이 좋아 그렇지, 보건 담당 부처의 고위직에 있던 사람들이 하는 양을 보면 한숨부터 절로 난다. 제약기업을 모아 놓은 협회의 대표 노릇을 하지 않나, 퇴직 며칠 만에 로펌으로 옮겨 정부를 상대하는 법을 코치하고 있으니 말이다.

사실 하루 이틀 된 문제도 아니다. 진작부터 공직의 회전문 현상이라는 비판이 없지 않았다. 이를 막자고 만든 장치가 벌써 있었고 겉보기에는 제법 그럴싸했다. 공직자윤리법이란 것이 만들어진 지 30년이 넘었고 그 덕분에 공직자가 퇴직 후에 취업하는 것에는 제한 사항이 많다.

그러나 이런 제도가 제대로 작동한다는 증거는 찾기 어렵다. 그걸 공직자 윤리로 본다면, 오히려 더 많이 허물어지고 망가졌다고 해야 옳을 것이다. 청문회를 거듭할수록 더 많은 문제가 쏟아져 나오는 것만 봐도 그렇다.

이런 일에 비판적인 사람들은 공직자의 윤리를 먼저 말한다. 몸가짐이니 자세를 제대로 갖추지 못해 일어나는 일이란다. 대법관 퇴임 후 편의점을 하는 사람이 모범으로 칭송 받는 이유다. 개인의 자세와 태도가 문제라면 해결 방법도 거기에 맞출 수밖에 없다. 도덕 교과목이라도 되살려 내야 할까. 모든 국민을 대상으로 하는 국민 윤리 캠페인은 어떤가. 온갖 현수막과 결의 대회도 동원할 수 있겠다.

안타깝지만, 예나 지금이나 비웃음을 사는 사람들이야말로 윤리 교육을 가장 많이 받고 현수막을 가장 많이 본 세대에 속한다. 국민교육헌장과 국기에 대한 맹세는 또 얼마나 익숙한가. 그러니 국가 윤리를 강화하고 윤리 교육을 확대한다고 답이 될 리 없다.

만약 그걸 윤리라고 부를 수 있다면, 공직 윤리가 허물어지는 이유는 좀 더 근본적이다. 한마디로 시장이 공공 영역을 잠식하고 대체한 결과이다. 달리 말하면, 공공 부문이 시장화되었고, 시장 논리가 곧 공공의 윤리, 공직의 윤리가 되었기 때문이다.

증거는 수없이 많다. 국민의 건강을 책임진다는 보건복지부는 속으로 돈이 되는 산업을 챙기기에 여념이 없다. 제약 산업의 경쟁력과 의료 관광의 진흥이 중요한 정책 목표가 된 지 오래다. 성장 동력을 키운다고 건강보험의 재정 정책에 시비를 거는 일도 드물지 않다.

다른 국가기관이나 부처라고 다를까. 경영 공백을 걱정해 재벌에 면죄부를 주는 검찰과 사법부. 노동자를 보호하는 것보다는 늘 경제 혼란을 걱정하는 고용노동부. 기업 경영에 장애가 된다는 이유로 규제 완화에 앞장서는 환경 당국. 시장 친화적인 교육을 강조하는 교육자들. 산업과 시장의 이해관계가 곧 공공(정부)의 제일 목표처럼 보인다. 공공과 시장의 경계는 모호하고, 국익이라는 명분 아래 공공은 노골적으로 시장을 대변한다. 이러니 공공 부문에서 일한다는 사람들의 영혼 역시 충분히 시장 친화적이다.

한국 사회에서 시장이 공공을 대체하게 된 것은 어제오늘의 일이 아니다. 하지만 좀 더 노골적으로, 그리고 대규모로 공공의 후퇴가 일어난 것은 1990년대 말 경제 위기 때부터다. 세계화, 공공 부문 개혁, 작은 정부, 효율성 같은 말들이 이때부터 본격적으로 쓰였다. 이후 공공 부문의 후퇴는 뚜렷한 사회현상으로 자리 잡았다. 이른바 민주 정부라고 하는 10년 동안에도 신자유주의의 위세는 대단했다. 오죽하면 국정 최고 책임자가 권력이 시장으로 넘어갔다고 했을 정도다.

공공 부문에 시장 메커니즘을 도입해야 한다, 그리고 정부가 민간의 효율성을 배워야 한다고 했다. 성공한 기업 경영자가 공공 기관의 책임자로 부임하고, 공무원을 기업에 파견하는 정도에까지 이르렀다. 공공과 시장의 경계는 허물어지고 각각의 존립 근거도 구분이 어려워졌다.

그 덕분에 이제 공공과 시장은 흔히 생각하는 것 이상으로 연속적이다. 공직자가 직장을 옮기는 데 물리적 장애가 줄어들었다는 것에 그치지 않는다. 목표와 가치, 이해관계의 긴장 역시 점점 더 줄어들고 있다. 사정이 이러니 당연하다. 민간 기업을 지원하는 업무를 하던 공무원이 퇴직하고 기업으로 옮긴다 한들 무엇이 그리 달라질까. 보건복지부의 고위 관료가 제약 기업을 대표하거나 로펌에서 정부를 상대로 한 소송을 돕는 일도 이상할 것이 없다. 무기 중개상의 커미션도 한 달 1억의 보수도 시장 법칙으로 생각하면 간단하다.

아예 노골적인 몇몇을 빼면, 이해관계라는 말로 공직의 윤리를 규정하는 것은 불가능하다. 막말로, 늘 하던 일과 그리 다른 것도 아니라면 무슨 방법으로 이직과 취업, 이해관계 대변을 비판할 것인가. 취업을 제한하는 것은 그야말로 기본권의 제약이 될 판이다. 이제 공직의 윤리는 개인에 책임을 묻는 수준을 넘었다. 자세와 몸가짐을 탓하는 것만으로는 공직자를 임명할 때마다 비슷한 일을 다시 보게 될 것이다. 교육도 윤리 강령도 효과를 발휘할 수 없다.

지금도 제대로 된 공직 윤리는 필요하다. 낡아 빠진 봉건적 윤리를 말하는 것이 아니다. 지금 필요한 공직 윤리의 첫 번째 덕목은 사회의 일부 계급이나 계층만을 대변해서는 안 된다는 것이다. 차마 서민과 가난한 사람들을 더 생각하고 옹호하라고 하지는 못하겠다. 최소한 계급 '중립'이라도 되어야 한다.

해결 역시 근본적인 데서 찾아야 한다. 다시 명심보감이나 채근담 식의 자기 관리를 촉구하는 것으로는 어림없다. 공공의 가치가 시장의 그것과 구분되지 않는 한, 시장을 통제하는 공직의 역할 또한 살아나지 않는다. 윤리적인 공직 수행은 공공 부문의 공공성을 회복하지 않고서는 불가능한 과제가 되었다.

공공성 회복은 다른 말로 공공 부문의 탈시장화, 재공공화를 뜻한다. 사실 공직 윤리의 범위를 훌쩍 넘는 과제다. 애당초 모순에 가까운 비틀어진 말이지만, 현실의 많은 고통과 불의를 해결하기 위해서는 피할 수 없다.

공공 부문의 제자리 찾기는 단지 공직 윤리를 넘어 보편적 과제로 이어진다. 물론 말처럼 쉬울 리 없다. 그러나 자격 없는 공직자의 비루함에 절망하기보다는, 공공이 공공성을 회복하는 데에 힘을 보태야 한다.

해외 원조의 시장 원리

'윤리'에까지 침투한 시장 원리가 해외 원조라고 해서 그냥 둘 까닭이 없다. 규모가 커지면서 시장이 본격적으로 역할을 시작할 참이다. 이제 막 본격적으로 시작된 한국의 해외 원조는 중대한 기로에 서있다. 시장 권력에 포섭된 국가가 해외 원조가 지향하는 인도주의와 심각한 불화를 빚기 시작한 것이다.

건강 분야 역시 이런 일반적 추세를 공유한다. 공공성에 충실하기 어려운 사정을 이해하려면 해외 원조의 복잡한 정치경제 구조를 먼저 살펴보는 것이 좋겠다. 마침 최근에 일어난 한 가지 사건을 거울로 삼을 수 있을 것 같다.

2013년 설 연휴 중에 북한 의사 세 명이 나이지리아에서 피살되었다는 소식이 들려왔다. 중국이니 한국이니 혼선이 있었지만 결국 북한 의사라고 결론이 났다. 나이지리아는 인종과 종교 문제가 복잡하게 얽혀 있는 나라다. 범인은 나이지리아의 이슬람 반군 세력이었다고 한다.

아주 드문 일이 아니니, 사고 그 자체보다 피해자가 북한 의사였다는 사실에 관심이 컸다. 속사정이 무엇이든 북한 의사가 먼 아프리카 국가까지 가서 일한다는 것은 관심을 끌기에 충분하다. 관심을 반영한 것인지, 『연합뉴스』가 발 빠르게 대강의 현황을 보도했다(2013/02/11). 북한이 이미 아프리카 여러 나라에 의료 지원을 하고 있다는 것이다.

북한은 사고가 발생한 나이지리아에 2005년부터 의사와 간호사를 파견했다. 에티오피아와 모잠비크에도 의료진을 보냈고 일부는 의료진 교육을 맡고 있다고 한다. 현지 정부와 주민들의 반응이 좋다는 소식도 덧붙였다. 그리 규모가 크지는 않지만, 의료 인력이 부족한 아프리카 국가로서는 당연한 반응일 것이다.

그냥 짐작이긴 해도 이런 보도를 보고 아마 많은 사람들이 혀를 찼을 것이다. 북한 안에서도 약품과 물자가 모자라 환자를 제대로 돌보지 못한다면서, 아프리카는 웬 말이고 더더욱 해외 원조가 가당키나 한가. 이런 비난은 충분히 있을 법하고 비난하는 사람의 충정도 충분히 이해할 수 있다.

이런 이유로 해외 원조를 비판하는 목소리는 다른 데서도 자주 듣는다. 한국도 그렇고, 다른 모든 부자 나라에서도 흔한 내부 비판이다. 아무리 부자 나라여도 가난한 사람이 있고 도움이 필요한 사람도 많다. 그들에게 지원이 필요하다는 것을 생각하면 일부 사람들이 해외 원조를 비판하는 것은 이해하기 쉽다. 바로 눈앞의 이웃을 돕는 것이 먼저라는 생각은 당연하지 않을까.

그런 사람에게 북한이 지구 반대편의 아프리카 나라를 돕는다는 것은 터무니없다. 바로 옆 사람의 굶주림을 제대로 해결하는 것이 먼저일 것이다. 사정이 이런데도 외국을 신경 쓰는 것은 아무래도 다른 목적이 있다는 시선을 피하기 어렵다.

당시 『연합뉴스』의 분석도 같은 맥락에서 이런 구절로 끝났다. "북한이 아프리카 지원을 강화하고 있는 것은 비동맹 외교를 통해 지지를 확산하고 교류 활성화로 경제적으로 이익을 창출하기 위한 것으로 분석된다."

하지만 어디 북한만일까. 해외 원조가 정치적·경제적 이익을 목표로 하는 것은 새삼스러운 일이 아니다. 인도주의적 목표를 가장 앞세우는 나라도, 이런 목적을 완전히 피해 가지는 못한다. 때로는 공공연하게 때로는 은밀하게 이익을 추구하는 것이 다를 뿐이다. 이른바 국익에 기초한 원조다.

한국도 근본적으로 다르지 않다. 이제 1백 퍼센트 이익을 앞세우는 시절은 지나간 듯 보이지만, 국가 이익은 비할 수 없는 첫 번째 동기다. 자원 외교, 시장 개척과 확대, 경제적 가치, 국가 브랜드 등 원조를 하는 이유는 다양하게 표현된다. 그러나 국가 이익에 봉사하는 것을 목표로 삼는 것은 같다.

자기 이익이 해외 원조의 유일한 근거라면 북한을 비난할 어떤 근거도 찾기 어렵다. 어려운 형편에도 먼 아프리카까지 간 것은 스스로의 이익을 판단하고 거기에 맞추어 행동한 결과일 것이다. 몇천만, 몇억의 인구가 여전히 가난을 면치 못하는 중국이나 브라질도 이른바 '남-남 협력'이라고 해서 원조 경쟁을 벌이고 있다. 국익만이라면 이들이 자원 확보나 영향력 증대를 위해 해외 원조를 강화하는 것도 현명한 행동이라 할 수밖에 없다.

그렇지만 국익론을 문제없는 것으로 인정하고 받아들이기에는 불편한 구석이 있다. 아이티에 지진이 났을 때, 어느 나라 할 것 없이 자발적으로 의료진을 구성하고 자기 돈을 들여 봉사에 나선 것을 기억할 것이다. 이것을 국익만으로는 설명하기 어렵다. 국경없는의사회나 옥스팜 같은 비정부기구NGO가 아무런 이해관계 없이 아프리카나 아시아 나라의 주민을 돕는 것도 마찬가지다.

우리 사회에도 국익론을 벗어난 주장이 몇 가지 있다. 첫 번째가 과거에 우리가 다른 나라의 도움을 받았으니 이제 우리도 다른 나라를 도와야 한다는 논리다. 굳이 이름을 붙이자면 '보답론'이라 할 수 있다. 많은 이들이 말하는 대로, 한국은 제2차 세계대전 이후 피원조국(수원국)에서 원조국(공여국)으로 바뀐 거의 거의 유일한 나라다. 나이가 든 세대 중에는 아직도 미국에서 원조 받은 '악수표' 밀가루나 옥수수 빵을 기억하는 사람이 많다. 그런 원조 덕분에 세계 10위권의 경제 대국이 되었으니 다른 나라에 갚아야 한다는 것이 보답론의 핵심 논리다.

상식적으로 크게 틀렸다고 하기 어렵다. 그러나 이 논리에 근거를 두면 보답할 게 없는 나라는 원조할 필요도 없어진다. 많은 선진국이 그렇다. 다른 곳에서 받은 것이 별반 없는데 도울 의무가 있다고 따질 수는 없다.

한국은 사정이 다르지만, 그나마 식민 지배를 했던 나라들은 비슷한 주고-받기 논리라도 동원할 수 있다. 과거를 반성하는 차원에서 보답이 아닌 보상을 해야 한다는 것이다. 이 때문에 영국이나 프랑스, 네덜란드, 스페인 같은 나라는 개발도상국에 대한 원조를 가볍게 여기지 못한다. 보답론과는 조금 다르게 '보상론'이라 불러야 할 것이다.

그조차 해당이 되지 않는 나라들도 있다. 스웨덴이나 노르웨이 같은 북유럽 나라들이다. 보상도 보답도 할 일이 없는 이들 나라가 가장 적극적으로 다른 개발도상국을 돕는 역설을 어떻게 받아들여야 할까.

이들 나라가 근거로 하고 있는 논리이자 가장 강력한 원조의 논리는 바로 인도주의이다. 여기에서 인도적 지원은 국익, 보답, 보상, 그 무엇도 아닌 국제사회의 일원으로서 마땅히 해야 할 도덕적 의무를 말한다. 그 도덕적 의무는 한 나라의 국경 안에 있는 사람뿐만 아니라 지구상에 살고 있는 모든 사람을 향한 것이어야 한다. 그 때문에 개발도상국과 후진국, 그리고 그곳의 사람들과 함께 살아가려는 노력이 바로 해외 원조이다.

해외 원조를 뒷받침하는 인도주의의 논리는 아직까지 그리 튼튼하지 못하다. 특히 국익의 논리 앞에서는 비현실적인 탁상공론이라는 비판을 받기 일쑤다. 제로섬의 국익 경쟁이 국제 관계의 냉혹한 현실이라면, 앞으로도 죄수의 딜레마를 벗어나기 어려울지 모른다.

그러나 인도주의는 개발도상국과 그 주민을 지원하는 해외 원조(요즘은 흔히 국제 협력이라고 부른다)의 현실적인 근거임을 부인할 수 없다.

국익, 보답, 보상, 그 무엇에 기초하든 인도주의를 완전히 벗어던질 수는 없다.

나아가 지구상의 모든 사람들은 '좋은' 삶을 누릴 기본적 '권리'를 갖고 있고, 이는 공동의 노력으로 충족되어야 한다. 모든 이의 기본권이 충족되어야 하고 이는 모든 국가들이 함께 져야 할 의무라는 것이 원조의 진정한 근거이다. 원조가 의무라면 인도주의의 논리조차 설 땅을 잃는다. 원조가 아니라 국제 '협력'이란 말이 비로소 의미를 얻게 된다.

2013년 한국의 공적 개발원조 예산이 2조 원을 넘었다고 한다. 보건 분야 원조는 비중으로 두세 번째에 속할 정도로 중요하다. 원조 선진국에 비하면 아직도 모자라지만, 짧은 기간 안에 원조 규모가 많이 늘어난 대표적인 국가에 속한다. 하지만 속도에 비해 '왜'와 '어떻게'의 기본적인 철학과 지향은 허술하기 짝이 없다. 전체와 보건 분야 가릴 것 없이 마찬가지다.

기본이 부실한데 결과가 튼실할 리 없다. 국제적 흐름과 달리 유상 원조(차관)가 큰 비중을 차지하는 것, 그러면서도 그걸 무슨 자랑인 양 내세우는 무지가 대표적 예다. 유상 원조야말로 거의 전적으로 시장 논리에 근거한 원조 방식이다. 많은 국제기구가 비판하고 바꾸라고 하지만 꿈쩍도 하지 않는다. 내면화된 시장 원리가 바람직한 해외 원조의 논리로 둔갑한 셈이다.

온갖 정부 부처가 경쟁적으로 나서서 중복과 비효율이 극심한 것도 같은 뿌리에서 생긴 현상이라 할 수 있다. 모든 정부 기관이 경제와 성장의 압력에서 자유롭지 않은 가운데에 해외 원조는 그야말로 새로운 블루 오션이다. 한국형 의료보험과 병원 경영 기법을 수출한다는 데에는 이런 배경이 작용한다. 각 부처의 이해관계와 동기가 강력하게 작동하는 한, 관료적 조정은 큰 힘을 발휘하기 어렵다.

보건의료가 갖는 시장적 성격이 대규모로 복제되어 전파되는 것은 더 큰 문제이다. 시장에 익숙한 사람들이 별다른 성찰 없이 자기중심적인 방식으로 원조에 참여한다. 게다가 참여자는 더 많아지고 규모 역시 크게 늘어나고 있다. 앞다투어 새로운 '시장'을 개척하고 한국 상품을 들고 가는 모양새다.

집안 사정이 어려운 북한이 무슨 원조냐고 비아냥거릴 일이 아니다. 반면교사로 삼아, 가난한 개발도상국 사람들의 권리, 그리고 그에 대한 우리의 의무가 무엇인지 되새기는 것이 더 급하다. 해외 원조에도 공공성이 필요하다.

광우병과 미국화

앞에서 여러 수준과 범위에서 국가와 시장 사이의 권력 균형을 말했고, 해외 원조까지 시장에서 자유롭지 않다는 것을 보았다. 현재 한국에서 시장 권력이 갖는 위세는 국가나 시민사회보다 훨씬 강하다.

따지고 보면 한국의 시장은 선진국에 비하면 역사가 훨씬 짧다. 그런 점에서 한국에서 시장은 자연 발생적으로 생긴 것이 아니라 '육성'된 것이다. 자본주의 발전의 초기 단계에서는 특히 국가가 시장을 만드는 데 주도적 역할을 했다. 지금은 권력이 시장으로 넘어갔다고도 하지만 엄살에 가깝다. 국가의 주도권은 여전히 강력하다.

국가의 역할 가운데 빼놓을 수 없는 것이 '정당화' 기능이다. 이데올로기든 문화든 어떤 사회경제적 구조라도 정당화 과정을 바탕으로 생존하고 번영할 수 있다. 한국의 시장 역시 국가가 만들고 지원한 정당화 과정의 혜택을 받았다. 한국 사람들이 시장과 경쟁을 금과옥조처럼 믿는 데에는 국가의 역할이 결정적이었다고 할 수 있다.

국가가 강력한 정당화 기능을 수행할 수 있었던 것은 역사적 맥락이 그것을 가능하게 했기 때문이다. 대강만 보더라도 식민지 경험, 한국 전쟁과 남북의 대치 상황, 권위주의 정권, 높은 교육열, 빠른 사회 변화 등을 빼놓기 어렵다.

그 가운데서도 미국의 영향만큼 중요한 단일 요인이 또 있을까 싶다. 한국 전쟁과 그 이후 전후 복구 과정에서 미국의 역할은 다른 국가와 비교가 되지 않는다. 군사와 외교가 절대적이지만 경제와 사회, 문화 역시 다를 바 없다. 민간, 시장, 경쟁, 개인을 강조하는 경향성이 굳어진 것을 미국이란 변수 없이 설명하기는 불가능할 것이다.

미국이라는 요인은 평소에는 잘 드러나지 않는다. 옷이나 물처럼 자연스럽기 때문이다. 그만큼 강력한 영향을 미치고 있어 오히려 일상적이라고 할 정도다. 그러니 특별한 계기가 있어야 새로운 눈으로 보게 된다. 최근 일로는 광우병이 그런 계기에 해당한다.

한국 사회가 미국을 처음부터 어떤 구조적 환경으로 의식한 것은 아니었다. 중요한 계기가 있어야 한다. 많은 사람이 떠올리는 역사적 사건은 전두환 정권의 집권과 광주 민주화 항쟁이다.

비슷한 일이 몇 년을 두고 반복되면서 근본을 따져 보게 되는 경우도 있다. 광우병 소고기 사건이 그런 예다. 돌이켜 보면 지난 이명박 정부에서 이 문제가 나올 때마다 비슷한 현상이 되풀이되었다. 정부의 근본 태도나 접근이 전혀 달라지지 않았고, 그러다 보니 반대하고 대응하는 쪽도 같은 일을 반복했다.

광우병 소고기 문제 같은 것이 있을 때 정부가 어떤 조치를 취해야 하는지 판단하는 데에는 사실 대단한 지식이 필요하지 않다. 어떻게 보면 대부분 상식 차원의 일이다. 수출하는 미국에서 의심이 되는 일이 생겼으면 우선 검역과 수입을 중지하는 것이 맞다. 그다음에 안전성을 점검하고 판단하면 된다.

이런 조치는 누가 보더라도 상식적이고 별로 어려워 보이지도 않는다. 그런데도 정부(그냥 정부가 아니라 정부에다 언론과 정당, 또는 이익집단을 보태서 '철의 삼각'이나 '철의 사각'이라고 불러야 할지도 모르겠다)는 미련해 보일 만큼 허술한 논리와 무감각한 방식으로 버텼다.

현상이 잘 이해되지 않으니 왜 그런 행동이 반복될까가 그다음 나올 질문이다. 두 나라 사이의 협정을 꼭 지키려는 것이 정말 동기일까. 이런 이상한 반복 현상, 어쩌면 조건반사라고도 부를 수 있는 행동의 바탕에는 혹시 어떤 집단적 무의식이 있지는 않을까. 몇 가지는 이미 지적되었던 것들이지만, 덧붙여 새로 볼 것도 있다.

첫째, 경제적 이익이 모든 사회적 가치를 압도하고 있다는 것. 이런 일이 있을 때마다 입으로는 국민의 건강을 말한다. 그러나 실제로는 미국과의 통상 문제를 가장 중요한 이유로 내세우길 주저하지 않는다.

사실 이렇게 가치가 전도된 것이 이미 여러 차례다. 한미 FTA, 4대강 사업, 영리 병원, 의료 관광이 모두 마찬가지 아닌가. 누구도 내놓고 말하지는 않지만, 혹시 이렇게 생각하고 있는 것은 아닌지 모르겠다. "만에 하나 건강에 문제가 있어도 통상 마찰에 비하면 경제적 손실은 미미하다." 그렇다면 겉으로 보기에 이상한 행동 뒤로 국익을 보호한다는 확신을 다지고 있는지도 모른다.

둘째, 잘 몰라서든 또는 의도적으로든 과학에 잘못 의존한다. 이른바 과학의 남용, 오용, 악용이다. 2012년의 광우병 논란 때 미국육류수출협회 대변인은 "이번 발견이 수출 시장에 대한 접근 수준을 낮출 아무런 과학적 근거도 없다"고 주장했다(『한겨레신문』 2012/04/26). 청와대 홍보수석비서관도 "광우병을 둘러싼 과학적 문제와 국제 규범, 국제관행도 고려하지 않을 수 없다"고 말했다(『연합뉴스』 2012/04/29).

한국과 미국 양쪽이 모두 과학을 근거로 삼고 있는 셈이다. 이들이 말하는 과학이 정확하게 무엇을 뜻하는지는 알 수 없다. 생물학적 사실, 인과관계, 확률, 비용-편익, 그 어느 것일 수도 있다. 그러나 모든 것을 양보하더라도 광우병의 과학은 아직도 논쟁 중이다. 누구도 1백 퍼센트 그렇다는 말을 못한다. 일차 광우병 사태 덕분에 유명해진 사전 예방 원칙에 비추어 보면 더 말할 필요도 없다. 셋째는 아직 가설 수준이지만, 한국 사회를 지배하는 주류 세력의 '미국화'Americanization 경향을 의심할 수밖에 없다. 나는 앞의 두 가지보다 이것이 더 중요하다고 생각한다. 미국화란 "미국의 다양한 제도와 가치가 …… 세계 각 지역에 다양한 방식으로 펼쳐지고, 그 결과 수용 지역에서 자발적이거나 강요에 의해 그런 것을 베끼고 따라잡는 현상과 과정"을 말한다(원용진 외.『아메리카나이제이션』, 푸른역사, 2008). 광우병 사태에 미국화를 적용해 보면 미국의 제도와 정책을 합리적인 것으로 볼 뿐만 아니라 그 도덕적 기반과 사회적 반응을 신뢰하는 것을 말한다.

광우병과 미국화를 연결시키는 것은 터무니없는 상상이 아니다. 당시 새누리당 대변인이 낸 논평을 보면 그냥 의심 수준을 넘는다.『내일신문』(2012/04/27) 보도는 다음과 같다.

이 대변인은 또 "내가 촛불 집회 당시에는 미국에 있었는데 그때도 나는 매일 쇠고기를 먹었다"고 말하기도 했다. 자신의 경험을 이야기하며 최근 국내의 광우병 우려를 우회적으로 비판한 것이다. 그는 지난 2008년 촛불 집회 당시 중앙일보 특파원으로 미국에 있었다. 이 대변인은 "미국 장관이 다른 나라에는 (심각한 수준이 아니라고) 말하고, 자기 나라에는 심각하다고 하지는 않을 게 아닌가. 일단 정부가 수입 중단은 안하고 검역만 강화하자는 입장인 것 같은데 나름대로 정부가 미국의 이야기를 듣고 적절한 조치라고 생각했을 것"이라며 정부 입장을 두둔했다.

농림부장관이 기자회견에서 미국 대사관 관계자 얘기를 들어보고 문제가 없다고 판단했다는 말도 본질은 비슷하다. 그의 말은 미국 대사관이 관련 사실을 투명하고 충분하게 전달했다고 믿는다는 것을 나타낸다. 미국 대사관은 국익이나 미국 기업의 이해관계에 좌우되지 않고 사실을 제대로 전달할 만큼 도덕적이다(!).

이들의 말에는 스스로 강조해 마지않는 과학적 근거가 아니라, 미국이 그럴 리 없다는 추정, 나아가 어떤 종류의 도덕적 판단을 내린다는 징후가 나타난다. 여기에서 미국은 문명, 근대, 합리성 등으로 상정된다. 한국을 포함해 미국화를 수용한 국가들은 후진, 전근대, 비합리로 대비될 것이다.

도축한 소의 0.1퍼센트만 검사하는 미국의 관리 체계는 효율적·합리적이지만, 살코기도 1백 퍼센트 안심할 수 없다는 한국 사람의 불안은 근거 없는 괴담이 된다. 그러니 "선진국이 되기에는 아직 멀었"다. 미국의 판단과 조치를 따르는 것이 최선이라는 믿음, 이것이 현재의 정책 담당자를 압도하는 가치 체계는 아닌지 의심스럽다.

넓은 범위에서 정의하면, 앞의 동기들이 모두 미국화의 다른 모습이다. 또한 이들은 서로 맞물려 있기도 하다. 애당초 미국 소고기가 한국의 식탁에 등장한 것, 나아가 미국과의 통상이 한국인의 생사를 좌우하는 것처럼 된 일이 모두 미국화의 흐름에서 벗어나 있지 않다. 그리고 모두가 인식하고 있는 것처럼, 그 미국화는 통상과 검역을 넘어 전 사회적이고 전 체계적인 것이다. 여당 대변인의 말에서도 알 수 있듯이, 문화와 가치, 심리까지 통합적으로 지배한다고 해도 크게 틀리지 않다.

환원주의적으로 미국화가 한국 사회가 가진 모든 문제의 근원이라고 할 수는 없다. 광우병 문제 역시 마찬가지다. 촛불 시위의 정치적 트라우마가 그 이후 이명박 정부가 보였던 이상한 대응을 더 잘 설명할 수 있을지도 모른다. 그러나 미국화가 광우병 소고기 수입이라는 구체적 사건에도 넓고 깊게 그림자를 드리우고 있는 것은 틀림없다.

아주 치우친 일부 사람을 뺀다면, 지나친 미국화에서 벗어나는 것이 한국 사회가 해결해야 할 중요한 과제 중 하나라는 데에 동의할 것이다. 물론 탈-미국화가 광우병 사태와 비슷한 일들을 바로 해결하는 방법이 될 것 같지는 않다. 현실성은 생각하지 않더라도, 그것은 단지 어떤 국가나 문화를 반대하는 것으로 수렴되지 않기 때문이다.

그러나 이 경우에도 한국 사회를 지배하는 하나의 경향(이제는 이념 혹은 아비투스로 격상된)인 미국화를 정확하게 인식하는 것은 실천적·실용적 의미를 가진다. 좀 더 주체적으로 이런 문제를 해결하는 출발선이 될 수 있기 때문이다.

공공성에 기초한
건강 체제

　시장과 공공의 냉정한 현실을 두고도 공공 보건의료는 가능할까. 결론부터 말하면, 그 가능성을 떠나 나는 공공성 강화를 '주장'하려 한다. 현실과 규범, 어느 쪽으로 보더라도 이 방향이 옳다고 믿기 때문이다. 끝 모르고 질주하는 상업화는 재앙을 불러올 것이 뻔하다. 그것도 극소수를 제외하면 누구도 승자가 될 수 없는 '바닥을 향한 경주'를 피할 수 없다.

공공 보건의료는 가능한가

공공 보건의료를 강화하기 위해서는 것은 현실을 바꾸어야 하겠지만, 누구의 이익과 손해를 말할 형편이 아니다. 상업화는 이 사회 99퍼센트의 건강권과 건강 정의를 질식시킨다. 문명사회의 포기할 수 없는 지향이자 민주공화국이 국민에게 보장해야 할 가치를 가로막는 것이다.

더 자유로운 시장과 더 많은 경쟁을 향해 지금까지 오던 길을 바꾸지 않고 그야말로 '완전한' 시장을 대안으로 주장하는 사람도 있으리라 짐작한다. 하지만 이것은 이론으로나 경험으로나 성립할 수 없는 대안이다. 근본적 시장주의자조차, 전제 조건이 많이 붙기는 하지만, 공공의료의 역할을 좀 더 강화해야 한다는 데는 동의한다.

문제는 '어떤' 공공 의료인가, 그리고 '어떻게' 갈 것인가이다. 딱 부러진 답을 찾는 것은 생각보다 어렵다. 보건의료 역시 서로 맞물려 돌아가는 거대한 사회경제 구조에 속해 있다. 실핏줄처럼 구석구석까지 뿌리 내린 이해관계를 단숨에 넘는 것도 그리 쉽지 않다. 20년이 넘도록 공공 의료를 말해 왔음에도 뚜렷한 성과가 없는 데에는 이런 사정도 크게 작용했다.

지난 논의와 노력의 경과를 볼 때 앞길 역시 장담할 수 없다. 그러나 의료의 공공성은 과연 그게 될까라는 실현 가능성에 따라 달라질 것이 아니다. 당연히 그래야만 할 당위에 속한다. 그뿐만 아니라, 분명한 사회적 가치라는 것 자체가 변화의 힘을 갖는다.

지향은 당위라 할 수 있으나 대안도 추상에 머무를 수는 없다. 당장 할 수 있고 해야 하는 것들과 장기적으로 추구할 것을 나누는 것이 좋겠다. 물론 단기적·현실적 과제라 해도 장기적 지향과 느슨하게 멀어져서는 안 된다.

단기적이고 현실적이라는 말은 큰 틀은 그대로 둔다(또는 둘 수밖에 없다)는 뜻이다. 이 경우 상품으로서의 특성이 약해지도록 고리를 끊거나 느슨하게 하는 것이 과제가 된다. 우선 환자에게는 의료가 하나하나 값을 쳐서 거래하는(구매하는) 상품이어서는 안 된다. 현재는 이윤과 영리에서 자유로울 수 없는 민간 공급자(병원이나 의사) 역시 그런 경제적 동기의 강도를 줄일 필요가 있다.

더 구체적으로 보자. 환자가 직접 '구입'해야 하는 의료는 최소한으로 줄이는 것이 좋을 것이다. 건강보험의 보장성을 지금보다 더 확대하는 것이 중요한 한 가지 방법이다. 돈을 내고 사는 것은 사회제도인 건강보장의 범위 밖에 있는 몇몇 가지로 한정해야 한다. 주치의 제도 역시 제대로 설계하면 도움이 될 것이다. 서비스를 사고파는 관계가 아니라 건강관리의 협력 관계로 바꿀 수 있다. 이런 것들은 말하자면 '탈상품화' 정책이다.

민간 공급자가 경제적 동기로부터 좀 더 느슨해지도록 하기 위해서는 진료비 보상 제도를 바꾸는 것이 핵심이다. 포괄수가제 시행을 두고 한차례 홍역을 치렀지만, 진료비 보상 제도가 가지는 의미는 가격의 높낮이에 그치지 않는다. 그보다는 의료를 보는 눈과 환자-공급자 관계가 바뀐다는 것이 더 중요하다.

현재의 행위별 보상 제도는 환자 공급자 모두를 의료의 가짓수와 그 가격에 아주 민감하게 만든다. 서로 사고파는 관계에서 벗어나기 힘들게 하는 것이다. 환자든 의사든 가짓수와 가격에 신경을 덜 쓰는 제도가 대안이 되어야 한다. 탈상품화와 짝을 맞추면, '탈이윤화' 정책이라고 할 수 있다.

탈상품화와 탈이윤화 정책으로 한국 의료의 구조화된 특성과 경향을 얼마나 바꿀 수 있을까. 구조적 문제의 바로 그 '구조'를 해결하지 않는 한, 근본적인 대안이 될 수 없다는 비판은 당연하다. 공공성을 결정하는 근본적 구조는 소유와 거버넌스이다. 누가 권력을 가지고 누가 지배하는가, 이에 따라 공공의 가능성이 달라진다. 공공적 지배가 아니면 공공성은 보장될 수 없다.

공공의 권력과 지배를 국가나 정부가 직접 의료 기관을 소유하고 운영하는 것으로 좁히지 말자. 현재 상황을 보더라도, 국립대 병원을 비롯해 이른바 공공 병원의 행태가 민간 병원과 다르다고 보기 어렵다. 공공성은 단순히 누가 소유하는가 하는 문제를 넘는다는 것을 뜻한다.

공공의 권력과 지배가 강화되려면 서로 수렴되는 '투트랙'two-track 전략이 필요하다. 하나는 공공 기관을 '재공공화'하는 것(공공 기관의 비중을 늘려야 한다는 것은 새삼 다시 말하지 않겠다), 그리고 다른 하나는 민간 기관의 공공성을 강화하는 것이다.

공공 병원을 다시 공공답게 하자는 것은 민주주의의 심화라는 익숙한(그렇지만 보건의료에서는 낯선) 과제와 연관된다. 지금까지도 공공 병원 개혁을 말해 왔지만, 효율성, 경쟁, 성과 보상, 위탁 등등의 시장적 방식은 상품화를 강화시킬 뿐이다. 대신 더 많은 참여와 민주적 운영을 통해 공적 지배를 강화할 필요가 있다. 시민과 주민이 공공 병원의 기획과 운영, 평가에 실질적으로 참여해야 한다.

민간 병원의 공공성 강화 역시 민주주의의 과제라 할 수 있다. 새로운 거버넌스를 만들 수 있는가가 관건이기 때문이다. 첫째, 명목뿐인 비영리 기관의 의무와 권리를 명확히 할 필요가 있다. 면세를 포함해 아주 적극적으로 혜택을 주는 대신, 미리 규정해 놓은 공공의 의무를 이행하게 해야 한다. 사회적인 압력과 감시가 새로운 거버넌스를 가능하게 하는 핵심이다. 둘째, 자본을 축적해야 한다는 동기를 줄여야 한다. 독일과 같이 공적 자금으로 건물과 장비와 같은 자본에 투자하는 것을 생각해 볼 수 있다. 셋째, 자본과 전문가가 독점하는 의료의 '생산 체제'를 넘어, 다양한 대안을 실험하고 성취해야 한다. 현재 우리가 볼 수 있는 새로운 소유와 관리 방식의 기관은 의료생활협동조합(의료생협) 정도이다. 더 많은 대안들, 민주적이고 사회적인 소유와 관리 방식, 그리고 혁신적인 거버넌스를 상상하고 시도하는 것이 필요하다. 견고한 시장구조에 틈을 낼 수 있어야 또 다른 대안의 공간이 생긴다.

『리얼 유토피아』(권화현 옮김, 들녘, 2012)에서 미국의 사회학자 에릭 올린 라이트Erik Olin Wright가 쓴 말을 다시 빌려 보자. 공공성 강화는 국가 권력과 경제 권력, 두 가지 권력 모두에 대해 사회 권력(시민사회)을 어떻게 강화할 것인가의 문제이다. 다시 말하면, 사회 권력을 통해 민주주의를 심화시킬 수 있는 정도에 따라 공공성의 수준이 결정된다. '민주적 공공성'이야말로 한국 의료의 상업화를 역전시킬 수 있는 핵심 전략이다.

응급 의료를 살리는 길

한국 의료 전체에 시장 메커니즘이 관철되고 있지만, 항상 아무런 문제없이 작동하는 것은 아니다. 건강이나 보건의료가 가진 비시장성은 그것이 비록 부분적일지라도 시장과 충돌을 일으킨다. 그 때문에 가장 철저하게 시장에 의존하는 보건의료 체계도 모든 것을 시장에 맡기지는 못한다. 헌혈 같은 경우가 대표적이다. 공식적으로 매혈을 권장하는 나라는 없으며, 따라서 필요한 혈액을 확보하는 방식은 어느 나라에서나 시장 기제를 따르지 않는다.

응급 의료 역시 비슷한 속성을 가지고 있다. 어떤 측면에서 보든지 응급 의료에 시장이 제대로 작동하기는 어렵다. 인력과 시설을 갖추고 만약에 대비했지만 응급 환자가 한 명도 없을 수 있다. 이때 인력과 시설 투자 비용은 일종의 매몰 비용이 되어 회수할 수 없는 투자가 된다. 국가와 공공의 개입이 필요한 이유 중 하나도 바로 여기에 있다.

이런 이유 때문에 응급 의료가 시장과 충돌하는 일은 늘 일어난다.

정부가 2012년 8월부터 시행한 개정된 응급 의료법도 같은 맥락에 있다. 이 법에서는 전문의만 응급실 진료를 할 수 있게 규정했는데, 각 병원에서는 난리가 났다. 당직 전문의가 병원 안에 대기해야 하는가, 또 3년차 이상 레지던트가 전체 당직의 3분의 1 이상을 응급실 당직에 써야 하는가가 말썽을 일으켰다.

우여곡절 끝에 의무 규정을 줄여서 봉합을 했지만, 의사나 병원의 걱정은 말끔하게 해결되지 않았다. 당장 지방 중소 병원에서는 차라리 응급실을 없애겠다는 소리가 빗발쳤고, 어떤 병원들은 실제 응급실 규모를 줄이거나 아예 없앴다.

응급 의료라고 하면, 얼마 전 일인에도 벌써 까맣게 잊어버린 것이 또 있다. 2011년 한참 언론을 장식했던 석해균 선장 사건이 그것이다. 당시 석 선장의 총상을 치료할 수 있는 병원이 거의 없다는 사실이 알려졌고 중증 외상 전문 병원을 설치해야 한다는 여론이 들끓었다. 전문의 한 사람이 마치 영웅처럼 주목받기도 했다.

그다음에 정부가 나선 것은 예정된 시나리오나 다름없었다. 정책을 넘어 바로 정치화된 결과였다. 2011년 10월, 2016년까지 모두 2천억 원을 들여 전국에 중증 외상 센터 열여섯 곳을 설치한다고 발표했다. 사실 이 계획은 완전히 새로운 것은 아니고, 2009년에 만든 응급 의료 선진화 계획을 고친 것이다. 6개 권역에 각각 1천억 원을 투자해 외상 센터를 건립한다는 것이 2009년 계획의 핵심이었다. 2011년의 계획은 2009년 것에 비해 돈이 줄었고 개수도 바뀌었다.

계획이 처음과 달라진 이유는 돈줄을 쥔 기획재정부가 그 전에 이미 퇴짜를 놓았기 때문이다. 예비 타당성 조사에서 경제성이 낮게 나왔다는 것이 이유였다. 이런 일에는 으레 등장하는 이야기다(참고로, 이명박 정부 시절 4대강 사업은 재해 예방을 위한 사업이란 명목으로 아예 타당성 조사를 면제받았다).그나마 복지부가 2011년 10월 대책을 내놓은 이후에도 진척은 거의 없었다. 2012년 5월이 되어서야 우여곡절 끝에 재정 지원의 법적 근거를 마련했다.

한참 시간이 지났지만 아직도 갈 길은 멀고 그리 쉬운 것 같지도 않다. 2012년 말에 일부 지역의 센터를 지정했지만, 전체 구조는 여전히 불안정하다. 재정 지원 규모도 제대로 된 센터를 운영하기에는 턱없이 모자란다. 이대로라면 전국적으로 중증 외상 센터 시스템이 언제 제대로 기능하게 될지 기약할 수 없다. 앞으로도 비슷한 사건과 비슷한 반응이 되풀이되지 않을까 의심스럽다.

아직도 완전히 정착하지 못한 응급실 문제와 용두사미가 될 것 같은 중증 외상 센터 설치, 이 두 가지 사례를 꺼낸 것은 한국 응급 의료의 현실을 잘 드러내기 때문이다. 짐작할 수 있듯이 이 현상들은 같은 뿌리에서 비롯된다.

첫째, 응급 의료를 건강권(인권)과 건강 정의의 차원에서 보지 않고 있다. 이를 잘 보여 주는 예가 앞에서 말한 예비 타당성 조사이다. 이 조사에서는 비용 편익 분석(경제성 분석) 결과를 핵심 논리로 삼아 예산을 투입할 타당성이 없다고 결론을 내렸다. 그나마 경제성 분석에 추가한 것이 정책적 분석인데, 지역 균형 발전 분석과 정책의 일관성 및 추진 의지, 위험 요인 같은 항목이 이를 차지하고 있다.

경제적 관점 이외에는 타당성을 가름하는 판단이 개입할 틈이 거의 없다. 이런 논리에 따르면 인구가 적거나 노인이 많은 지역에는 그 어떤 재정 투입도 타당하지 않다. 그러나 생사가 갈리는 응급 상황에서 적절한 도움을 받는 것은 기본적 권리이자 정의의 문제이다. 권리를 제대로 충족하고 불평등을 얼마나 줄이는가가 판단의 일차적 기준이 되어야 한다.

둘째, 민간과 시장이라는 기본 틀에서 벗어나지 못하고 있다. 대부분을 시장에 의존하는 의료 체계지만 응급 의료만큼은 그렇게 할 수 없는데도 그렇다. 앞에서 본 것과 같이, 응급실의 인력 요건을 강화하겠다는 정책 방침에 일부 중소 병원은 응급실 폐쇄를 고민했다고 한다. 만약 응급 의료를 시장이라고 하면 이런 고민은 경제적으로 매우 '합리적'이다.

응급 의료에 관한 법률 제33조에는 응급 환자를 위한 예비 병상을 확보하도록 규정하고 있는데, 그 병상 수는 허가 병상의 1퍼센트에 이른다. 짐작할 수 있듯이 이는 잘 지켜지지 않는다. 그 배후에는 비워 놓을 병상의 운영 비용을 누가 부담해야 하는가의 문제가 있다. 대기해야 하는 의료진에 들어가는 비용도 마찬가지다. 아주 가끔 필요한 응급 헬기에 이르면 더 말할 필요도 없다.

일부에서는 건강보험 진료비를 더(또는 아주 특별하게) 인상하는 것을 이야기하지만, 그래 봐야 민간 기관이 경영 수지를 맞추는 것은 불가능하다. 기금과 예산으로 일부를 지원하는 것도, 지금까지 늘 보아 왔듯이 딱 그만큼, 일부분을 넘지 못한다. 기본 체계마저 허술한 마당에 질을 올리는 것은 언감생심 꿈도 꾸기 어렵다. 응급 의료에서 시장은 늘 실패한다.

사정이 이렇다면, 생각을 바꾸어야 한다. 민간 위주의 의료 체계 전체는 당장 어쩔 수 없다고 하자. 그렇더라도 응급 의료만큼은 공공의 '섬'이 될 수도 있다는, 패러다임의 일대 전환이 필요하다. 응급 의료는 국가와 공공 부문이 투자하고 모두 책임지는 것으로, 개념과 '멘탈'을 바꾸어야 한다.

1948년 영국의 보건부 장관 자리에 있던 어나이린 베번Aneurin Bevan 은 한국에도 꽤 알려진 유명 인사다. 찬양과 혹평이 엇갈리는 오늘날의 영국 국영 의료 체계 NHSNational Health Service를 출범시킨 장본인이기 때문이다. 그는 이 새로운 제도가 영국 국민을 '공포로부터 해방'시킬 것이라고 선언했다. 이 해방은 프랭클린 루스벨트가 말한 네 가지 자유(해방)Four Freedoms ─ 언론과 의사 발표의 자유, 신앙의 자유, 궁핍으로부터의 자유, 공포로부터의 자유 ─ 중 하나와도 정확하게 일치한다.

일상적으로 위험에 노출되어 있는 한국 사회에서, 목숨이 위태로운 응급 상황에서 제대로 도움을 받을 수 없다는 것은 거대한 공포다. 내재화된 바람에 은밀하게 숨어 드러나지 않을 뿐이다. 공포를 넘어, 안심할 수 있는 사회에 가까워지려면 응급 의료의 패러다임을 바꾸어야 한다. 권리로, 그리고 공공으로 접근하는 것이 바른 길이다.

복지 논쟁의 불쏘시개, 재정 문제

공공 병원이든 응급 의료든 또는 지역 보건이든, 건강의 공공성은 건전한 재정 없이는 공허하다. 자본주의 시장경제를 전제하면 재정의 중요성은 더하다.

다른 시각에서 보면 재정의 중요성은 곧 누가 어떻게 결정하는가와 연관된다. 정부 내로 한정하더라도 예산 부처의 힘이 다른 부처를 압도하는 이유가 이 때문이다. 경제 부처가 영리 병원과 민간 보험, 의료 관광까지 간섭하고 훈수를 둔다. 한마디로 재정이 정책을 좌지우지하는 일이 흔하다.

재정은 어느 경우든 모자라기 때문에 이런 일이 일어난다. 가장 부유한 나라도, 겉으로 보기에는 엄청난 재정을 쓰는 부자 기관도, 겉으로는 부족한 게 없을 것 같은 서울시도 마찬가지다. 배분과 우선순위가 중요한 이유다. 재원을 어떻게 마련하고 늘릴 것인가에 신경이 집중되는 이유도 똑같다.

재정이 힘이 센 만큼 잘못된 시각과 신화도 많다. 정부 재정, 공공 재정을 순전히 기술적 시각에서 보는 것이 가장 중요한 오류다. 복잡한 계산에다 지나칠 만큼 많은 근거를 대지만, 재정은 본질적으로 정치의 영역에 속한다. 따라서 가치중립이라는 믿음은 신화에 지나지 않는다. 국회에서 벌어지는 예산 투쟁(또는 갈등)은 공공 재정의 본질을 적나라하게 보여 주는 예다.

정부 재정은 당연히 공공성을 기초로 해야 한다. 공적 재정에 공공성을 따지는 것이 이상할지 모르지만, 현실 정치와 정책은 오히려 상식적 차원에서 공공성이 필요하다는 사실을 일깨운다. 예산 국회 막바지에 벌어지는 지역구 챙기기 같은 노골적인 연고주의는 제쳐 놓더라도 그렇다. 눈에 보이지 않는 국가 재정의 탈공공화와 사유화가 더 큰 문제다.

국가 재정의 공공성 약화는 구조적 요인에서 비롯된다. 근본까지 가면 국가와 시장, 시민사회의 힘이 서로 얼마나 균형을 이루고 있는가에 달려 있다. 불균형이 드러나는 방식은 많지만, 그 가운데서 특히 가치 전도와 의사 결정의 독점을 지적하고 싶다. 이 두 가지는 서로 연결되어 있고 동시에 서로에게 의존한다.

박근혜 정부 출범 초기에 벌어진 복지 재정 논쟁을 재료로 삼으면 공적 재정의 실상을 일부나마 들여다볼 수 있다. 정부 출범이 복지 재정으로 시끄러웠던 것은 모두 기억할 것이다. 이런 저런 '계산'을 하느라 이건 어쩌면 당연한 사단이었다.

정부 출범 전 한국보건사회연구원이 발표한 대로라면, 공약을 다 지키기 위해서는 2014년부터 2017년까지 105조 원 정도가 더 든다. 그러자 아니나 다를까 짐작했던 반응들이 쏟아져 논쟁이 벌어졌다. 공약을 다 지킬 생각을 접으라는 훈수부터 복지국가 망국론까지 다양했다. 위기라고 하지만 한참 잠잠했던 그리스, 스페인도 다시 살아났다. 특히 보수 언론과 경제 신문, 여당 국회의원들이 출구 전략을 주도했다.

당시의 인수위원회는 짐짓 '공약대로'를 외쳤지만, 사람들은 여론을 떠보는 것이라고 의심했다. 재정을 걱정하는 목소리가 더 커지면 마지 못해 복지 공약을 재조정할 것이라고 생각하는 사람이 많았다. 중요한 것은 공약을 지키는지가 아니다. 논쟁 과정에서 드러난 것은 재정의 절 대화, 본질의 실종으로 요약된다. 얼마나 많은 돈이 드는가를 따지느라 정작 중요한 '무엇을 위해'는 사라져 버렸다.

재정 수요의 출발은 평범한 사람들의 삶을 더 낫게 하고 공동체의 소망을 실현하는 데 있다. 어떤 말로 표현하거나 포장하더라도 이 범주 는 벗어나지 않을 것이다. 다른 무엇보다 보통 사람들, 가난한 이들의 고단한 삶이 조금이라도 나아지는 것이 첫 번째다. 그 말 많은 기초연금 만 해도 그렇다. 65세 이상 노인에게 지급한다는 것인데, 이 공약의 배 경은 노인 빈곤을 줄인다는 것이 핵심이다. 한국의 노인 자살률은 세계 적으로도 악명 높다. 빈곤이 핵심 원인이라는 것을 모르는 사람이 없다. '4대 중증 질환 1백 퍼센트 보장'이라는 공약도 마찬가지다. 건강보험을 다른 나라에 자랑한다지만, 큰 병에 집안이 풍비박산 난다는 불안은 사 라지지 않았다.

하지만 계산과 논쟁 과정에서 본래의 목표는 다들 잊어버렸다. 연금 과 중증 질환이라는 비인격적 객체만 남고 자살과 가계 파탄의 현실은 추상 속으로 들어갔다. 재정은 빈곤과 가계 부담을 완화할 수 있는 여러 정책 목표와 대안의 하나로 있는 것이 아니라 '자율적'으로 작동했다.

정책 기술상 재정의 규모를 정확하게 판단하고 준비하는 것은 대단 히 중요하다. 큰돈이 드는 정책에 재원을 어떻게 마련할 것인가 하는 문제는 더욱더 그렇다. 쉽게 정치적·사회적 논쟁으로 들어가기 때문이다. 한국 안에서만 보더라도, 노무현 정부의 종부세, 이명박 정부의 부자 감세, 그리고 박근혜 정부의 증세 없는 재정 확충까지 찬반이 뚜렷하다.

앞으로도 어떤 방식으로든 증세 논쟁을 피하기는 어렵다. 그러나 더 중요한 것을 제쳐 두고 어느 쪽 계산이 맞는지 다투는 것은 허무하다. 얼마나 돈이 필요한가 그리고 어디서 돈을 마련할 것인가에만 온 관심을 집중하는 것은 전형적인 탈공공적 접근이다. 적어도 세 가지 점에서 그렇다.

첫째, 복지에서 재정은 이미 정해진 수입과 지출을 맞추는 기술적 작업이 아니다. 수입과 지출은 어떤 복지 체계 어떤 복지 혜택인지에 따라 근본적으로 달라진다. 그런 의미에서 복지 재정은 분명 정치의 문제로 돌아간다.

물론 재정을 고려하는 것은 당연하다. 하지만 어떤 복지 체계를 갖출 것인가를 먼저 정해야 하고, 재정은 그다음이다. 재정을 어디 먼저 쓸 것인가 하는 우선순위는 사회가 무엇을 가치 있게 생각하는가를 반영한다. 공공의 영역에서 논의하고 결정해야 할 문제이고, 그런 점에서 정치적 의제이다.

그렇다면 논의의 틀과 우선순위를 바꾸어야 한다. 어떤 복지가 왜 필요한가가 핵심이다. 기초연금을 예로 들면, 제도 자체가 중요한 것이 아니라 그 제도가 필요한 근본 원인인 노인 빈곤을 생각하는 것이 먼저다. 중증 질환을 완전히 무료로 치료할 수 있게 한다는데 통계 지표를 좋게 보이는 것이 본질일 리 없다.

더 근본적으로는 어떤 복지인지를 말해야 재원을 마련하는 방법도 정해진다. 중증 질환 치료비만 하더라도 그렇다. 누구를 대상으로 어디까지 보장할지를 정해야 어디에서 어떤 방법으로 돈을 더 마련할지를 논의할 수 있다. 빈곤층에게만 혜택이 돌아간다면 모든 보험 가입자에게 보험료를 더 걷겠다고 나서기 힘들다.

둘째, 재정을 다른 것과 따로 떨어져 존재하는 독립적인 것으로 볼수 없다. 다시 중증 질환의 치료비를 생각해 보자. 건강보험에서 제외되는 비급여에 들어가는 재정이 문제라면, 이를 줄이기 위해서라도 어떤 방식으로든 비급여를 변화시키려는 노력이 필요하다. 다른 시각에서 보면, 비급여 때문에 복지 재정이 압박을 받는 순간 비급여를 관리하는 새로운 틀이 필요해진다. 현재의 비급여와 그 관리 체계를 그대로 둔 채앞으로도 그만한 재정이 필요할 것이라고 예상하는 것은 기계적이고 정태적이다.

재정은 복지 확대에 필요한 투입물이지만 그때 재정은 이미 새로운 복지 체계, 변화된 복지 구조를 전제로 한다. 필요한 재정은 새로운 복지 체계의 새로운 결과물이어야 마땅하다. 재정 논의는 복지 체계 개편과 따로 가지 못하고 보건 재정 역시 새로운 건강 체계와 분리되지 않는다.

셋째, 재정 문제에 집중하면 아무래도 전문가의 시각에 치우치기 쉽다. 겉으로 보기에 복지 재정 논의는 매우 복잡하고 전문적이다. 재정 전문가라는 사람들이 몇조 몇천억이라는 계산 결과를 내세우면 보통 사람들은 더 이상 다른 이야기를 하기 어렵다.

전문성이라는 이름 아래 복잡한 숫자 놀음이 되면 숫자는 구체적 의미를 갖기보다 그것이 진리라는 일종의 권력을 갖게 된다. 그래서 으레 '지속 불가능' '재정 건전성' '세금 폭탄' 등 눈에 익은 결론이 따라붙는다. 사실의 이름으로 중립성을 가장하면서 실제로는 편향된 결정을 압박하기 쉽다. 게다가 '그들만의' 재정 계산은 기술적인 정확성조차 보장하지 못한다. 몇 번씩 따져 봤다는 계산이 비슷한 성향의 집단 사이에서도 크게 다른 것이 그 반증이다.

사실 전문가 위주의 논의에는 더 큰 문제가 있다. 전문성을 앞세워 일반 사람들의 참여를 불가능하게 하는 것이다. 그중에서도 사회적으로 불리한 사람들의 참여는 더욱더 어렵다. 민주주의의 원리는 크게 약화되고 핵심 결정은 아주 일부 사람 그것도 위임되지 않은 권력의 손에 맡겨진다. 그러나 참여하기 어려운 사람들이야말로 공공 재정의 배분에 가장 큰 영향을 받는다. 그런 만큼 이들이 결정 과정에 더 많이 참여하고 이해를 반영시킬 수 있어야 한다. 다시 정리해 보자. 숫자에 그치지만 않는다면, 앞으로도 복지 재정을 가지고 논쟁하는 것은 중요한 역사적 의미가 있다. 한국 복지의 기본 틀을 본격적으로 논의하는 것이나 마찬가지이기 때문이다. 추가 재원을 마련하기 위해 세금을 올릴 것인가 아닌가 하는 질문이 얼마나 중요한가. 어떻게 쓸 것인가를 논의하는 것도 마찬가지다. 폭발성이 강한 재정 논의야말로 본격적인 복지 논쟁에 불쏘시개 구실을 할 것이 틀림없다.

그렇기 때문에 몇조가 더 필요한가 따지고 계산하는 것은 더욱더 이차적 문제다. 다시 강조하지만, 어떤 복지 제도와 정책이 왜 필요한가하는 근본 목적과 가치를 먼저 논의해야 한다. 재정은 그것을 실현하는 수단일 뿐이다. 수단에 집중하느라 목적을 잊어버리는 잘못을 범하지말아야 한다. 그리고 그 논의는 민주주의와 참여의 원리를 바탕으로 하지 않으면 안 된다.

의료생협에 거는 기대

건강과 보건의료에서 참여와 민주, 지역, 그리고 '공공적' 민간을 아우르는 대표적 사례가 의료생협이다. 널리 알려지지는 않았어도 생각보다 역사가 꽤 오래다. 이는 처음에는 작은 규모인데다 몇 군데밖에 되지 않아서 큰 사회적 영향력은 없었다. 그러나 새로운 상상을 가능하게 하는 단초로서의 역할은 꾸준히 해왔다고 할 수 있다. 무엇보다 민간이 주도하는 공공성 강화를 목표로 한다는 점에 관심을 가질 필요가 있다.

마침 협동조합기본법이 2012년 12월 1일부터 발효되었다. 이제 금융과 보험업을 빼고는 다섯 사람 이상만 모이면 무슨 협동조합이든 만들 수 있다. 그동안은 농협이나 수협 등 여덟 개 분야만 협동조합을 만들 수 있었다. 다양한 협동조합이 우후죽순 곳곳에서 생기고 있다. 대리운전

협동조합 같은 것이 그 예다. 정부는 2017년까지 1만 4천여 개의 협동조합이 설립되고 종업원 수도 5만 명 가깝게 늘어날 것이라고 예측했다.

사람들의 관심은 우선 경제적 효과를 기대하는 쪽으로 쏠린 것 같다. 작은 사업체가 많아지고 지역 경제가 활성화될 것이라고 한다. 무엇보다 일자리가 늘어날 것이라는 희망 섞인 전망이 넘친다. 그런가 하면 한편에선 지나친 기대를 걱정하는 소리도 들린다. 동네 빵집 대여섯 개가 뭉쳐 협동조합이 되면 재벌 빵집과 경쟁할 수 있다는 전망을 믿어야 할까. 협동조합과 사회적 경제가 대세라는 말도 넘친다. 그러나 그 뜻과 희망은 짐작하지만 넘치면 모자람만 못한 법이다.

조금 더 관심을 갖고 볼 것은 사회적 협동조합이 이 법을 통해 공식화되었다는 점이다. 사회적 협동조합이란 협동조합 중에 공익 성격이 강한 비영리 조합을 가리킨다. 지역사회와 주민들을 위한 사업이나 취약 계층에 사회 서비스 및 일자리를 제공하는 사업 등의 주 사업이 전체 사업의 40퍼센트 이상 되어야 한다.

협동조합, 특히 사회적 협동조합이 무엇을 하려는 것인지는 낯설지 않다. "협동조합은 공동으로 소유하고 민주적으로 운영되는 사업체를 통해 공동의 경제적·사회적·문화적 필요와 희망을 충족시키려는 사람들이 자발적으로 결성한 자율적 결사체이다." 1995년 국제협동조합연맹이 밝힌 협동조합의 정의이자 가치 지향이다.

이제 이런 가치이자 목표를 건강과 보건의료에 적용하면 어떻게 될까? 어떤 가능성이 있을까? 무엇이 좋아질 수 있을까? 마침 법이 만들어진 것을 계기로 협동조합을 다시 생각해 보는 이유들이다.

앞에서 말했듯이, 보건의료에서 협동조합은 완전히 새로운 것은 아니다. 이미 여러 개의 의료생협이 만들어져서 운영되고 있기 때문이다. 1994년에 안성의료생협이 처음 생긴 이후 2012년 말까지 모두 13개의 의료생협(한국의료생협연합회 소속만 포함한 숫자)이 만들어졌다. 또 새로 의료생협을 세우기 위해 준비 중인 곳도 몇 개 더 있다.

이들 의료생협이 지향하는 가치는 협동조합 일반과 크게 다르지 않다(법이 새로 생겨 앞으로 이름이 달라지겠지만 여기서는 '의료생협'이라고 부른다). 공동으로 소유하고 민주적으로 운영된다는 것이 가장 중요한 특성이다. 현재 대부분 의료생협이 의원(한의원, 치과 포함)을 운영하고 있는데, 조합원이 공동으로 소유하고 운영한다는 정신을 실천하고자 한다. 예를 들어 의료 인력 채용이나 재정 운영을 결정할 때에는 조합원들의 의견이 가장 중요하다.

의료생협은 굳이 따지면 사립이고 민간이다. 하지만 어느 한 개인이나 법인이 소유하고 운영하지 않는다는 점이 일반 사립과는 다르다. 자조, 협동, 연대와 같은 가치를 중심으로 한 자발적 조직, 그 조합원이 주인 노릇을 하는 것이다. 조합원의 건강 향상과 복지를 앞세운다는 점도 차이가 난다. 이윤을 추구하고 자본을 축적하는 것을 목표로 하지 않는다.

지금까지 한국의 보건의료 공급 구조는 크게 국공립과 사립으로 양분되어 있었다. 사실상 사립이 대부분을 차지하고, 국공립(공공)은 무시해도 좋을 정도다. 다르게 표현하면 시장 권력이 압도적으로 강하다. 의료생협은 이렇듯 이분화된(그러나 한쪽으로 치우친) 보건의료 공급 구조의 틈을 비집고 들어가려고 한다. 조합원 전체가 참여해 의료 기관을 운영하는 것을 지향하는 만큼, 과거의 틀을 벗어난 소유와 운영 구조를 시험하는 중이다.

의료생협의 가능성은 이런 민주적 소유와 운영 구조에서 나온다. 자발적으로 모인 조합원들이 의료생협의 지향과 실천을 결정한다면, 국공립이나 다른 사립 기관과는 다른 새로운 모습을 보일 것이 틀림없다.

첫 번째, 보건의료의 영리 추구 경향이 크게 약화될 것이다. 과도한 영리 추구는 한국 보건의료의 고질적 문제이다. 민간 부문의 비중이 압도적으로 큰 한국 보건의료의 근본 구조 때문에 생긴 당연한 결과라 할 수 있다. 그 구조 속에서 의료생협은 가장 소박하게 규정하더라도 조합원의 필요와 희망을 채우는 것을 일차적 목표로 삼는다. 그 목적에 충실하면 영리를 추구할 이유는 없어진다.

거대한 자본주의 시장구조를 생각하면 의료생협이 영리의 고리를 끊을 수 있다는 희망은 지나치게 낙관적이고 순진한 것일지 모른다. 협동조합 역시 자본주의 경제활동의 큰 구조를 벗어나지 못한다. 또한 보건의료는 이미 작동하고 있는 국가 제도와 체계에 의해 좌우될 수밖에 없다. 그러나 의료생협이 바닥을 향한 끝 모를 영리 경쟁에서 브레이크 역할을 할 수 있다는 희망은 여전히 유효하다. 도덕적 다짐이나 비난이 아니라 소유와 운영의 패러다임을 바꾸어 영리 추구의 고리를 끊으려고 하기 때문이다.

두 번째 기대는 보건의료의 내용과 형식이 좀 더 민주화되는 데에 보탬이 될 것이라는 점이다. 다시 보더라도 협동조합의 기본 정신은 일차적으로 조합원의 필요와 희망을 충족하는 것에 있다. 그들이 필요로 하고 희망하는 것이 본질에 접근할수록 건강과 보건의료의 모습은 크게 달라질 것이다. 현재의 국가 제도와 시장 권력이 미리 정해 놓고 강제하는 것을 훌쩍 뛰어넘을 가능성이 크다.

의료생협이 지향하는 것은 전문가 또는 거대한 조직과 기관이 정의하는 서비스를 일방적으로 소비하는 것이 아니다. 조합원과 지역 주민 스스로 필요한 보건의료를 규정하고, 그것을 어떻게 생산하고 이용할지 역시 스스로 결정하고자 한다. 새로운 내용과 모양, 방식의 보건의료가 얼마든지 창조될 수 있다.

물론 이 또한 낙관할 수 없다. 보건의료에서 전문가의 역할과 그 영향력은 아주 넓고 강하다. 의료생협의 조합원이라 하더라도 의료의 전문 영역은 거의 전적으로 전문가에 의존하기 마련이다. 이런 의존성은 흔히 전문가가 권력을 독점하는 것으로 귀결된다. 결과적으로 조합원의 필요와 희망에 바탕을 두기보다는 전문가가 규정하는 의료가 되기 쉽다.

그뿐만 아니라 이미 알게 모르게 오염되어 있는 비전문가의 의식 또한 쉽게 바뀌지 않는다. 이런 현실을 모두 반영하고 있는 현재의 제도적 틀을 뛰어넘는 것은 더욱 어렵다. 몸이 아프면 의사를 찾아가고 치료를 받는 그 익숙한 과정에 다른 무슨 민주적 대안이 있는지 상상하기는 결코 쉽지 않다.

세 번째는 보건의료를 생산하는 방식이 변화할 수 있다는 희망이다. 현재 의료 기관이 보건의료 서비스를 생산하는 모습은 대공장에서 상품을 생산하는 것과 많이 닮았다. 조직, 과정, 관리의 측면에서 모두 그렇다. 그러다 보니 여기서 일하는 사람들은 너나 할 것 없이 소외를 겪는다. 어느 노동자든 그렇지 않을까만, 의료 서비스를 생산하는 사람들도 노동에서 성취와 보람을 얻는 것이 아니라 흔히 피로와 소진, 좌절을 경험한다.

꼭 생산자 협동조합이 아니라도 보건의료의 새로운 생산방식은 협동조합이 만들어 가야 할 중요한 과제이다. 전문가를 고용하는 형식이 아니라 조합원이 직접 생산을 담당한다면, 그 책임과 가능성은 더욱 커진다. 그렇지만 새로운 생산방식을 탐색하는 것이 저절로 이루어질 리없다. 다른 것과 비교하더라도 더욱 힘든 과제일 가능성이 크다. 조합원의 민주적 참여와 운영이 새로운 생산방식까지 보장하지는 않는다. 협동조합이 조직 이기주의를 벗어나지 못하면 생산은 공공성을 핑계 삼아오히려 '착취'의 원천이 될 가능성도 있다.

협동조합의 가치에 대해 불안해하는 이유는 결국 협동조합이 이기적 개인이 결합한 조직을 넘어 얼마나 공공성을 가질 수 있을 것인가 라는 의문에 있다. 공동의 소유와 필요, 참여, 자발성은 저절로 공공의 이익과 공공선, 개방성으로 이어지지 않는다. 이것은 협동조합이 이겨 내야 할 어려운 도전이자 아슬아슬한 긴장이다.

지금도 상당수의 의료생협이 활동 중이지만, 사회적으로 의미 있는 것이 되려면 여전히 수가 모자란다. 우선 어느 정도 이상의 크기(숫자와 비중)가 되어야 한다. 새로운 법이 불쏘시개가 되어 크게 성장하기를 바란다.

협동조합이 양과 질 모든 측면에서 발전해 새로운 전망이 될 가능성은 충분하다. 다른 무엇보다, 협동조합의 본질인 민주적 참여가 건강과 보건의료에 새로운 기풍을 불러올 수 있다. 나아가 한국의 건강과 보건의료 문제를 근본에서 해결해 나가는 데에 실마리 구실을 할 수 있기를 바란다. 물론, 기본 원리와 가치에 충실해야 한다는 조건이 붙는다. 특히 도전과 긴장을 잊어서는 안 될 것이다.

돌봄 노동자의 딜레마

협동조합이 비교적 한정된 범위에서 새로운 공공성을 시험한다면, 공공적 생산과 소비를 둘러싼 딜레마는 더 넓은 범위에서 공공성의 문제를 제기한다. 협동조합을 말하면서 약간은 이미 언급했다. 협동조합 안에서 보건의료를 생산하는 노동자들의 권리와 삶의 질은 어떻게 보장될 수 있을지가 고민이다.

일반적으로 생산과 소비의 상호 관련성이 없다면 단순히 노동조건이 문제가 된다. 논리적으로는 근무 시간과 임금, 노동환경을 고려하면 간단하다. 그러나 보건의료나 요양 서비스처럼 휴먼(대인代人) 서비스인 경우는 문제가 만만치 않다. 더구나 공공성의 가치를 앞세우면 생산과 소비 사이의 긴장은 불가피하다.

이런 경우에 해당하는 전형적 사례는 사회복지 공무원의 노동이다. 넓게 보면 돌봄 노동에 종사하는 모든 노동자가 겪는 문제이기도 하다. 사람을 대하는 서비스 노동자 모두가 겪는 현실일 수도 있다. 현실에서 벌어진 사건을 구체적으로 살펴보자.

2013년 봄, 석 달 사이 사회복지 공무원이 세 명이나 아까운 목숨을 끊었다. 자세한 개인적 사정이나 상황을 다 알 수는 없다. 그러나 그들이 일하는 환경과 노동이 사고를 일으킨 한 가지 조건이 된 것은 분명해 보인다. 어떤 사회복지사는 자정을 넘겨 퇴근해야 할 정도로 격무에 시달렸다. 스트레스와 정신적 고통, 신체적 고단함이 컸다는 것이 언론의 취재 결과다. 그런 점에서 이들의 자살은 당연히 직업병이다.

불행한 일 때문에 자연스레 사회복지 공무원의 고단함이 드러났다. 한국의 사회복지 공무원이 담당하는 인원은 경제협력개발기구 회원국 평균의 세 배나 된다. 사정이 그렇다면 응당 사회복지 공무원 수를 늘려야 한다. 모든 문제를 해결할 수는 없겠지만 기본을 갖추어야 그다음을 말할 수 있다. 지나친 노동시간과 가혹한 환경 속에서 복지 서비스의 질을 찾는 것은 말이 되지 않는다.

그러나 인력을 늘려야 한다는 당위는 단지 일부일 뿐이다. 행정이나 관리의 틀을 벗어나지 못하면 그나마 미봉책에 그친다. 인력의 적정성에 매몰되면 논쟁은 흔히 투입과 산출의 효율성을 두고 다툰다. 끝없이 더 나은 관리 방법을 찾는 기술 숭배가 당연하다. 여기까지만 보아도 사회복지 공무원들의 고단한 현실은 모든 돌봄 노동이 겪는 문제와 그리 다르지 않다. 좀 더 범위를 넓히면 사회적·공적 가치를 만들어 내는 일 그리고 사람을 대하는 많은 노동이 비슷하다. 이런 노동은 대개 생산과 소비가 같은 시간 같은 공간에서 일어난다. 사람들이 직접 접촉하고 상호작용이 생기며 정서적 교류와 반응이 뒤따른다. 그래서 휴먼 서비스다. 관공서에서 민원서류 한 장 떼는 일, 가게에서 물건 고르는 일을 생각하면 상상하기 쉽다.

먼저 노동자 쪽에서 보자. 노동조건과 노동시간에 따라 노동자의 삶(노동의 질)은 결정적으로 달라진다. 그러나 그것으로 끝이 아니다. 같은 시간 같은 공간에 소비자가 같이 있기 때문이다. 노동자와 이들의 상호관계를 빼고는 돌봄 노동을 말할 수 없다.

이창동 감독의 영화 〈시〉에는 주인공 미자(윤정희 분)가 생계를 위해 노인을 돌보는 일(돌봄 노동)을 하는 장면이 나온다. 영화에는 미자가 강 노인을 목욕시켜 주다가 성희롱을 당하는 장면이 나오는데, 이는 돌봄 노동이 처해 있는 조건과 노동자의 삶을 생생하게 보여 준다. 돌봄 노동이 생산하는 생산물(서비스)은 소비하는 쪽에서 보자면 일반 공산품과는 다르다. 소비자마다 요구하는 것이 다를 뿐만 아니라(비정형성), 대부분 그 자리에서 충족되어야 한다(즉시성). 그러다 보니, 규격과 표준을 만들기 어렵고 요구에 딱 맞추는 것 역시 쉽지 않다(불확실성). 어지

간해서는 소비자가 만족하지 못하고 불만이 많은 이유이다.

게다가 한국 사회는 가혹할 만큼 서비스의 질에 민감하고 엄격하다. 돌봄 노동도 예외가 아니다. 수많은 관공서 민원 부서와 식당, 병원과 요양 시설, 매표창구와 가게에서 매일 일어나는 일을 생각해 보라. 신자유주의적 담론에 기초한 경쟁과 소비자주의의 신화가 휴먼 서비스의 딜레마와 단단하게 결합해 있다.

물론 서비스의 질은 중요하다. 마땅히 제대로 대접을 받아야 하고, 필요한 요구는 제대로 충족되어야 한다. 돌봄 노동의 질이 낮다면 장기요양 보험에 대해 이야기하기도 어려울 것이다. 그뿐만 아니라 서비스를 받는 사람의 일상생활과 기능, 그들의 권리는 어떻게 하란 말인가.

그러나 이 서비스를 생산하는 사람 역시 인간적인 노동조건과 품위 있는 삶을 누려야 한다. 단지 좋은 서비스를 위한 도구와 수단으로 이들의 노동조건과 삶을 말하는 것이 아니다. 노동의 산출과 관계없이 이들역시 노동과 삶에 대한 기본 권리를 가졌다는 사실을 잊지 말아야 한다.

지금까지 노동의 품위와 서비스의 질은 물과 기름처럼 나뉘어 있었다. 소비자의 권리와 노동자의 인권은 — 적대적 관계까지는 아니라 하더라도 — 별개의 문제였다. 그러나 이 둘을 떼어 놓는 것은 현실적으로 불가능하다. 그중에서도 사회적 서비스는 더욱더 그렇다. 휴먼 서비스의 특징도 그렇지만, 생산과 소비에서 다른 원리를 적용하는 것은 모순이다.

노동과 서비스에 공통적으로 적용되는 첫 번째 원리는 관료 모형이다. 생산과 산출의 조건과 질을 명령과 통제로 관리한다. 기준과 규칙을 정하고, 어기면 처벌하고 불이익을 주는 방법이라 생각하면 간단하다. 이 방법이 통하려면 노동의 조건과 서비스의 질과 관련해 적당한 수준을 정하고 또 그 수준에 맞추어 관리할 수 있어야 한다. 흔히 국가사회주의를 떠올리지만, 여러 영역에서 지금도 많이 쓰이는 주류 모형이다.

병원에서 환자를 치료하는 것을 생각해 보자. 정해진 시간과 정해진 양만큼, 그리고 미리 정해진 지침대로 따르는 것이다. 환자를 면담하는 시간을 5분 이상이라고 정해 놓았다면 그대로 하면 된다. 노동조건을 관리하기는 비교적 쉬운 반면, 서비스의 질을 따지는 소비자는 불만이 많다. 생산과 소비 사이에 갈등과 반목이 생기는 것을 피하기 어렵다. 많은 국가가 관료 모형을 개혁하겠다고 나서는 이유다. 관료주의는 한국에서든 외국에서든 지금도 작동하고 있지만 동시에 극복해야 할 대상으로 취급된다.

두 번째는 시장 모형이다. 여기서는 돌봄 노동이나 휴먼 서비스 역시 다른 일반 상품과 같은 방식으로 거래된다고 본다. 돌봄 노동도 자유로운 시장에서 경쟁을 통해 성과와 효율성을 높일 수 있다는 것이다. 서비스의 질과 노동조건을 가릴 것도 없다. 시장 모형은 1980년대 전 세계를 장악한 이후 관료 모형의 가장 유력한 대안이 된 지 오래다. 한국에서도 보건의료, 장기 요양, 그리고 돌봄 노동을 사회적으로 편성하는 핵심 원리로 굳어졌다.

하지만 많은 사람이 비판하는 대로 문제가 많다. 우선, 생산 측면에서 인간다운 노동조건을 보장할 수 없다. 그뿐만 아니라 서비스의 질도 약속하지 못한다. 경쟁으로 질이 높아진다는 것은 근거 없는 믿음인 경우가 많다.

세 번째는 의료와 장기 요양과 같은 전문성이 강한 돌봄 노동에 주로 해당되는 전문가 모형이 있다. 뼈대는 병원에서 일하는 의사를 생각하면 쉽다. 전문적 서비스에서는 환자를 어떻게 대하라고 시시콜콜 모두 정할 수 없다. 지침과 처벌(관료 모형), 지표를 정하고 경쟁시키는 것(시장 모형)으로는 노동조건을 정하는 것도 질을 보장하는 것도 불가능하다.

전문가들의 역할이 중요하고 전문성이 높은 서비스는 어느 정도 이런 방식을 피할 수 없다. 스스로 정하고 규율하며 실천하는 방법이다. 예를 들면, 방문 간호가 그렇다. 노동이든 서비스든 자율과 자기 규제에 전혀 의존하지 않고서도 바람직한 질적 수준에 이르기는 어렵다. 그러나 문제는 전문가주의의 위험성이다. 전문가에 치우친 시각과 가치 체계, 문화, 행동 방식의 한계를 가볍게 볼 수 없다.

이제, 앞의 세 가지 모형으로는 노동과 그 노동의 산출을 충분히 통합할 수 없다. 한 가지가 보태져야 한다. 이것을 잠정적으로 시민 모형으로 부르는 것이 좋겠다. 관료제, 시장, 전문가. 여기에서는 그 누구도 아닌 시민이 노동과 산출의 조건과 과정을 민주적으로 통제한다.

시민의 사회적 연대에 기초한 의사 결정의 새로운 패러다임은 단순히 어떤 조직이나 행사, 제도, 정책을 가리키는 것이 아니다. 공공선이라는 목표는 물론이고, 민주적 참여와 숙고(심의)라는 과정을 모두 포함한다. 때로 제도나 정책이기도 하지만, 삶의 양식이라고 하는 편이 실제에 더 가까울 것이다.

그래서 다시 민주적 공공성이 답이다. 생산과 소비(이용) 사이에서 돌봄 노동의 딜레마를 풀 길은 이것 말고는 찾기 어렵다. 시민들이 민주적 숙고를 시작해야 한다.

──────────

지금까지 협동조합과 같은 공공적 민간, 그리고 시민 모형에 대해 이야기했다. 하지만 이런 단초는 아직 모습이 뚜렷하지 않다. 그렇지만 새로운 공공의 싹을 찾아야 하는 이유는 국가권력과 시장 권력, 그리고 공공성 사이에 나타나는 필연적 긴장 때문이다.

국가사회주의가 위축된 이후, 국가권력의 변혁을 통해 공공적 삶의 양식을 성취하는 길은 신뢰를 얻지 못하고 있다. 그렇다고 시장 권력이 이런 삶을 보장하는 것은 더더욱 아니다.

에릭 올린 라이트는 『리얼 유토피아』에서 사회 권력이 국가권력과 시장 권력에 침입해 들어감으로써 새로운 사회의 전망을 만들 수 있다고 주장한다. 국가와 시장, 사회 권력은 서로 긴장과 협력 관계를 만들면서 힘의 균형에 따라 새로운 사회를 여는 전망을 제공할 수 있다. 이와 같은 그의 의견을 전면적으로 수용하지 않는다 하더라도, 국가권력과 시장 권력, 그리고 사회 권력의 상호 관계는 새로운 사회적 전망을 만들어 가는 기본 토대가 될 수 있을 것이다.

건강과 보건의료에서는 국가권력이 곧 공공이라는 등식의 뿌리가 깊다. 그동안 공공은 구체적인 서비스와 분리해 생각할 수 없었고, 따라서 소유가 공공을 규정하는 유일한 기준으로 작동해 왔다. 그러나 국가권력 자체의 변혁이 유효하지 않다면 전적으로 이에 기초한 공공의 전망 역시 유효하지 않다.

그렇다면 공공의 새로운 전망은 사회 권력이 국가와 시장에 어떻게 힘을 미치는가에 크게 의존한다. 앞서 말한 것처럼 협동조합이 시장 권력에 침입해 들어가는 방식 가운데 하나가 될 수 있다면, 국가에 영향을 미치는 것은 실질적인 민주화를 성취하는 정도에 따라 결정적으로 달라질 것이다.

3부

건강의 정치와 민주주의

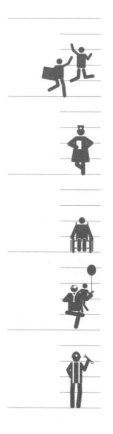

건강 정책의 정치학

건강은 정치에 쉽게 연결되지 않는다. 보건이나 의료도 마찬가지다. 그러나 이건 분명히 잘못된 인식이다. 건강이 사회적 요인의 영향을 강하게 받고 따라서 국가권력과 공공, 사회 권력이 중요한 역할을 한다는 것은 앞에서 이미 본 대로다. 그렇다면 건강과 의료가 정치적인 것은 차라리 상식이 되어야 한다(노파심이지만 여기서 말하는 정치는 현실 정치보다 훨씬 넓은 것을 의미한다는 점을 밝혀 둔다).

하지만 건강과 의료를 정치의 눈으로 바라보는 것은 역사적으로도 드문 일이다. 독일의 병리학자이자, 의사, 정치가였던 피르호가 "의학은 사회과학이고, 정치는 넓은 의미에서 의학"이라고 했지만, 주류 의견은 아니라고 하는 것이 정확하다. 의사 출신인 칠레의 아옌데Salvador Allende 대통령 역시 마찬가지다. 그는 건강과 의료가 사회적이고 정치적이라는 사실을 일찍부터 인식하고 실제 이런 시각에서 보건 정책에 간여하기도 했다. 하지만 그 역시 보편적이라기보다는 예외적 사례다.

그렇다고 해서 건강과 의료가 정치를 배제해 왔다는 역사적 사실이 그것의 '옳음'을 증명하지는 않는다. 여러 번 거듭 설명한 것과 같이, 사회적 결정 요인이 건강에 강력한 영향을 미친다는 것은 누구도 부인할 수 없다. 그리고 그 요인들은 소득과 노동, 교육, 주거, 지역 등 정치와 그 산출물에 의해 규정되는 것들이다. 나아가 자본주의와 시장경제 자체가 근본 원인 ─ 원인의 원인 ─ 이라면, 건강은 가장 높은 수준에서 정치를 문제 삼아야 한다.

건강과 의료는 여러 층위에서 정치와 연관된다. 일차적으로는 해석을 통해 정치와 만난다. 언뜻 건강과 의료는 매우 비정치적 현상으로 보이지만, 그것을 어떻게 '해석'하는가는 정치와 무관하지 않다. 예를 들어 가난한 사람의 병은 그 자신의 잘못된 행동 때문일 수 있지만 국가의 정책 실패로도 설명할 수 있다. 따라서 먼저 어떻게 해석하고 이해하는가가 중요하다.

건강과 의료를 통제하거나 변화시키려는 모든 노력은 더욱 정치적이다. 국가권력의 공식 활동인 정책은 본질적으로 정치와 명확하게 구분하기 어렵다. 정당이나 사법부 같은 국가기구 역시 마찬가지다.

국가권력에 영향을 미치려는 모든 시도들과 그것이 일어나는 과정역시 정치를 빼고는 온전하게 설명할 수 없다. 그중에서도, 국가권력과 시민 권력의 긴장과 협력은 건강과 의료가 본질적으로 정치적이라는 사실을 명확하게 드러낸다. 건강 정책을 결정하는 데에 일반 시민이 어떤 방식으로 참여하고 그것의 민주적 대표성은 어떻게 확보될 수 있는지가 대표적인 예가 될 것이다.

금연 정책의 정치적 구조

'의료화'되어 있는 문제일수록 건강을 정치에 연결시키기는 더욱 어렵다. 대표적인 사례가 담배나 술로 인한 문제들인데, 대부분 개인의 습관이나 행동으로 인식되며, 나아가 금연과 절주처럼 치료의 대상이 된다. 그러나 다시 말하지만 가장 개인적인 것도 정치와 무관하지 않다. 기술적 성격이 강할 것처럼 보이는 담배와 금연 정책도 마찬가지다.

이를 다시 확인할 수 있는 일이 최근에도 있었다. 2012년 11월 서울에서 열린 담배규제기본협약 당사국 총회에서 시작된 이야기다. 담배규제기본협약이라는 낯선 이름의 국제법부터 설명해야겠다. 이는 세계보건기구가 중심이 되어 추진한 국제 협약인데, 이름 그대로 금연을 목적으로 한다. 한국도 2005년 4월에 비준한 후 당사국이 되었다.

이 협약은 보건 분야에서는 최초의 국제 협약이다. 그러나 최초라는 사실보다 더 중요한 것이 있는데, 유례를 찾기 어려울 만큼 빠른 속도로 각 나라의 국내 정책에 영향을 미쳤다는 점이다. 가장 기본적인 규제였지만 어떤 사람들에게는 먼 미래의 일로만 보이던 세계 정부의 가능성을 꿈꾸게 할 정도로 영향력이 크다.

사정이 이렇다면 한국에서 열린 당사국 총회는 적어도 건강과 보건 분야에서는 다른 어떤 행사보다 중요하게 다루어져야 했다. 세계보건기구의 사무총장을 비롯해 여러 나라의 장관급 고위 관료, 수많은 전문가, 시민사회 지도자가 참석했다. 참가국 수만 하더라도 176개나 될 정도였다. 심지어 방문객의 경제 효과로 보더라도 비중이 작다고 할 수 없었다.

그러나 국내의 관심은 세계적 중요성에 비하면 초라하기 그지없었다. 한국이 주최국이었지만 홍보도 조직도 심지어 '동원'도 미지근했다. 전용 홈페이지만 하더라도 세계적 행사라 하기에는 민망할 정도였다.

행사가 있기 전부터 전문가와 시민 단체 활동가들 사이에서는 소극적이기까지 한 정부의 태도가 우연이 아니라는 평가가 많았다. 당시 이명박 정부의 퇴행적 금연 정책이 영향을 미쳤으리라는 것이다. 많은 전문가들은 이명박 정부의 금연 정책이 구조적으로 한계가 많다고 평가한다. 정부 예산이 줄어들고 정책 추진이 끝없이 늦춰진 것은 그중 몇 가지 징후일 뿐이다.

2012년 10월, 양승조 국회의원실이 낸 보도 자료를 보자. 2012년 금연 예산은 228억 원을 조금 넘는 수준으로 2008년 예산에 비해 26.5퍼센트나 줄었다. 예산뿐이 아니다. 다른 사업이나 정책도 비슷하다. 금연에 가장 효과가 크다는 담뱃값 인상은 물론이고, 금연 광고 등의 비가격 정책에서도 부진을 면치 못했다. 담배규제기본협약에 들어 있는 실내 금연에 대한 정책도 소극적이기는 마찬가지였다.

실내 금연 문제와 관련해서, 2012년 12월부터 총면적 150제곱미터 이상의 술집과 식당, 커피숍이 금연 시설로 지정되었다. 너나없이 거세게 반발하는데 이 정도가 어디냐고 정부가 반박할 수도 있지만, 소규모 시설이 대부분인 한국의 현실에서 이 정도는 상징적 조치에 불과하다는 평가가 더 많았다. 이마저 국제 행사인 당사국 총회를 의식해서 부랴부랴 시행한 것은 아닌지 의심하는 사람도 많았다.

이명박 정부에서 금연 정책이 지체되면서 흡연율은 제자리걸음이었고, 오히려 악화된 면도 있다. 대표적으로, 2007년 45.0퍼센트까지 떨어졌던 성인 남성 흡연율은 2010년 48.3퍼센트로 다시 증가했다. 처음 담배를 시작하는 나이가 평균 12.7세로 낮아졌고, 중고등학생의 흡연율은 12퍼센트를 넘는다. 공원과 도로에서 금연 구역을 확대한다고 요란을 떨었지만, 실상은 여전히 흡연 대국을 벗어나지 못하고 있다.

중요한 것은 이명박 정부의 소극적인 금연 정책이 실무 차원에서 비롯된 것이 아니라, 좀 더 큰 구조적 요인이 금연 정책을 비롯한 공중 보건 정책 전반에 영향을 미쳤을 가능성이 크다는 점이다. 금연 정책은 세계적으로도 중요한 정책 과제이지만, 경제협력개발기구 회원국 가운데 1, 2위를 다투는 한국의 흡연율은 정책 실무자들에게 압력으로 작용하지 않을 리 없기 때문이다. 따라서 금연 정책의 방향과 기조에는 정책 실무가 아니라 정치적 요인이 중요하게 작용했다고 봐야 한다. 이명박 정부가 출범 초기부터 내걸었던 '비즈니스 프렌들리'가 바로 그것이다.

이는 단순히 산업과 경제정책에 한정된 것이 아니다. 공익과 사익이 충돌할 때, 또는 건강과 영리가 긴장 관계에 있을 때, 시장과 영리 쪽 손을 들어주겠다는 정치적 지향이자 선언인 것이다. 이런 정치적 지향이 정책으로 현실화되는 대표적 전환 과정이 바로 규제 완화이다. 이명박 정부는 임기 시작 전부터 전봇대 뽑기를 대표적 상품인 양 내세웠지만, 그것은 정권의 이념적 기반을 나타내는 지극히 상징적인 행위였다.

모든 사람의 건강을 다루는 보건 정책 또한 규제 완화에서 예외가 되지 못했다. 이는 역사적 과거이자 현재도 진행 중인, 그런 의미에서 이명박 정부로 끝나지 않을 정치·경제적 개입 방식이다. 새 정부도 취임하자마자 규제 완화를 말한 만큼 기조는 크게 다르지 않을 것이다. 따라서 과거에도 그랬지만 앞으로도 금연을 위한 규제는 쉽지 않을 것이다. 개인의 흡연권이나 서민의 부담과 충돌한다는 이유를 들고 있지만, 사회적 통제에서 벗어난 더 자유로운 시장, 나아가 더 많은 이윤을 추구하는 정치적·경제적 권력을 이길 수 없다고 보는 것이 더 정확할 것이다.

보건 정책의 지체와 좌절이 더욱 문제가 되는 것은 불평등 때문이다. 흡연이 계층에 따라 불평등하게 나타나는 습관이자 행동이라는 것은 이제 상식이 되었다. 건강 피해 역시 계층과 계급을 뚜렷하게 차별한다. 전체 사람들을 대상으로 하는 (공중) 보건 정책은 그나마 위험과 피해의 불평등을 줄이는 역할을 한다. 물론 섬세한 전제 조건이 충족되어야 효과가 있지만, 불평등에 민감한 정책을 통해 서민과 저소득층, 취약 계층에게 불리한 조건을 일부라도 개선할 수 있다.

개인과 구매력에 기초한 정책이 불평등을 심화시키는 것은 당연하다. 각자 알아서 금연 치료를 받으려면 돈과 시간의 여유가 있어야 한다. 상담이든 약물 치료든 더욱 뚜렷한 불평등을 만들어 내게 될 것이다. 2012년에 발표된 서울시 자치구들의 흡연 불평등도 이 문제의 사회적 성격을 그대로 드러낸 것이다.

결국, 흡연을 줄이기 위해서는 집단적·사회적인 접근을 피할 수 없다. 그런 의미에서 금연을 목표로 하는 보건 정책은 사회정책이기도 하다. 누구를 대상으로 얼마나 자원을 배분해야 하는가를 묻는다는 점에서 전형적인 정치의 과제이다.

담배규제기본협약에 담긴 금연 정책은 대부분 이런 범주에 속한다. 한국 사회가 이 협약을 크게 환영하지 못하는 것도 이 때문인지 모른다. 사회적이고 구조적인, 따라서 정치성이 강한 정책들을 기꺼이 받아들이는 데는 많은 장애가 있을 것이다. 특히 비즈니스 프렌들리를 비롯한 시장 만능의 지향과는 긴장과 불화를 피할 수 없다.

세계 대회가 열리는 기간에도 담배규제기본협약은 한국 사회에서 그리 주목받지 못했다. 이는 한국의 금연 정책이 보건 정책이자 사회정책으로서 제자리를 잡지 못하고 있음을 의미한다. 규제 완화와 시장이라는 이명박 정부(그 앞과 후의 정부도 얼마나 다른지는 모르겠다)의 정책 기조가 큰 몫을 한 것은 두말할 필요도 없다. 사회경제적 약자를 과소 대표하는 한국 정치가 금연 정책까지 가로막고 있는 것이다.

포괄수가제 논쟁의 교훈

담배와 금연 정책에서 정치는 하나의 환경적 조건으로 작용한다. 이때 정치는 간접적으로 영향을 미치는 소극적 고려 사항에 가깝다. 전문성이 높아서이기도 하지만, 이 때문에 금연 정책을 비롯한 공중 보건 정책의 정치성을 인식하는 것은 쉽지 않다. 건강이나 질병 자체(즉, 자연 현상)에 가까울수록 정치는 멀어진다.

이에 비하면 (사회현상으로서의) 의료 서비스를 다루는 의료 정책에서는 정치적 성격이 좀 더 쉽게 드러난다. 물론 전문성의 문제는 그대로 남는다. 전문성이 높고 기술적인, 그래서 전문가가 정해야 할 영역이라는 생각은 쉽게 사라지지 않는다.

공중 보건 정책이든 의료 정책이든 전문성이 중요한 요소인 것은 분명하다. 하지만 현대 국가의 어떤 정책인들 전문성의 문제로부터 완전하게 자유로울 수 있을까. 단지 정치적 성격이 얼마나 직접적으로 드러나는지의 차이일 뿐이다. 건강과 공중 보건, 의료 서비스를 다루는 정책도 마찬가지다. 사회적 관심을 불러일으키고, 정책이 결정되며, 실제 시행되는 모든 과정에서 정책은 정치적 성격을 갖는다.

사례를 들어 보자. 2012년 7월, 그동안 원하는 병원만 적용받던 포괄수가제가 모든 의료 기관에 의무화되었다. 포괄수가제는 검사나 치료 행위 하나하나가 아니라 질병이나 수술 단위로 '포괄'해서 진료비를 매기는 것을 말한다. 영어로 흔히 DRGDiagnosis Related Group로 부르기도 한다. 이 제도의 핵심은 '포괄'에 있다. 예를 들어 어떤 검사를 하고 어떤 약을 썼느냐에 관계없이 백내장 수술이나 제왕절개술 전체에 미리 정해진 진료비를 지불한다. 전체 진료비가 미리 정해진 정액이기 때문에 병원 입장에서는 투약이나 검사를 적게 하려는 동기가 생긴다. 2012년 7월의 제도 변화는 일부 치료와 수술을 대상으로 포괄수가제를 의무화하는 것이었다.

제도 시행을 앞두고 유례없이 뜨거운 논쟁이 일어났다. 보건의료 문제로서는 실로 오랜만에 텔레비전 심야 토론 프로그램에 등장할 정도였다. 이 정도면 기술적 차원에서 옳고 그름을 가리는 수준은 벗어났고, 그런 의미에서 어느 정도 '정치화'되었다고 할 수 있다. 물론 이 경우 정치화는 부분적이었고 미숙했다. 무엇보다 보통 사람들이 논쟁에 본격적으로 참여하기에는 경험이 적었고 내용도 쉽지 않았으며 시기적으로도 너무 늦었다. 제도 시행을 코앞에 두고야 전후 사정을 따졌으니, 어떤 점에서는 모두가 이 문제의 정치적 성격을 뒤늦게 인식했다는 편이 정확할 것이다.

결과가 어찌 되었든 포괄수가제 논쟁은 시작에 지나지 않는다. 건강과 관련된 정책은 앞으로 더욱 격렬한 논쟁과 갈등을 불러올 것이다. 건강보험의 사례에서도 보듯이, 돈(재정)은 민감한 문제가 될 것이 틀림없다. 안락사, 낙태, 유전자 치료 등 새로운 논쟁적 사안도 폭발성을 가지고 있다. 한마디로 건강 정책이 기술적 문제를 넘어 정치화되는 것은 필연적이다. 그런 점에서 앞으로 토론과 논쟁을 통해 성과를 얻기 위해,

포괄수가제 논쟁에서 몇 가지 교훈을 발견해 보자.

첫째, 새로운 정책을 둘러싼 정치화와 사회적 논쟁을 당연한 것으로 받아들여야 한다. 나아가 이를 촉진하고 활성화할 필요가 있다. 한국 사회에서 이견과 논쟁은 대체로 환영받지 못하지만, 의료 분야만큼 이런 경향이 심한 데도 없을 것이다. 그러나 더 좋은 의사 결정을 위해서는 이런 과정을 거쳐야 한다. 포괄수가제는 현재의 진료비 지불 제도(보통 '행위별 수가제'라고 한다)에 손을 대는 최초의 시도라고 말할 수도 있다. 논쟁과 갈등은 당연하다.

민주적 정책 결정을 지향하는 사회에서 토론 없는 만장일치는 불가능하다. 가장 비효율적이고 비생산적인 정치체제가 민주주의 체제라고 하지 않던가. 사회적 가치와 이해관계의 충돌을 피할 수 없다면, 민주적 정책 결정의 비효율성을 감수해야 한다. 어렵고 복잡한 문제일수록 논쟁은 그것을 더 잘 이해할 수 있는 사회적 인프라 형성에 기여한다.

둘째, 경쟁하는 대안을 둘러싼 논쟁이 되어야 한다. 바람직한 논쟁이 되려면, 특히 정책 논쟁의 경우에는, 막무가내 주장이나 감정 토로가 아니라 대안들 간의 경쟁이 되어야 마땅하다. 이는 민주적 의사 결정의 기본 요건이자 정치적으로 훈련되어야 할 토대이다.

포괄수가제 논쟁 당시 정부는 ('숨은' 목표가 있는지 명확하지 못한 점이 있었지만) 과잉 진료를 줄이고 진료비 상승을 억제하기 위한 대안으로 이 제도를 확대한다고 주장했다. 그렇다면 정책에 반대하는 쪽은 이와 경쟁할 수 있는 대안을 명확하게 제시하는 것이 옳았다. 물론, 과거의 제도(행위별 수가제)를 그대로 두자는 것이 그들의 대안이었다면 근거를 들어 그렇게 주장했어야 옳다. 정부가 대안의 전제로 삼았던 문제(예컨대, 과잉 진료, 의료비 지출 증가 등)를 아예 부정할 수도 있다. 그렇다면 논쟁은 과거의 제도를 고쳐야 하는가 말아야 하는가로 옮겨갔을 것이다.

행위별 수가제인 현재의 진료비 제도(포괄수가제로 바뀐 일부를 빼고는 여전히 대부분의 진료가 이 제도의 적용을 받는다)는 결국 고쳐야 한다고 생각하는 사람이 많다. 그 근거는 국민이 누리는 편익에 비해 비용이 지나치게 많이 들고 부작용이 심하기 때문이다. 포괄수가제 반대론자들은 새 제도의 부작용을 이야기해 왔지만, 제도를 그대로 둘 경우의 부작용과 비교해야 균형이 맞다. 기존 제도가 포괄수가제라는 대안과 비교해서 문제와 부작용이 적다는 것을 설득해야 했다.

셋째, 더 민주적이고 참여적인 정책 결정을 추구해야 한다. 민주적·참여적이란 말은 익숙하면서도 모호하다. 포괄수가제의 경우 그전에 보건의료미래위원회, 건강보험정책심의위원회, 포괄수가제 발전협의체 같은 곳에서 오랫동안 논의를 거쳤다는 것이 정부의 주장이었다. 시민 소비자 단체나 포괄수가제 의무 시행을 반대하던 의사협회도 그런 위원회의 참여 당사자이기는 했다.

그러나 보통의 시민과 대중은 이런 문제를 잘 모르며 판단하기 쉽지 않다. 〈100분 토론〉, 〈생방송 심야토론〉과 같은 텔레비전 토론 프로그램 등을 통해 내용이 전달될 수는 있지만, 대중매체가 참여의 통로가 될 수는 없다. 포괄수가제를 둘러싼 논쟁은 복잡하고 어렵다. 보통 사람들은 무슨 소리인지 잘 모를 수밖에 없다. 4대강이나 한미 FTA도 어렵지만, 이른바 '전문성'의 수준이 다르다.

그러나 전문성은 참여적 결정을 막는 결정적 이유가 될 수 없다. 결정의 결과가 시민의 삶에 직접적인 영향을 미친다면, 그 관점과 시각, 원하는 바, 그리고 참여의 과정 자체가 소중하다. 또한 의사 결정에 필요한 전문성은 학습과 토론을 통해 함양될 수 있는 경우가 많다.

물론, 실질적 참여가 저절로 이루어지는 것은 아니다. 정확하고 필요한 정보가 있어야 하고, 서로 다른 의견이 균형을 맞추어 제시되어야 하며, 학습·토론·숙고가 필요하다. 또한 의견과 주장은 합리적인 근거에 바탕을 두고, 참여하는 사람들은 양심적·이성적으로 그리고 공익을 기준으로 판단한다는 전제가 있어야 한다. 또한 누가 설계하든 참여가 제도화되는 것이 중요하다.

앞에서 말한 원칙들이 당장 정책 결정에 모두 적용될 가능성은 거의 없다. 그러나 앞으로 건강과 보건의료 정책을 둘러싼 논쟁은 더욱 많아지고 다양해지며 격렬해질 것이다. 그럴수록 합리적 대안에 기초한 민주적 결정이 사회적 의사 결정의 기본 패러다임이 되어야 한다. 정치화가 더욱더 필요하다는 말이다.

오리건의 건강 정치 실험

　포괄수가제 논쟁을 예로 들었지만, 한국 사회에서 건강 정책에 대한 정치적 접근은 거의 없었다. 건강 정책에서 정치적 시각은 아예 고려의 대상도 되지 않을 정도이다. 그만큼 새로운 전략과 방법에 대한 상상 역시 부진할 수밖에 없다.

　다른 나라에서 건강 정책을 정치화한 예를 찾는 것은 이 때문이다. 좋은 예는 특히 상상을 자극하는 미덕이 있다. 그런 점에서 미국 오리건 주의 경험은 세계적으로도 건강 정책의 정치화를 주도한 선구적 사례로 유명하다. 자세한 평가는 미루더라도 시도 자체가 중요한 공부 거리가 될 만하다.

　오리건 주가 혁신적인 정책 결정을 내리게 된 배경에는 재정 문제가 있었다. 1985년, 오리건 주는 주 재정이 어려워지자 메디케이드의 보장 범위에서 장기 이식을 제외했다. 제도의 혜택을 받던 빈곤층이 장기 이식 비용을 스스로 부담할 수밖에 없게 된 것이다. 이 조치는 사회적으로 큰 논란을 불러일으켰다. 일곱 살의 백혈병 환자가 한국 돈으로 1억 원이 넘는 수술비를 마련하기 위해 모금 운동을 하다가 사망하자 논란은 더욱 커졌다. 주 정부가 지출할 수 있는 재정은 제한되어 있는데, 어떤 병을 가진 사람이 우선 대상자가 되어야 하는지가 논란의 핵심이었다. 비용이 많이 들지만 극소수의 환자는 확실하게 낫게 할 수 있는 의료 서비스를 제공할 것인가, 비용이 적게 들고 흔하지만 여러 사람에게 혜택이 돌아가는 서비스가 우선인가.

이런 논란은 우리에게도 익숙하다. 예컨대 건강보험의 보장성을 올리자는 데는 이론이 없지만, 노인 틀니가 먼저인지 새로 개발된 값비싼 항암제가 우선인지는 사람마다 의견이 다르다. 꼭 재정 사정 때문이 아니어도 경제와 생산성을 중시하는 사람에게 노인은 우선순위가 낮다.

오리건 주는 이런 논란을 해결하기 위해 제도를 근본적으로 바꾸는 길을 택했다. 주 의회 상원 의장이던 존 키츠하버John Kitzhaber는 완전히 새로운 시스템을 제안한다. 중요한 순서대로 미리 목록을 정해 놓고 재정이 한도에 이를 때까지 그 순서대로 혜택을 주자는 것이었다. 당시까지 이런 방법은 전례가 없는 획기적인 것이었고, 그 때문에 찬반 논란이 끊이지 않았다. 현재까지도 그 의의와 한계를 두고 연구와 평가가 계속될 정도이다. 그래서 보건 정책 분야에서 이는 하나의 '실험'으로 불린다. 오리건 실험이 입법화되고 실제 적용되기까지 그 과정은 매우 길고 복잡했다.

오리건 실험의 핵심 문제는 '순서'를 어떻게 정할 것인가였다. 전문가들은 지금도 어떤 기준으로 순서를 정하고 최선의 방법이 무엇인지는 논쟁 중이다. 그 사이 기술과 방법이 더욱 정교해졌으나 한편으로 근본원리를 둘러싼 논란이 계속되고 있다.

오리건의 실험에는 전에 없던 특별한 점이 있었다. 건강이나 보건의료 분야에서는 드물게, 순서를 정하는 데에 평범한 보통 시민들의 의견과 판단을 중요하게 고려했다는 것이다. 당시 일반 시민들은 세 가지 방식으로 결정에 참여했다. 우선 전통적인 방식으로 의견을 물었다. 정책을 수립하는 책임을 맡았던 위원회는 모두 열한 차례나 공청회를 열었고, 의료인과 시민 단체 대표를 비롯해 정책에 의해 영향을 받는 사람들의 의견을 폭넓게 참조했다.

다음으로, 우리에게는 조금 생소한 방식인 지역사회 토론회도 47차례나 열렸다. 주민들이 어떤 시각으로 이 문제를 바라보는지 알기 위한 것이었다. 형식적인 것이 아니라 실제 토론과 의견 교환이 이루어졌다. 먼저 정책을 주민에게 소개하고 소집단별로 토론한 다음 그 결과를 발표하게 한 것이다.

미국에서는 비슷한 경험이 제법 있었음에도, 지역사회 토론회는 많은 문제점과 한계를 드러냈다. '실험'이라고 표현할 만큼 새로운 시도였으므로 어떻게 보면 당연한 결과였다. 특히 참여한 주민들의 대표성이 큰 문제로 떠올랐다. 이는 토론의 정당성과 그 결과의 수용 여부를 결정짓는 중요한 문제였기 때문이다. 주최 측은 일반 사람들이 많이 참여할 것을 기대했으나 실제 참석자의 약 70퍼센트는 의료 관계자였다. 가난한 사람은 거의 없었고 여유 있는 계층이 많았던 것도 심각한 문제였다.

세 번째 참여 방식은 주민 여론조사였다. 전체 주민을 무작위로 뽑아 스물아홉 가지 건강 상태를 두고 무엇이 중요한지 주민의 판단을 물었다.

전체 과정은 꽤 복잡하지만, 순전히 주민의 의견만으로 순서를 정했던 것은 아니다. 전문가의 판단과 객관적인 자료도 중요한 기준이 되었다. 실제 주민들이 낸 의견의 비중은 처음보다 많이 줄었는데, 1차 결과가 거센 비판을 받았기 때문이다. 치통·두통·요통 같은 가벼운 병이 간이식이나 골수이식보다 우선순위가 높게 나온 것이 결정적이었다. 사람들의 '상식'과 크게 어긋났던 것이다. 결국 새로운 방법을 사용해 주민들이 낸 의견의 비중을 줄이는 방향으로 초안이 수정되었다.

그러나 이후 시민이 건강 정책 결정 과정에 적극 참여해야 한다는 주장이 널리 퍼졌다. 물론 이 사례에서 보듯이 정책을 민주적으로 결정하는 것은 결코 쉽지 않다. 전문성과 효율성의 문제가 가로막고 있고, 주민들이 민주적으로 참여하는 방법이 무엇인지도 분명하지 않다. 이렇게 복잡하고 비용이 많이 드는 과정보다는 정책의 결과(건강이나 의료 혜택)가 좋아야 하는 것 아니냐라는 '결과주의' 역시 반대쪽이 제기한 중요한 문제였다.

한국에서도 보건의료 정책의 결정을 둘러싸고 정부와 이해 당사자가 갈등을 빚는 일이 점점 더 늘고 있다. 앞에서 포괄수가제의 예를 들었지만, 다른 사례도 많다. 2012년부터 시작된 의원급 만성질환 관리제도 그렇고, 공공 의료 기관을 줄이거나 닫으려는 정부의 조치도 당사자만 다르지 성격은 비슷하다. 정부는 정책이나 조치가 필요한 근거를 제시하고, 다른 당사자는 정책의 부작용이나 부정적 결과를 근거 삼아 반대한다. 때로 갈등의 양상이 사뭇 격렬해서 위태위태한 경우도 적지 않다.

찬성이든 반대든 늘 등장하는 명분은 국민의 이익이고 건강이다. 그러나 막상 그 국민은 정책을 논의하고 결정하는 과정에 제대로 참여하지 못한다. 역설이자 부조리지만, 이 역시 새삼스러운 일은 아니다. 거창한 이름을 가진 여러 위원회나 공청회에 소비자, 시민 대표가 참여하고 발언하지만, 요식행위 또는 합리화의 과정이라는 의심을 지우기 어렵다. 최근에는 그조차도 생략되는 일이 흔하다. 보건의료 정책은 높은 전문성이 요구된다는 이유로 이런 경향은 더욱 심해진다.

시민이 결정에 참여해야 하는 이유는 분명하다. 보건의료나 건강을 다루는 정책이 시행되면 일차적으로 영향을 받는 집단은 일반 시민이다. 재정이나 의료 이용 문제를 둘러싼 것이라면 더욱 그렇다. 결국 재정 부담의 당사자나 의료 이용의 주체가 누구인지를 생각하면 정책이 미치는 직접적 영향이 작다고 할 수 없다. 내 삶에 영향을 미치는 중요한 결정에 참여하는 것은 기본적인 권리이자 좋은 삶의 필수 요소다. 그렇지만 아직 일반 시민, 환자, 소비자의 목소리는 아주 작고, 참여할 수 있는 공간도 찾기 어렵다. 그 결과, 정책을 결정하고 시행하는 과정에서는 목소리 큰 이해 집단들 간의 충돌과, 그 이해를 조정하고 무마하려는 노력만 두드러져 보인다.

이제 보건의료 정책에도 자문이나 여론조사, 투표의 수준을 넘는 '깊은' 민주주의가 더 많이 필요하다. 형식적인 공청회나 전문가가 대신 참여하는 위원회, 민주주의를 흉내 내는 요식행위로는 충분하지 않다. 더 많은 대중이 실질적으로 참여하는 정책 결정과 집행이 중요하다.

건강권과 민주주의

건강 정책을 결정하는 과정에 시민이 참여하고, 이것이 가능하도록 좀 더 민주적인 정책 결정 과정을 설계하는 것은 어떤 의의가 있을까. 건강과 건강 정책에 민주적 참여가 중요하다는 주장은 흔히 두 가지 근거를 든다.

첫째, 의사 결정과 정책 결정의 품질이 좋아진다는 것이다(흔히 외재적 가치라고 한다). 관료와 정치인, 전문가의 손에만 맡겨 두어서는 궁극적으로 바람직한 결정이 이루어지기 어렵다. 정책의 영향을 직접 받는 일반인과 대중이 정보와 지식, 현실적인 해결 방법을 더 많이 알고 있을 수 있다. 여기에서 참여는 도구적인 의미를 갖게 되고, 참여 자체보다는 좋은 결정이 더 중요하다.

둘째 근거는 결과와 무관하게 과정이 중요하다는 것이다. 설사 정책 결정의 질이 높아지지 않더라도 민주적 참여 과정 자체에 가치가 있다고 본다(이를 내재적 가치라고 부른다). 건강이나 의료를 더 낫게 만들지 못한다 해도 참여는 가치가 있다는 시각이다. 이때 정치적 참여는 바람직한 삶을 구성하는 본질적 요소의 하나로 인식된다. 경제학자이자 철학자인 아마르티아 센Amartya Sen이 대표적인 주창자로, 그는 의사 결정에 참여하는 정치적 참여를 인간의 필수 '능력'(역량)capability의 하나로 꼽았다.

다른 측면에서도 참여와 민주의 가치를 따져 볼 수 있다. 거시적인가 미시적인가, 국가 수준인가 지역 수준인가 또는 그 이하인가, 어디에 초점을 맞추는가에 따라 참여와 민주주의가 갖는 의미는 달라진다. 건강과 건강 정책과의 관련성도 그것에 따라 달라질 수밖에 없다.

최근 영국에서는 의료 전문직과 환자가 치료 결정을 함께해야 한다는 이른바 '공동 의사 결정' 바람이 불고 있다. 아주 미시적인 수준에서 이루어지고 있지만, 크게 보면 이 역시 민주주의나 참여와 무관하지 않다. 이는 또한 치료 결과와 건강에 직접 영향을 미칠 수 있다. 가장 거시적인 수준에서는 유엔과 같은 국제 거버넌스에 영향을 미치는 것도 민주적 참여에 포함된다. 이는 국가 간의 건강 불평등을 줄이는 국제사회의 노력과 밀접한 관련이 있다.

가치가 내재적이든 외재적이든, 또는 참여가 어느 수준에서 이루어지든, 민주주의와 건강의 관련성은 더 이상 건강부회의 논리가 아니다. 실제로 점점 더 많은 사람들이 민주주의와 참여가 건강에 도움이 되는

가의 문제에 관심을 보이고 있다. 스웨덴 같은 나라에서는 (실제 정책으로 실현되지는 못했지만) 정치적 참여의 확대를 건강 증진의 한 가지 전략으로 검토한 적이 있을 정도다.

참여는 인권이다

마침 유엔이 정한 2012년 인권의 날 주제가 '참여할 권리'라는 것은 의미심장하다. 유엔은 참여할 권리란, 공적 영역과 정치적 결정에서 모든 사람이 차별 없이 자기 목소리를 낼 수 있는 것이라고 규정했다. 특히 여성, 청년, 소수자, 장애인, 원주민, 가난하고 소외된 사람들이 차별받지 않는 것이 중요하다. 유엔은 이 주제가 세계인권선언에 기초를 둔 것이라고 밝혀 놓았다. 선언의 19, 20, 21조가 이에 해당한다. 의견의 자유와 표현의 자유, 평화로운 집회와 결사의 자유, 그리고 정부와 정치에 참여할 권리가 그것이다.

참여의 권리에서 건강만 따로 이야기할 수는 없다. 그런 점에서 한국에서 건강에 참여할 권리는 토대부터 부실하다. 참여할 권리는 어느새 가장 좁은 의미로, 정치적으로는 투표할 권리 정도로 쪼그라들었다. 어느 선거든 마찬가지이지만, 수많은 사람들이 노동과 생계 때문에 이 기본적인 권리도 누리지 못한다. 투표율이나 비용 문제를 따지느라 정작 권리가 얼마나 중요한지는 말이 없다.

기본권이라는 투표권이 이 정도인데, 인권 차원의 참여는 더욱 갈 길이 멀다. 그래도 정치 참여는 사정이 좀 낫다고 할까. 그나마 선거나 투표, 여론조사 같은 것들이 있으니 우리 형편에서는 기본은 하고 있는 것인지도 모른다.

건강에서 참여는 형편이 훨씬 나쁘다. 참여해야 할 무엇이 있다고 생각하기조차 어려울 정도로 토대가 허약하다. 건강은 곧 병을 잘 치료하는 것이고, 그건 의사나 병원이 할 일이지 보통 사람이 어쩔 수 있는 것이 아니라고들 생각한다.

물론, 여러 차례 말했듯이 이런 생각은 틀렸다. 삶의 다른 영역과 마찬가지로 건강도 사회적인 영향을 많이 받는다. 안전 조치가 잘되어 있으면 교통사고 사망자가 줄어들고, 발암 물질을 덜 먹으면 암 발병률도 줄어든다. 따라서 교통안전 정책, 식품 정책은 곧 건강 정책이기도 하다.

병 치료도 마찬가지다. 건강보험과 의료 급여 제도를 잘 만들면 가난해도 비용 때문에 치료를 포기하는 일을 없앨 수 있다. 노인 보건 정책을 어떻게 하는가에 따라 노후의 삶과 죽음이 달라진다. 내내 한국 사회를 고민하게 만드는 자살은 더 직접적이다. 미국의 정신의학자 제임스 길리건James Gilligan이 쓴 『왜 어떤 정치인은 다른 정치인보다 해로운가』(이희재 옮김, 교양인, 2012)는 자살률이 어떤 정당이 집권하고 어떤 정책을 시행하는가에 따라 다르다는 것을 설득력 있게 보여 준다.

어떤 사회적 환경, 정책, 제도인가에 따라 그리고 정치에 따라 건강이 달라진다면 참여가 중요한 것은 당연하다. 그렇다. 참여는 사람을 건강하게 한다. 그러나 참여가 건강을 좋게 하는 데에 별 소용이 없다 하더라도 참여는 그 자체로 중요하다. 자신의 삶에 영향을 미치는 공적 의사 결정에 참여하는 것은 그 자체로 '좋은' 삶의 핵심 요소이기 때문이다. 이렇게 보는 태도를 참여의 내재적 가치라고 한다는 것은 이미 앞에서 언급했다.

참여는 제도적이고 거시적인 차원에 그치지 않는다. 아주 작게는 환자 입장에서 치료 방침을 정하는 데에도 중요하다. 일대일 만남에서 벌어지는 미시적 참여 역시 가볍게 볼 일이 아니다. 환자와 전문 의료인이 함께 의논하고 방침을 정할 경우 치료 결과도 좋아지고 만족도도 높아진다. 의료처럼 지식과 정보의 차이가 큰 전문 영역에서도 참여는 불가능한 것이 아니다. 정보 접근성이 커지면서 요즘은 여건이 더 좋아졌다.

참여할 권리가 모든 이에게 평등해야 한다는 점도 지적하고 싶다. 자신의 삶을 결정하는 과정에 참여할 권리는 누구에게나 평등해야 한다. 그것이 전문적인 영역에 속한 일이라 하더라도 말이다. 유엔이 강조하는 참여의 불평등은 건강 영역에서 더욱 두드러진다. 전문성이 강하고 정보와 지식이 중요한 역할을 하기 때문이다. 다른 영역보다 불평등의 가능성이 훨씬 높을 수밖에 없는데, '이중'의 불평등이 문제를 더욱 심화시킨다.

첫째 불평등은 건강의 불평등이다. 유엔이 관심을 기울이자고 지적하는 사람들, 즉 가난하고 소외된 사람들의 건강은 그렇지 않은 사람에 비해 더 나쁘다. 이런 종류의 건강 불평등은 학술적으로 잘 정리되어 있고 근거도 충분하다. 건강이 더 나쁘기 때문에 이들이 건강과 관련이 있는 의사 결정, 정책 결정에 참여해야 할 필요성은 더 크다. 이들의 문제가 우선적으로, 그리고 더 많이 다루어져야 하기 때문이다.

그러나 실제 이들이 참여할 수 있는 조건과 환경은 건강이 더 나은 사람들에 비해 훨씬 불리하다는 것이 두 번째 불평등이다. 건강이 나쁘거나 기능이 떨어져 있으면 참여하기가 쉽지 않으며, 앞서도 말했던 전문성의 문제 때문에 참여의 불평등이 더욱 강화된다. 정보도 지식도, 나아가 자신감도 부족하기 마련이다. 필요성은 강한데 가능성은 떨어지는 참여의 역설, 이중의 불평등이라는 말이 이들의 조건을 압축해서 표현해 준다.

건강권에 대한 인식 자체가 허약한 한국 사회에서, 건강에 대한 참여의 권리가 제대로 이해되기란 쉽지 않다. 일례로, 2012년, 시민 단체인 건강세상네트워크와 동자동사랑방은 서울시 동자동 쪽방촌 주민들의 건강권을 조사한 결과를 발표했다.● 전통적인 의미에서 건강권이라 할 수 있는 질문, 예를 들어 "정부가 보건의료 제공을 책임져야 한다"라는 설문항에는 80.7퍼센트가 그렇다고 답했다. 그러나 참여의 권리를

● 손정인 외, 2012, "서울시 동자동 쪽방 주민 건강권 실태 조사를 마치며: 쪽방 주민의 건강권을 위해 무엇을 해야 하는가?" 월간 『복지동향』 제170호, 47-54쪽.

인식하는 정도는 매우 낮았다. "의사에게 이해될 때까지 설명해 달라고 요구한다"라는 설문항에는 42.1퍼센트가, 그리고 "정부는 나 같은 사람들의 의견에는 관심이 없다"에는 78.6퍼센트가 그렇다고 응답했다. 환자로서 진료 과정에 참여하는 것, 그리고 정책 결정 수준에 참여하는 것을 생각하기 어렵다는 사실을 알 수 있다.

참여할 권리도 넓은 의미의 건강권에 포함되어야 한다. 권리는 어떤 상태나 수준을 뜻할 뿐만 아니라, 그것에 이르는 과정도 포함하기 때문이다. 나아가 건강에 대한 권리, 보건의료에 대한 권리는 단순히 여기에 접근하고 이용하는 개인의 권리나 자유를 넘어선다. 이미 존재하는 사회와 체제가 규정해 놓은 것에 따라 자원을 배분하고, 배분된 자원이 권리를 충족하는가를 따지는 것으로는 부족하다. 지리학자 데이비드 하비의 말을 빌리자면, 배분과 접근을 규정하는 틀 그 자체를 "우리의 가슴이 바라는 것을 좇아" 바꿀 권리가 있다.

건강권(건강할 권리)이 이 시대에 가장 보편적인 인권의 하나라는 사실은 누구도 부인하지 않는다. 어디까지가 권리인가, 국가의 책임은 어디까지인가를 두고 말이 많지만, 핵심적인 인권이라는 것은 모두 인정하는 사실이다. 이제 건강권은 단지 건강이나 보건의료에 접근할 권리를 넘어 건강과 관계된 여러 과정에 참여할 권리까지 포함하는 것으로 보아야 한다. 좁게는 환자의 권리부터 넓게는 정치적 권리까지, 참여는 제외할 수 없는 건강권의 핵심 요소이다.

민주주의가 건강에 이롭다

다시 근본으로 돌아가서, 건강과 정치가 무관하다고 생각하는 사람들은 건강을 정치화하는 것을 불편해 한다. 반면, 현실 정치에 중요한 쟁점들이 많은데 한가하게 건강 이야기나 하고 있다고 핀잔을 주는 사람도 있다. 큰 선거 때면 더욱 그렇다. 서로 방향은 다르지만 건강과 정치를 분리하는 것은 마찬가지다. 그러나 다시 말하지만 분리는 불가능하다.

물론 민주주의와 건강을 같이 말하는 사람들도 있다. 그들 가운데는 언론이나 투표가 민주주의의 핵심이고 마치 그것이 그 자체로 건강을 보장하는 것처럼 주장하는 이들이 있다. 이들의 주장은, 당장이라도 서구식 민주주의를 도입한다면 개발도상국에서도 건강이 향상될 것 같은 착각을 불러일으킨다. 이들이 거론하는 나라들로는 북한이나 중국, 이란 등이 있다. 하지만 이들이 이해하는 민주주의는 매우 협소한 의미에서의 민주주의이다.

그럼에도 불구하고 정치를 추상적인 것에서 좀 더 현실적인 것으로, 예컨대 건강과 연결해 상상해 보는 것은 중요한 일이다. 나아가 그러자면 현실에서 구현되는 정치적 삶의 한 방식으로 민주주의를 건강에 연결시켜 보는 것이 필요하다. 물론, 민주주의는 정치보다는 조금 더 구체적이지만 여전히 추상적이라는 점을 고려해야 한다.

민주주의와 건강. 솔직하게 표현하면, 이는 정치를 새롭게 상상하는 것이기도, 한편으로 건강을 새롭게 상상하는 것이기도 하다. 한국의 상황이 그렇다. 결론부터 말하면, 민주주의가 건강에 긍정적 영향을 미친다는 것은 점차 정설이 되어 가고 있다. 우선 이를 증명하는 통계적인 연구가 많다. 2004년 발표된 스페인 알리칸테 대학 프랑코 교수 팀의 연구,* 그리고 2006년 발표된 런던 대학 베슬리와 구다마츠의 연구**가 비교적 최근에 나온 것들이다.

이런 종류의 연구가 흔히 그렇듯, 결과를 곧이곧대로 받아들이는 것은 위험하다. 대다수가 이른바 생태학적 방법으로 여러 나라를 비교한 것이라 연구 방법만 두고 보면 미심쩍은 구석이 있다. 민주주의를 무엇으로 정의할 것인가 하는 점도 썩 만족스럽지 않다. 그러나 서로 다른 방법을 써도 결과는 비슷하게 나오니 전혀 진실이 담겨 있지 않다고 하기도 어렵다. 여기서는 이에 대해 앞으로 더 많은 연구가 필요하다는 정도로 의례적인 결론을 맺는다.

민주주의와 건강의 관련성에서 시작했지만, 사실 더 큰 관심을 가져야 할 것은 그 너머다. 한마디로, 민주주의가 왜 건강에 좋을까라는 질문이 더 중요하다. 이 역시 결론부터 말하면, 아직은 연구가 충분하지

● Álvaro Franco, Carlos Álvarez-Dardet, and Maria Teresa Ruiz, 2004, "Effect of democracy on health: ecological study," *BMJ*. 2004 December 18, 329(7480), pp. 1421-23.

● ● Timothy Besley and Masayuki Kudamatsu, 2006, "Health and Democracy," *American Economic Review*, 96(2), pp. 313-18.

않아 정확한 경로나 메커니즘을 잘 모른다. 그러나 흔히 두세 가지 가설로 설명한다.

첫째는 민주주의는 대중이 뽑은 사람이 통치하는 제도이므로 소수보다는 다수 서민 대중의 건강에 유리한 정책을 펼 것이라는 해석이다. 공중 보건 정책을 적극적으로 시행하는 것을 근거로 들 수 있다.

두 번째 가설은 (첫 번째와 비슷한데) 민주주의 제도는 선거를 통해 정기적으로 유권자에게 책임을 져야 하므로 유권자가 관심 있어 하는, 즉 건강에 도움이 되는 정책을 주로 채택한다고 설명한다. 두 설명이 비슷해 보이지만, 정치적으로 표현하면 전자는 대표성, 후자는 책무성(책임성)이라고 말한다. 일단, 두 설명 모두 터무니없는 것 같지는 않다. 그러나 실제 이런 메커니즘이 작동하는지는 좀 더 연구를 해봐야 결론을 내릴 수 있을 것이다.

그런데 이런 설명이 거시적이고 추상적이어서 그런지 생생한 현실감이 떨어진다. 그보다는 건강이 참여의 효과라는 설명이 좀 더 설득력이 있어 보인다. 민주주의를 민주주의답게 하는 핵심의 하나가 참여라는 것은 분명하다. 참여가 건강에 긍정적 영향을 미친다면 이것이야말로 민주주의의 건강 효과를 가장 잘 설명할 수 있을 것이다. 그래서 민주주의와 건강의 관련성은 참여를 핵심으로 한다.

참여의 긍정적 효과는 이미 잘 알려져 있다. 사회자본이니 사회적 응집성이니 하는 복잡한 개념을 빌리지 않더라도 참여가 건강에 좋은 영향을 미친다는 것은 이제 확립된 이론에 가깝기 때문이다. 참여가 건강에 왜 도움이 되는지의 인과관계는 또다시 설명해야 하겠지만, 결과적으로 참여가 건강 친화적이라는 것은 그럴 듯하다.

그런데 참여가 건강에 좋은 영향을 미치기 위해서는 그냥 참여에서 끝나서는 안 된다. 단순히 형식적인 민주주의여서도 곤란하다(사실 참여와 민주주의는 다분히 오남용되는 대표적 개념이다). 마땅히 민주적 참여가 기초가 되는 실질적 민주주의여야 한다. 지금까지 이루어진 여러 연구를 종합하면 건강에 좋은 참여는 다음과 같은 것들이다.

첫째, 의사 결정에 민주적으로 참여하는 것이어야 한다. 국가 수준은 물론, 지역과 직장, 학교, 가정에서 민주적으로 참여하는 것은 건강에 긍정적인 영향을 미친다. 충분히 민주적인 참여라면 결과도 과정도 모두 건강에 보탬이 된다. 예를 들어 민주적 의사 결정을 통해 물질적 자원을 공평하게 배분하는 것은 국가부터 가정에 이르는 모든 단계에서 건강 불평등을 줄이고 건강 수준을 향상시킨다. 개발도상국에서 가족 내 민주주의와 양성 평등이 영아 사망률을 줄인다는 것은 유명한 이야기다.

둘째, 평등하고 호혜적인 인간관계, 그리고 이를 바탕으로 한 민주적 사회관계가 사회심리적 건강의 기초가 된다. 흔히 사회적 신뢰와 연결망, 사회자본 같은 것이 건강에 기여한다고 설명한다. 그런데 이런 가치들은 사회적으로는 민주주의 없이 만들어지기 어려운 것들이다. 마피아식의 자기중심적이고 폐쇄적인 의존이 아니라 개방적이고 자율적이며 성찰하는 민주주의가 진정한 사회적 신뢰의 기초가 된다.

셋째, 적극적으로 실천하는 민주주의가 건강에 기여한다. 지역과 직장, 학교 가릴 것 없이 함께 토론하고 문제를 해결하며 공동으로 활동하고 사회 활동에 참여하는 것이 건강에 이롭다. 이런 실천을 넓은 의미에서 바람직한 정치적 삶이라고 불러도 좋을 것이다. 지역사회 단체나 활동에 많이 참여할수록 건강에 이롭다는 연구 결과들은 실천하는 민주주의가 건강에 미치는 힘을 보여 준다.

그래서 정치적으로 민주주의를 확대, 심화하는 것은 중요한 공공 보건 정책이다. 사회 구성원의 건강을 향상시키는 효과로 볼 때 예방접종이나 환경 보건과 다를 바 없다. 물론 건강 효과가 명확하지 않더라도 민주주의와 참여의 가치는 중요하다. 그런데 건강에도 긍정적 영향을 미친다는 데야 중요성은 더 말할 필요도 없다.

이런 민주주의는 단순히 투표와 선거라는 형식과 제도, 현실 정치를 뛰어넘는 사회적 가치이자 실천, 삶의 양식이다. 더 깊고 더 많은 민주주의가 지역, 가정, 직장, 학교 곳곳에서 널리 새로운 삶의 방식이 되어야 한다.

이제 좀 더 구체적인 현실에서 정치와 민주주의를 검토할 차례다. 추상으로서의 민주주의와 참여는 제도를 통해 실현되기 때문이다. 물론 제도라 하더라도 공식적인 것에 한정할 필요는 없다. 지역사회와 공동체는 다양한 통로를 통해 참여와 민주주의를 실험하고 또 실현한다. 이런 비공식적 제도는 공식 제도와 서로 긴장 관계에 있으면서 동시에 의존적이다.

우선은 제도화된 민주주의의 장치를 중요하게 고려해야 한다. 정당과 국회, 사법부 등이 모두 여기에 속한다. 이들을 대의제 민주주의 체제에서 대표적인 국가기구라 불러도 될 것이다. 따라서 민주주의와 참여를 강화하는 것에 가치를 둔다면 일차적으로 대의제 민주주의의 틀속에서 민주적 기제를 어떻게 강화할 것인지가 중요한 과제다.

대의제 민주주의의 불완전성 또한 무시할 수 없다. 직접 참여를 통해 민주적 대표성을 보완하는 것은 필수적이다. 물론 참여와 민주적 대표성은 기계적으로 확정되지 않는다. 기억을 되살리자면, 국가권력과 시장 권력, 그리고 시민 권력의 상호 관계가 민주적 참여의 양과 질을 결정한다.

건강과 보건의료 분야에서는 이런 관점에서 참여와 민주주의의 과제를 도출한 적이 거의 없다. 행정부의 정책 결정이나 정당의 공약 수립에 주로 개인 차원에서 참여한 것이 대부분이며, 전문가 회의나 자문이라는 흔하고 익숙한 방식이 사실상 참여의 전부를 차지한다. 민주적으로 운영되는 국가기구가 민주주의의 요체라고 한다면, 이런 사정은 쉽게 이해하기 어렵다.

시민의 건강과 정당

국가기구들 가운데 정당부터 이야기를 시작해 보자. 보건의료에 종사하는 사람들이 가끔 농담으로 하는 말이 있다. "건강당이나 하나 만들까." 건강이라는 의제가 사회적으로 주목을 받지 못하니 답답해서 하는 소리다.

그러나 전혀 터무니없는 상상이라고 할 수는 없다. 영국의 알렉스 쉬어러Alex Shearer가 쓴 『초콜릿 레볼루션』(이주혜 옮김, 미래인, 2011)이라는 소설에 등장하는 집권 정당이 바로 '국민건강당'Good For You Party이다. 이 책을 바탕으로 한 일본 만화영화 〈초코초코 대작전〉(2008)은 당 이름을 '건전건강당'으로 옮겼지만, 큰 차이는 없다(영어 이름이 전체 주제를 말하는 데에는 좀 더 나은 것 같다).

소설 속 국민건강당은 국민의 건강 보호를 사명으로 하는 정당이다. 이를 달성하기 위한 정강 정책이 초콜릿 금지로, 초콜릿을 비롯해 설탕이 들어간 모든 음식을 엄격하게 통제한다. 초콜릿을 만들거나 유통하는 것까지 막고, 들키면 재교육 수용소에 가두고 뇌를 세척할 정도다. 건강에 그런 속성이 없다고는 못하지만, 너무 많이 나갔다. 국민건강당은 건강을 명분으로 국민을 전체주의적으로 통제하는, 말하자면 극복의 대상이다.

소설은 이 과정에서 벌어지는 이야기를 통해 다양한 주제를 드러내지만, 이 정도 뼈대만 가지고도 지은이가 말하고자 하는 것을 쉽게 어림할 수 있다. 이야기는 정치, 국가, 선거, 민주주의, 참여, 전체주의 같은 것들을 중심으로 진행된다. 그러나 이 소설에서 건강과 국민건강당은 소재나 장치 정도에 지나지 않을 뿐, 본격적으로 정당과 건강이 연결되지는 않는다.

실제 현실에도 건강당이 있기는 하다. 다른 나라에서는 사례를 찾기 어렵고, 그나마 타이완에서 비슷한 이름을 발견할 수 있다. 정당이 많기로 유명한 타이완에는 전민건강연맹全民健康聯盟이라는 당이 있다. 중국의 중화민생당中華民生黨의 영어 이름은 'Health Party of the Republic of China'이다.

그렇지만 이들이 실제 의미가 있는 정당인지는 잘 알 수 없다. 등록된 정당만 백 개가 넘는 그야말로 정당의 백화점 같은 곳이 타이완이다. 게다가 이 정당들이 어떤 정치 활동을 하는지는 별로 알려진 것이 없다. 그러니 건강당이 실재한다고 보기는 어렵다.

국민건강당과 중화민생당은 분명 비현실적이다. 그러나 비현실을 통해 건강과 보건의료에서 정당은 무엇일까라는 근본적인 질문을 제기한다. 그리고 이 질문은 선거, 특히 국회의원 선거가 가까울수록 더욱 진지한 문제가 된다.

총선에서는 국회의원 개인을 선출하는 것과는 별개로 정당을 선택해야 한다. 어떤 의미에서는 대선 때보다 정당을 선택하는 효과가 더 직접적일 수도 있다. 비례대표제를 통해 처음부터 정당을 선택해야 하기 때문이다. 비례대표제가 다수파의 의석 독점을 방지하고 소수와 약자를 공정하게 대표하려는 제도라면, 정당 선택이 갖는 의미는 결코 작지 않다.

이미 강조한 바와 같이, 건강과 보건의료는 정치적 성격을 갖는다. 정치는 정책과 제도, 자원 배분에 강력한 영향을 미치며, 정당과 강한 연관성을 갖는다. 대의 민주주의와 정당정치의 가치를 두고 논란이 많지만, 정당은 현실 정치의 핵심 행위자이기 때문이다. 정당 없는 현실 정치를 상상할 수 없다면, 건강과 보건 역시 정당을 매개로 한 정치의 한 목표이자 대상, 참여자일 수밖에 없다.

하지만 건강과 보건을 정당정치의 틀로 보는 일은 아직도 낯선데, 이는 일차적으로는 건강과 보건 자체의 특성에서 비롯된다. 전문성과 가치중립의 상징 뒤에서 건강은 자연스럽게 비정치적인 것으로 치부되었다.

그러나 그보다 더 중요한 원인은 한국 정당정치 일반의 문제에서 찾을 수 있다고 생각된다. 즉, 정당정치의 '비정치성'을 가장 중요한 요인으로 꼽아야 할 것이다. 미숙하고 불안정한 정당의 정치적 역할은 분야와 상관없이 비슷하게 되풀이된다. 한국의 정당은 절반의 역할을 하는 데에 머물러 있다.

정당정치를 민주주의의 핵심으로 이해했던 정치학자 샤츠슈나이더는『절반의 인민주권』(박수형·현재호 옮김, 후마니타스, 2008)에서 정당이 공직자를 선출하는 데 머무를 뿐 정책 강령을 수립하고 실현하지 못한다면 시민은 절반의 주권자일 뿐 정부를 통제할 수 없다고 주장했다. 그의 말처럼 정책과 지향을 통해 시민의 주권을 실현하지 못하는 한, 정당의 역할은 미완성이고 비정치적이다.

이제 건강과 보건은 그 정치사회적 비중에 값하는 만큼은 정치화되어야 한다. 여기에서 정치화는 더 구체적으로는 대표 체계를 강화하는 것을 뜻한다. 한국 민주주의의 가장 중요한 문제가 허약한 대표 체계라는 최장집 교수의 주장을 받아들인다면, 적어도 제도 내적으로는 사회경제적 내용(이는 곧 건강과 보건에 반영된다)을 최대로 반영하는 대표 체계가 현실의 목표가 될 수밖에 없다. 건강과 보건의 정치사회적 과제는 대표 체계에 적절하게 반영됨으로써 한편으로 제도화되고 다른 한편으로 진보한다.

사회경제적 내용으로서의 건강과 보건의료는 정당의 정강 정책을 바탕으로 그리고 선거를 통해 공식적인 대표 체계 안으로 통합된다. 영리 병원과 건강 불평등을 예로 들자면, 이를 해결하겠다는 정강 정책과 공약을 내건 정당이 정치적 대표 체계에 통합될 때 이 문제를 둘러싼 사회적 갈등은 비로소 제도 내적인 것이 될 수 있다.

이런 방식으로 건강과 보건이 정당정치 속으로 편입되기 위해서는 두 가지 과제가 한꺼번에 충족되어야 한다. 하나는 건강과 보건이 정당 정치 속에서 정치화되는 것, 그리고 다른 하나는 그렇게 정치화된 건강이 선거를 통해 제대로 대표되는 것이다. 이런 과정은 (시간이 조금 걸리겠지만) 다시 건강과 보건의 정치화를 순환적으로 강화한다.

아직까지 총선의 정당 명부에서 건강당은 없었다. 설사 있다 하더라도 그런 방식으로 건강이 대표되어야 하는 것은 아니다. 사회경제적 내용으로서의 건강과 보건은 다른 영역과 제도적 보완성을 가져야 하며, 이는 (바람직하게는) 정당의 총체적인 지향성으로 수렴된다.

다시 말하면, 건강과 보건의 사회경제적 과제와 잘 '정렬되는' 지향을 가진 정당이 선거를 통해 이런 과제를 더 잘 대표하게 만드는 것이 최선의 방법이다. 물론, 그런 정당은 저절로 주어지는 것이 아니라 '육성'되며, 건강과 보건의료 또한 그 안에 저절로 포함되는 것이 아니라 목적을 가지고 통합되어야 한다.

건강 정치를 위한 국회의 기능

중요도에 비해 주목받지 못하는 기관으로 치자면 한국의 국회만 한 데도 많지 않다. 정당도 '미완성'에 머물러 있으나 기대에 못 미치는 국회는 냉소의 대상이 된 지 오래다.

국회의 무력함은 한국 정당의 비정치성과 불완전성 때문일 것이다. 정치철학과 이념과는 크게 관계가 없는 데다 사회경제적 약자는 제대로 대표되지 않는다. 게다가 최근에는 진보 정치가 겪는 어려움까지 보태졌다.

국회에는 더 이상 기대를 걸지 말아야 할까. 차라리 없느니보다 못한 것은 아닐까. 그러나 국회와 의회정치에 대한 기대와 희망을 접을 수는 없다. 의원들이 대오 각성하는 것을 바라거나, 정치 구조가 천지개벽을 할 것 같아서가 아니다. 단숨에 무슨 기막힌 해결책을 내놓으리라는 희망을 가지지도 않는다. 앞으로도 어떤 것은 조금 좋아질 뿐이고 어떤 것은 오히려 나빠질지도 모른다. 정치권력의 성격과 구조가 바뀐 것이 없다면, 벌어질 일도 크게 예상을 벗어나지 않으리라. 그러나 조금도 달라질 것이 없더라도, 기대를 버릴 수 없다. 그 이유는 이렇다.

첫째, 국회는 권력을 갖지 못한 자들의 목소리가 나올 수 있는 유일한 제도적 공간이다. 복잡한 이론을 동원할 것도 없이 정치·경제·행정·사법·언론·학술·문화, 그 모든 영역에서 힘없고 가난한 사람들은 제대로 대표되지 못한다.

의심스러우면 당장 쌍용자동차의 해고 노동자나 한미 FTA로 피해를 입은 농민이 어떻게 대표되는지 찾아보라. 그야말로 한줌도 안 되는 사람들이 내는 쉰 목소리나 보잘것없는 성명서가 전부다. 때로 불법도 감수해야 듣는 사람에게 닿는다.

건강과 보건의료도 다를 바 없다. 영리 병원과 외국인 투자, 의료 관광은 어떤 공론장에서도 과잉 대표된다. 의사와 약사, 병원, 제약회사는 튼튼한 조직과 압도적 자원, 강력한 네트워크를 가졌다. 진료비 인상, 약가 인하, 의약품 슈퍼마켓 판매, 어떤 문제라도 이들이 가진 권력과 무관하게 결정되기 어렵다.

그에 비해 가난하고 힘없는 자들의 건강과 보건은 어떤 통로로도 대표되지 못한다. 단지 몇 가지 사례지만, 약자에게 일방적으로 불리한 건강 불평등이나 가난한 이들을 위한 최소한의 장치인 의료 급여가 논의되는 일은 아주 드물다.

서울시의 잘사는 자치구와 못사는 자치구 사이에 사망 수준의 차이가 10년 만에 1.4배로 더 벌어졌다고 한다(2012년 5월 29일 서울시 발표).

그러나 어느 구가 제일 나으니 하는 관음증적 시각만 무성하고 관심과 논의는 억압된다. 기획재정부가 돈이 많이 든다는 이유로 의료 급여의 환자 부담금을 올리겠다고 해도(2012년 6월 1일 기획재정부 발표), 주류 언론은 '공짜' 복지를 없애는 것이 잘하는 정책이란다. 대상자를 늘리고 혜택을 넓혀야 한다는 주장은 찾아볼 수 없다.

무엇으로도 대표되지 않는 낮고 약한 목소리를 대변하는 것이 국회가 할 일이다. 주먹질과 밤샘 농성을 욕하지만, 그들의 표로 당선된 의원들이 표를 배반하는 것이 민주주의의 진정한 위기다. 끝내 말할 곳을 찾지 못한 이들이 호소할 수 있는 방법이 뻔하다는 점에서 그렇다.

국회에 기대를 거는 두 번째 이유는 국가 수준에서 민주주의를 실천할 수 있는 핵심 제도이기 때문이다. 대의 민주주의 체제에서 국회는 여론을 반영하고 정치교육의 통로가 되며, 대표 기능을 통해 정책과 법률의 토대를 만든다.

한국에서 대중의 일상생활에 영향을 미치는 정책과 법률이 얼마나 비민주적인지를 지적하는 것은 새삼스럽다. 건강과 보건은 전문성이 높다는 이유로 그 정도가 더욱 심하다. 대중의 무지와 무관심을 탓하지만, 제도와 환경이 더 중요하다. 그중에서도 국회가 제 역할을 못한 것이 가장 중요한 원인이다.

조류 인플루엔자의 확산을 막는다는 이유로 일상생활을 심각하게 제약하려면(예컨대, 휴교) 과학적·의학적 근거만으로는 부족하다. 일반 대중이 위험의 정도를 인식하고 조치의 편익과 비용을 판단하는 민주적 참여와 토론 과정이 필요하다. 국회를 빼고는 당장 대안이 될 만한 참여와 토론 공간을 생각하기 힘들다.

의원내각제이고 주 의회라 한국과 평면적으로 비교하기는 어렵지만, 오스트레일리아 뉴사우스웨일스 주 의회가 흡연 정책을 토론하는 과정은 교과서에 가깝다. 우리 국회와 얼마나 다른지 비교해 보는 것도 흥미롭다. 담배 정책은 대표적인 공중 보건 정책인 동시에 가치들 간의 갈등이 나타나는 전형적인 정책이다. 흔히 공중 보건을 위한 규제의 필요성과 개인의 자유가 충돌한다. 담배세 인상이나 광고 정책에서도 관점에 따라 찬반이 나뉘고 같은 방향 안에서도 강도가 달라진다. 어떤 결정보다 참여와 토론, 합의가 중요한 정책에 속한다.

뉴사우스웨일스 주 의회는 1980년부터 담배 정책을 논의하기 시작해 1986년 처음으로 담뱃갑에 경고 문구를 넣는 법안을 통과시켰다. 이후 광고 금지, 의회 건물 안에서의 금연, 청소년 담배 판매, 자동차 안에서의 흡연, 작업장 내 흡연, 청소년 흡연 등의 문제를 하나하나 토론하고 법으로 만들었다. 사회적으로 끊임없이 논쟁이 벌어졌고, 한 가지 정책이 법으로 만들어지는 데에 2~3년이 걸렸다. 의회는 이 과정에서 사회적 토론을 받아 논의를 심화시키고 결론을 내리는 역할을 했다.

참여를 촉진하고 민주적인 토론을 하기 위해 의회는 다양한 방법을 사용했다. 예를 들어 의원들에게 10분씩 시간을 주고 어떤 주제든 이야기할 수 있는 포럼을 조직했다. 당연한 결과지만, 참여자가 늘고 다양한 관점이 제시되었으며, 토론의 범위도 넓어졌다. 의회에서의 논의는 사회로 되돌아가 다시 토론을 확대하고 진전시키는 역할을 했다.

이런 오스트레일리아의 사례는 아주 특별한 것이 아니다. '선진' 외국의 의회가 하는 역할에 비하면 한국에서 국회가 하는 기능은 최소한에 그친다. 건강과 보건의료에서 그 차이는 더욱 크다. 과거 한국의 국회가 이런 과정을 통해 담배 정책을 '형성'하지 못한 것은 분명하다. 다른 건강 정책, 의료 정책도 크게 다르지 않았다. 그러나 계속 이런 상태에 머물 수는 없다. 앞으로 건강과 보건 정책을 결정하기까지 다양한 가치와 더 많은 이해관계의 충돌이 있을 것이다. 앞에서 지적한 불평등한 대표성의 문제는 말할 것도 없다.

국회는 어떤 제도를 통해서도 대표되지 못하는 정치적·사회경제적 약자를 대표해야 한다. 또한 참여와 토론을 통해 중요한 자원을 배분하고 갈등을 조정하는 정치의 중심이 되어야 마땅하다. 국회에서 정치가 제대로 살아나기를 기대한다.

사법부가 시민 건강에 기여하려면

민주주의와 참여의 관점에서 사법부의 기능이나 책임을 제대로 규정하기는 쉽지 않다. 사법부는 강력한 권한을 가지면서도 (적어도 한국에서는) 선출되지 않는다. 민주주의 체제에서 이런 사법부의 위상은 때로

곤혹스럽다.

건강과 보건의료를 사회적으로 결정하는 문제에서도 그렇다. 오로지 법원의 판단만으로 다수에게 심대한 영향을 미치는 결정을 내리는 것을 어떻게 보아야 할까. 2012년 6월 18일 대법원은 '임의 비급여' 관행을 일부 인정하는 취지의 판결을 내렸다. 건강보험에서는 급여 기준을 지켜 진료해야 하지만 '임의로' 그 기준을 벗어난 치료를 한 다음 환자에게 비용을 부담시키는 것을 임의 비급여라고 부른다. 여기에 해당된다고 인정되면 실제 치료를 했다 하더라도 병원은 환자에게 비용을 돌려주어야 한다. 법원의 새로운 판단은, 일정한 조건을 갖추고 병원 쪽이 이를 증명하면 임의 비급여도 인정할 수 있다는 것이었다.

일반 사람들은 잘 모른 채 지나갔지만, 대법원의 이 판결로 말미암아 정부의 정책, 병원, 환자가 모두 큰 영향을 받게 되었다. 환자의 부담이 늘어나고 의학적으로 검증되지 않은 진료가 임의 비급여라는 좋은 피난처를 갖게 된 것이다.

사실 임의 비급여는 한편으로 기술적인 문제이고, 다른 한편으로는 이해관계가 날카롭게 충돌하는 정치적 문제이다. 매우 기술적인 동시에 정치적인 문제를 사법부가 판단하도록 맡긴 것이다. 되돌아보면 임의 비급여가 첫 사례인 것은 아니다.

헌법재판까지 포함하면 굵직굵직한 사례만 하더라도 여럿이다. 건강보험 통합, 당연 지정제(모든 의료 기관이 건강보험 환자를 진료하도록 강제하는 제도), 의약품 가격 인하 등 사법적 판단을 통해 결정된 제도나 정책을 인터넷 검색만으로도 금방 찾을 수 있다. 게다가 점점 더 많은 정책들이 사법부의 판단에 맡겨질 조짐을 보인다. 이해관계가 얽히고 갈등이 커질수록 사법부에 의존하는 경향은 더욱 커질 전망이다.

그러고 보면 사회 여러 분야에서 '사법화' 경향이 뚜렷하다. 지난 10여 년 동안 쉽게 떠올릴 수 있는 것만 꼽아 보더라도 그렇다. 5·18 과거 청산, 대통령 탄핵, 신행정수도 건설, 이라크 파병, 존엄사 허용, 양심적 병역 거부 등의 논쟁적 사안이 재판을 통해 결정되었다.

사법화는 무엇이 문제일까. 우선 문제가 되는 것은 결정의 근거와 정당성이다. 사법부는 흔히 '중립적'이라고들 생각하며, 이것이 가장 중요한 존립 근거의 하나다. 하지만 이는 허위의식에 가깝다. 숨겨진 가치나 판단 기준이 작용한다는 것을 누구도 모르지 않는다. 신행정수도 건설이나 양심적 병역 거부를 판단하는 데에 가치가 들어가지 않는다면 그것이 더 이상하다.

보건의료 정책도 마찬가지다. 정도의 차이는 있겠지만 정책을 사법적으로 판단하는 것은 개인 간의 분쟁이나 과정의 잘잘못을 따지는 것 이상의 의미를 갖는다. 특히 영리 병원을 인정할 것인가의 문제나 건강보험의 보장 범위를 어디까지 넓힐 것인가의 문제처럼, 사회를 구성하는 원리인 가치와 이념이 대상이 되면 사법적 판단의 '정치화'는 피할 수 없다. 나아가 실무적·기술적으로 보이는 문제도 가치판단을 완전히 없애는 것은 불가능하다.

크게 봐서 정치와 정책의 사법화는 피할 수 없을지도 모른다. 하지만 그렇다 하더라도 사법적 판단이 시민의 일상을 결정하고 때로 통제한다면, 정당성의 근거와 조건이 무엇인지 물어야 한다.

사법 심사의 정당성과 관련해 가장 많이 하는 말은 '법치'이다. 법치란 사람의 지배, 곧 인치에 대립하는 말로, 몇 사람이 제멋대로 결정하고 통치하는 인치를 대신한다. 이는 민주적 의사 결정의 중요한 요소임을 부인할 수 없다.

그러나 법치와 민주주의가 항상 조화로운 것은 아니다. 셰보르스키 등이 쓴 『민주주의와 법의 지배』(송호창·안규남 옮김, 후마니타스, 2008)에 소개된 독일 사례를 보자. 1930년대 독일 민주주의를 붕괴시키는 데에 결정적인 역할을 한 것은 사법부였다. 바이마르 민주주의 체제 아래서 사법부는 법률적·정치적으로 독립되어 있었다. 그러나 그들은 중립적이지 않았다.

사법부는 좌파를 억압했고 극우에 대해서는 관대했다. 1918~22년 사이 우익 행동대는 308건의 살인을 저지르고도 11명만 유죄판결을 받았다. 이에 비해 좌파 행동대는 21건의 살인 사건으로 37명이 유죄판결을 받아, 47배나 더 많이 처벌되었다.

이와 같이 바이마르 공화국의 사법부는 극우 세력을 뒷받침하는 한편 민주주의 지지 세력은 억압했다. 반민주주의적 정치인들이 민주주의의 위기를 활용해 민주주의를 파괴할 때 결정적인 도움을 준 것이 바로 법원이었던 것이다.

이를 극단적이고 예외적인 사례라고만 볼 수는 없다. 어떤 의미에서든 사법적 판단이 편향성을 가지고 있다는 비판은 적지 않다. 힘 있는 자들의 이해와 주류 이데올로기를 충실하게 옹호한다는 비판이 대표적이다.

그렇다고 사법부의 기능이 전혀 의미가 없다고 하기는 이르다. 영국 옥스퍼드 대학의 인권법 학자인 프레드먼은 법원이 특히 인권의 보호와 증진에 긍정적인 역할을 할 수 있다고 주장한다. 법원이 민주적 압력을 위한 촉매 역할을 할 수 있다는 것이다. 이는 반민주적이거나 무능한 정부를 제대로 작동할 수 있도록 견인하는 역할을 뜻한다.

제대로 할 수만 있다면 법원의 역할은 결코 가볍지 않다. 정치적 책무성의 강화, 심의 민주주의의 촉진, 평등의 장려 등이 포함된다. 이를 통해 사법부는 평등한 시민들 간의 사회적 대화를 촉진하는 도구가 될 수 있다는 것이 프레드먼의 주장이다.

두 주장에서 보듯이, 사법부는 민주주의 파괴에 기여하기도 하며, 반대로 인권을 옹호하고 확대하는 역할을 하기도 한다. 순전히 이론적으로만 보면 한국에서도 영업의 자유보다 가난한 사람의 건강권이 더 중요하다고 판결할 수 있다. 물론 현실에서는 건강보험 운영에서 사회적 연대의 원리보다 봉급생활자의 재산권 보호가 더 우선이라고 판단할 가능성이 크다.

다시 『민주주의와 법의 지배』를 보자. 사법적 판단의 민주적 정당성을 가르는 기준은 '사회적 통제'societal accountability이다. 여기서 사회적 통제란 민주주의를 지켜 내기 위해 시민사회가 일상적으로 벌이는 감시와 요구 활동을 말한다. 민주주의와 법의 지배가 만나기 위해서는 선거와 제도, 삼권분립만으로는 부족하다. 시민 참여 재판과 같은 제도적 형식은 아주 작은 부분에 지나지 않는다. 사회적 통제가 뒷받침되어야 사법적 판단이 민주적 정당성을 확보할 수 있다. 사법부가 시민사회에 귀기울여야 하는 이유이다.

또한 사회적 통제는 사법적 판단의 주체와 상호작용을 통해 작동한다. 이때 법률 해석과 판단에 개입하는 법관의 선先이해가 중요한 것은 두말할 필요가 없다. 이는 전적으로 어떤 법관이 법원을 구성하는가의 문제이다. 인권의 확장과 민주주의의 발전이라는 측면에서 현재 한국의 법원이 어떻게 구성되어 있는가는 다시 따져 물을 필요도 없다.

대법원이나 헌법재판소의 재판관을 새로 결정할 때마다 논란이 일어난다. 그러나 어떤 논란도 재판관 선임의 기존 구조를 넘어서지는 못했다. 대법관이나 헌법재판관은 '50대 중후반, 서울대학교 출신, 남성'이라는, '정통' 법관의 틀을 벗어나야 뉴스거리가 될 정도이다.

지역 안배, 검찰과 법원의 균형, 약간의 여성 할당 등이 지난 몇십년간의 최대치였다. 이런 구성으로는 사법적 판단의 민주적 정당성을 확보할 수 없다. 이들 법관이 법률을 해석하고 판단할 때 얼마나 치우쳐 있을지는 따져 보지 않아도 충분히 짐작할 수 있다.

다시 말하지만, 사법은 기술이 아니다. 민주주의를 옹호하고 촉진하는 법치를 구현하기 위해서는 사법부의 민주화가 절실하다. 검사와 판사를 투표로 뽑는 외국의 사례는 이런 고민을 반영한 결과이다. 구체적인 실천 방식은 다르지만, 사법부에서도 민주주의와 참여의 과제는 여전히 유효하다.

많은 사람이 정치에 관심을 갖지만 때로 한국의 현실 정치는 숙고熟考(혹은 숙의)의 대상이기보다는 조롱과 개그의 대상이다. 무능한 정당, 민의를 충분히 대변하지 못하는 정치인, 이들이 합작한 '불임'의 정치는 정치 혐오를 불러오는 유력한 근거였다.

그러나 정치는 현실 정치, 그 이상을 의미한다. 원론적으로 말하자면 정치는 인간의 핵심적 사회 활동이다. 정치학자 이스턴이 말한 대로 정치 체계가 "권위를 가지고 사회적 가치를 배분"하는 체계라면, 정치는 어떤 경우라도 피하거나 무시될 수 없다. 현실 정치가 조롱의 대상이 되고 있다 하더라도 정치가 중요한 것은 이 때문이다. 가장 중요한 정치적 행위가 일어나고 그 영향과 파급력 또한 가장 강력한, 가치를 둘러싼 치열한 싸움터이자 타협과 조정의 현장이기 때문이다.

이런 이유 때문에 현실 정치는 여전히 진지함과 열정의 대상이 되어야 마땅하다. 단, 한 가지 조건을 만족해야 한다. 그것은 사회적 가치를 배분하되 권위를 가져야 한다는 것이다. 현실 정치는 무엇으로 이런 조건을 충족시킬 수 있을까.

정치는 사회적인 숙고를 통해 스스로를 단단하게 할 수밖에 없다. 의제를 만들고 성찰과 토론, 합의를 촉매하는 길고 지루한 과정(이를 숙고라고 할 수 있을 것이다)이야말로 정치가 제 노릇을 다할 수 있는 본래의 영역이다. 언뜻 보면 터무니없는 정쟁을 일삼는 것처럼 보여도 적어도 일부에서는 서로 다른 의견을 제출하고 토론을 거쳐 합의에 이르는 '숙고'가 이루어지고 있다.

시민이 참여하는
건강 민주주의

　　현실 정치의 가치와 의미를 인정하더라도 많은 과제가 남는다. 대표적인 의문은 어떻게 숙고가 가능하고 그 과정을 촉진할 수 있을까 하는 점이다. 앞에서도 말했듯이, 정치가 가치 있는 것을 '권위 있게' 배분할 수 있을 정도의 권위를 갖기 위해서는 숙고의 과정을 거치지 않으면 안 된다.

공약 없는 선거와 숙의 민주주의

숙고는 민주주의를 작동시키고 정당성을 부여하는 가장 강력한 근거가 된다. 그렇다면 현실에서 숙고는 어디에서 어떻게 가능한가. 흔히 의사 표현과 언론의 자유, 시민의 참여, 자발적 결사체, 공론장에서 이루어지는 토론, 민주주의 훈련 같은 것들을 숙고의 조건 또는 방법으로 꼽는다. 이 때문에 숙의 민주주의를 말하는 사람들은 이런 과정을 거치지 않는 투표는 진정한 민주주의의 실천이 아니라고 말한다.

그렇지만 숙고의 현실적 조건은 매우 열악하다. 한국에서는 더욱 그렇다. 자유롭고 공정한 언론, 자발적 결사체, 공론장 등은 빈약하거나 미숙한 상태다. 숙고가 필요하다는 규범적 요구보다 숙고의 조건에 더 큰 관심을 갖는 것도 이 때문이다.

그런 점에서 선거는 숙고를 매개하는 정치의 가능성과 실제 효과를 가장 잘 드러내는 틀이라 해도 무방하다. 참여를 토대로 해서 더 좋은 사회의 모습을 합의해 나가는 과정을 제도화한 것이 선거이기 때문이다.

하지만 불완전한 제도라는 것도 분명하다. 선거를 명분으로 삼아 비민주적 결정을 정당화하는 사례도 많다. 다수의 맹목적 결정에 실망할 수도 있다. 대의 민주주의가 실현된 이후 대표성과 민주성을 회의하는 일은 늘 있었다.

의심과 회의가 존재하는 가운데에서도 민주주의의 발전을 위한 선거의 역할을 완전히 부인하기는 아직 이르다. 선거를 통한 대의제가 불완전하게나마 참여자의 이성과 욕망을 동시에 반영해 왔기 때문이다. 또한 이 과정에서 시민들에게 민주주의를 훈련하고 제도를 재조정하는 역할도 무시할 수 없다.

선거는 어떤 조건에서도 문제를 드러내고 경쟁적 대안을 형성한다. 최소한 의제를 만들어 내는 역할을 피할 수는 없다. 물론 의제가 만들어졌다고 해서 숙고가 저절로 일어나는 것은 아니다. 그러나 적어도 한국적 현실에서는, 선거가 그 무엇과도 비교할 수 없는 숙고의 계기를 제공한다는 점을 부인하기 어렵다.

또한 숙고를 통한 민주주의라는 시각에서 선거는 일회적 사건이 아니며 그 결과만 중요한 것도 아니다. 예를 들어 보편적 복지라는 한국 사회의 의제가 숙고의 대상이 되어야 한다면, 선거는 이 과정을 촉진하고 논의를 진전시키는 중요한 계기가 될 수 있다. 언론과 같은 공식 매체는 물론이고 비공식적인 공간과 경로를 통해서도 여러 형태로 숙고의 과정이 진행된다.

그렇다면 선거가 숙고의 기능을 수행하는 현실적 통로는 무엇일까? 바로 공약이다. 공약은 숙고의 출발이자 그 과정을 규율하는 틀로 작용한다. 선거가 어떤 약속을 두고 경쟁하는 제도인 한, 그 어떤 불완전한 선거도 이런 역할을 할 수밖에 없다는 점을 특히 주목해야 한다. 흔히 사람으로 의인화된 그 약속에 대중이 반응하고 미래를 걸기 때문이다. 더구나 선거가 어떤 형태로든 결정을 위한 것이라면 그 구속력 때문에도 공약은 숙고를 촉진한다.

어떤 정당이 지역 선거에서 대기업을 유치하겠다는 공약을 내걸었다고 하자. 이는 대기업 유치의 효과가 무엇이고 부작용은 어떤 것이며 어떤 가치가 있는지, 문제를 제기하고 토론하며 합의에 이르는 단초를 제공한다. 지역이 발전한다는 것은 어떤 의미이며, 어떤 방법으로 그것이 가능한지에 대해 생각하고 토론하는 것은 이런 과정을 통해 이루어질 집단적 경험일 것이다.

이런 식의 숙고 과정이 당장 최선의 결정을 보장하는 것은 아니다. 숙고 과정에 기초한 대표 체계가 만들어지리란 법도 없다. 그러나 어떤 의미에서는, 과정이 더 중요할 수 있다. 투표의 결과는 숙고의 과정을 부분적으로만 반영할 뿐이다.

물론 원론에 비해 현실은 매우 척박하다. 대부분의 사람들은 각 정당과 정파가 어떤 공약으로 다수당이 되겠다고 하는지 잘 모른다. 선거마다 큰 차이가 없으며, 대통령 선거라고 해도 크게 다르지 않다. 잘 알수 없으니 숙고를 촉발하거나 촉진하는 일은 드물 수밖에 없다.

그 이유는 유권자가 아니라 주로 정당에 있다. 유력한 정당들이 발표하는 공약조차 쉽게 접근하기 어렵다. 막상 내용을 봐도 구체적이지 않고 설명이 없는 것도 많다. 널리 홍보하지 않고 정견 발표나 토론에서도 큰 비중을 차지하지 못한다. 얼마나 진정성이 있는지 의심스러울 수밖에 없다.

건강과 보건의료 공약은 사정이 더 나쁘다. 일차적으로 전문적이고 기술적인 내용이 많기 때문이다. 어렵고 복잡하니 공약을 만드는 단계부터 전문가에게 크게 의존하게 된다. 따라서 정당 내부에서, 그리고 사회적으로 정치적 의제가 만들어지고 토론 대상이 되기 어렵다. 숙고의 기본 조건조차 갖추지 못한 셈이다.

미국의 정치학자 거트만Amy Gutmann과 톰슨 Dennis Thompson은 숙의 민주주의가 갖추어야 할 몇 가지 조건을 꼽았다. 가장 중요한 조건은 의사 결정의 근거와 합리적 이유가 제시되어야 한다는 것이다. 또한 제시된 이유와 근거에 관련자 모두가 쉽게 접근할 수 있어야 한다는 것도 중요하다.

이 조건들이 충족되려면 두 가지 의미에서 공공성이 필요하다. 하나는 숙고 자체가 공공 영역에서 진행되어야 한다는 것이고, 다른 하나는 시민들이 그 내용을 쉽게 이해할 수 있어야 한다는 것이다.

이는 숙의 민주주의 전반에 해당하지만, 공약을 통해 숙고가 이루어지기 위해서도 비슷한 조건들이 필요하다. 우선 공약 자체가 적절하고 합리적이어야 하며, 모든 사람이 공약에 쉽게 접근할 수 있어야 한다.

접근성은 단지 물리적 접근성뿐 아니라만 사회적·문화적 측면을 모두 포함한다. 또한 공공 영역에서 공약을 토론할 수 있어야 하고, 유권자 모두가 그 과정과 내용을 쉽게 이해할 수 있어야 할 것이다.

현재 한국의 정치 지형에서 이런 조건이 충족된다고 보기는 어렵다. 가장 우선순위가 높은 과제는 정당의 개혁이다. 그중에서도 우선 정당이 제대로 된 공약을 내놓아야 한다. 그리고 거기에는 판단과 토론을 요청하는 근거와 합리적 이유가 제시되어 있어야 한다. 그래야 숙고를 시작할 수 있다.

건강과 보건의료 분야도 마찬가지다. 예를 들어 이제 보편적 복지와 무상 의료, 건강보험의 보장성 등은 찬반을 떠나 누구도 부인할 수 없는 사회적 의제가 되었다. 앞으로 있을 선거에서도 표현만 다를 뿐 마찬가지일 것이다. 이런 의제를 공약에 담아 유권자에게 토론과 숙고를 요청해야 한다.

결과적으로 찬성하든 반대하든 토론과 숙고 없이 새로운 정책과 제도의 튼튼한 기초가 만들어지기는 불가능하다. 유권자가 공약을 바탕으로 생각하고 토론하고 판단하지 않는 한, 선거와 정치는 값비싼 낭비에 그친다. 정당은 선거와 공약을 통해 민주주의와 참여를 촉진하는 소명을 다할 책임이 있다.

시민이 만드는 건강 공약

제도 정당의 무력함은 어제오늘 일이 아니다. 대통령 선거공약을 자체적으로 만들 수 있게 된 것도 불과 얼마 전부터이다. 양대 정당조차 상당수 공약을 '외주'에 의존하는 것이 현실이다. 사정이 이런데 공약을 통한 숙고는 꿈꾸기 어렵다.

하지만 체계화된 숙고 과정이 없다고 해서, 그리고 정당이 직접 만든 것이 적다고 해서 그 공약이 아무 의미가 없는 것은 아니다. 허술하고 엉성해도 공약은 '유사' 참여의 결과물이었던 적이 많다. 차마 선거라고 할 수도 없었던, 예컨대 체육관에서 간접선거로 대통령을 선출했을 때조차 공약 비슷한 것이 있었다.

또한 그 시절의 공약도 완전히 진공상태에서 만들어진 것은 아니다. 전두환 정부가 내걸었던 '민주복지국가'라는 공약을 독재 정권의 자기합리화라고만 볼 수 없는 이유다. 환상적이면서도 아주 조숙한 이 약속은 나름대로 대중이 바라는 것을 반영한 것이었다. 물론 이를 스스로 기만하고 배반했지만 말이다.

어떤 정부든 — 봉건 왕조나 극단적인 독재국가에서도 — 정치적 정당성을 얻기 위해서는 피치자에게 (부분적이라도) 의존해야 한다. 눈치를 봐야 했던 것은 전두환 정권에서도 마찬가지였다. 그런 점에서 정치적 약속인 선거공약은, 여전히 불완전하지만, 우리 사회가 가진 문제점과 해결책을 드러낸다. 좀 더 정확하게 말하자면, 우리 사회가 지향하는 미래의 모습이 무엇인가를 둘러싸고 '경쟁하는 대안'이 바로 공약이다. 대통령 선거공약은 특히 더 그렇다.

그러나 지금까지 공약은 어느 선거 할 것 없이 '역사적' 중요성에 비해 터무니없이 부실했다. 일부 내용을 갖추었다 해도, 그리고 대의 민주주의의 한계를 인정한다 해도, 예외 없이 하향식을 벗어나지 못했다. 유권자는 공약의 일방적 소비자 구실밖에 할 수 없었고, 그나마 할 수 있는 일은 소수의 공약 가운데서 선택하는 것뿐이었다.

공약이 얼마나 민주적이지 않은 방식으로 만들어졌는가는 새삼 물을 필요도 없다. 극히 소수의 전문가(정치 전문가든 기술 전문가든)가 기획과 제작을 담당했다. 물론, 소수 정예에 의존한다 해서 외부의 자극과 요구에 둔감한 것은 아니다. 민의를 반영한다는 이유로 유권자의 입맛에 맞는 약속들이 오히려 강조되기도 한다. 그러나 이런 민감함은 흔히 조직화된 이익만을 일방적으로 반영하기 때문에 차별과 불평등을 낳을 수 있다. 서로 다른 사회경제적 지향을 가진 정당의 공약이 결국 비슷해지는 것도, 때로는 후보 개인의 경험과 취향이 큰 영향을 미치는 것도, 선거공약이 폐쇄적으로 만들어지기 때문이다.

공약이 하루아침에 만들어지는 것은 아니다. 정당 조직을 기초로 이루어지는 상시적인 정치 활동이 공약의 토대가 된다. 영국 노동당이 주장하는 의료 정책은 최소 몇십 년은 고치고 다듬은 것들이다. 선거 때 제시할 공약을 그때그때 새로 만들어야 한다면 정당의 이념과 철학은 왜 필요하고 일상에서 정당은 왜 필요한 것일까.

공약이 정당의 정치적 지향과 활동을 기초로 하면서도 사회적 합의를 위한 매개가 되기 위해서는 민주적 참여와 숙고의 과정을 거쳐야 한다. 이런 과정은 일시적이거나 단절된 것이 아니라 정당 활동 속에 자연스럽게 통합된 것이다. 따라서 공약을 생산하는 참여와 숙고의 과정이 얼마나 효과적인가는 거의 전적으로 정당의 역량에 따라 결정된다. 그러나 아쉽게도 한국의 정당에 기대를 걸기는 아직 이른 것 같다.

건강 공약을 만드는 데에는 기존 정치 구조의 취약성이 특히 두드러진다. 전문적인 분야라는 강한 인식, 비정치적인 분야라는 생각 때문이 아닐까 싶다. 물론, 아예 내놓고 건강이 중요하지 않다고 말하는 사람은 드물다. 대통령이 되겠다는 사람들도 유력한 정당들도 마찬가지다.

그 결과 극히 일부 민감한 문제를 제외하면 선거에서 별로 다툴(또는 다룰) 것이 없다고 생각하는 사람이 많다. 그나마 건강보험의 보장성이나 비용 정도가 논란이 될까, 그 밖의 논의는 하향적이고 기술적인 차원을 벗어나지 못한다. 일부러 문제를 만들 필요가 없다는 경우까지 있다. 한마디로 건강 공약은 양과 질 모두가 부실하다.

건강 정책이 전문적이고 기술적이라는 인식이 강한 만큼 선거와 공약을 통한 정치화와 숙고는 더욱 중요하다. 물론 여기서 중심 역할을 해야 하는 것은 정당이다. 그러나 정당과 제도 정치에만(그리고 그 틀 안에 있는 전문가에게만) 의존할 수도 없다.

더구나 기존 정치 구조 안에서 건강은 좀처럼 정치화되지 않는다. 변화를 일으키기 위해서는 시민 권력이 중요한 역할을 해야 한다. 국가 권력과 시민 권력의 관계로 볼 때도, 시민 권력이 불러일으키는 긴장과 자극은 국가권력을 견제하고 통제한다는 점에서 의미가 있다.

이는 조직화·정치화의 수준은 아직 낮지만, 대중과 시민이 스스로 대안 세력을 자임하는 중요한 이유이다. 사실, 그동안 선거 때마다 시민운동이나 사회단체는 소극적 형식이나마 여러 가지 요구를 제기해 왔다. 따라서 역사를 따지자면 시민사회가 정당의 공약에 영향을 미치려고 노력한 것은 오래되었다. 물론 과거나 현재나 시민사회가 정당의 역할을 대신해서 공약을 생산하려는 것은 아니다.

몇 년 전부터는 민주주의적 대안을 만드는 과정에서 참여의 새로운 형식과 내용을 모색하는 기운이 높다. 이 점에서는 지방정부가 중앙정부보다 앞서 있고 여건도 좀 더 낫다. 몇몇 연구소나 언론이 선거 시기에 일반인의 의견이 반영된 정책을 제안한 것도 비슷한 시도로 볼 수 있다.

그렇지만 건강 이슈에 초점을 맞춘 참여의 움직임은 여전히 미약하다. 그런 시도를 할 기반이 충실하지 못하다는 것이 가장 중요한 문제다. 기본이 되는 원리와 가치부터 형식과 기술적 문제에 이르기까지 보태고 수준을 높일 것이 많다. 시민 권력 역시 건강과 보건의료의 전문성 신화를 극복하지 못하고 있다.

그런 중에서도 몇 가지 시도는 주목할 만하다. 대표적인 것이 민간 연구소인 시민건강증진연구소가 2012년의 18대 대통령 선거 기간 중에 시도한 시민 참여형 공약 만들기다('시민이 만드는 건강 공약'이라고 이름 붙인 이 시도는 시민건강증진연구소 홈페이지http://health.re.kr에서 경과와 보고서를 찾아 볼 수 있다). 시민건강증진연구소는 이전부터 민주적 참여가 새로운 건강 체계를 만드는 데 핵심적인 조건이라고 주장해 왔다. 이런 맥락에서 대통령 선거를 계기로 좀 더 체계적으로 참여와 토론, 합의 과정을 거쳐 공약을 만들려고 한 것이다. 연구소는 모두 39명의 시민을 참여시킨 가운데 하루 동안의 토론과 숙고 과정을 거쳐 스물네 가지 공약을 만들었다.

현재로서는 이 공약의 목록이나 내용이 무엇이었는가 하는 결과물은 그리 중요하지 않다. 또 정당의 기능을 대신하려고 한 것이 아니니 실제 선거공약에 얼마나 반영되었는가는 이차적 문제다. 그보다는 오히려 민주적 참여와 숙고라는 과정을 염두에 둔 것이고 사회적으로 가능성을 실험했다는 데에 뜻이 있다. 실험의 결론은 충분한 가치와 가능성을 확인했다는 것이다. 제도화는 또 다른 문제지만, 한국 사회에서 건강 정책을 숙고의 대상으로 삼았다는 것 자체를 의미 있는 진전으로 봐야 할 것이다.

시민 참여가 정당의 기능을 모두 대신할 수 없고 그렇게 되는 것이 바람직하지도 않다. 그런 관점에서 시민 참여형 공약 만들기는 정당과 시민사회의 상호 관계와 긴장이라는 틀 속에서 의의를 찾을 수 있다. 새로운 건강 거버넌스의 관심을 불러일으키고 시민사회의 다양한 협력이 시작되는 계기를 제공한다는 점도 중요하다.

투표가 바꾸는 건강 정책

2012년 대통령 선거의 기억이 새롭다. 많은 사람들이 서로 다른 이유로 기대를 걸었고, 또 다른 이유로 절망했다. 절망이라 하면 48퍼센트의 득표를 하고도 선거에 패배한 야권 후보를 떠올릴 터이나 꼭 그렇지도 않다.

많은 사람이 절망한 이유 중 하나는 한국 정치의 지체 현상이다. 앞에서 공약과 선거를 통한 숙고를 말했지만, 그런 점에서 지난 대통령 선거에서는 전혀 나아진 점을 발견할 수 없었다. 분별없는 열정 이외의 것을 찾기 어려웠다. 게다가 사회적·경제적 약자에 대한 정치적 대표라는 측면에서는 10년 전보다 오히려 크게 후퇴했다. 불평등과 양극화는 어느 때보다 심해졌지만, 정치는 세계경제만 탓할 뿐 무기력했다.

건강의 시각에서 봐도 매한가지다. 불평등과 빈곤이 기본적인 인권마저 짓밟고 있지만, 문제도 제기되지 못했다. 선거를 통해 '좋은' 또는 덜 나쁜 대통령이 선출될 것에 막연히 기대를 거는 수준이었다. 심지어 많은 사람이 투표를 포기했고 결과에 냉소했다. 무엇인가 바뀌리라 크게 기대하지도 않았고 그 기대는 대체로 들어맞았다.

좋은 정치란 대체 무엇인가. 선거에서 누군가를 잘 뽑는다는 것이 무슨 의미가 있을까. 현실에 어떤 희망을 품기보다는 이제라도 차근차근 바닥을 다져야 하는 것은 아닐까.

대통령 한 사람이, 또는 그가 대표하는 어떤 정부가 벼락같은 미래를 선물하지 못한다는 것을 많은 사람들이 알고 있다. 대통령과 그의 정부가 메시아가 될 수는 없다. 그렇다면 보통 사람들은 무엇을 바라면서 투표장에 가야 하는가.

이제 한국에서도 제법 익숙한 주민참여예산제가 약간의 실마리가 될지도 모르겠다. 사실 이 제도는 1989년, 브라질의 포르투 알레그레 Porto Alegre에서 시작되었다. 처음에는 상당히 급진적으로 보이던 제도였는데 세계은행을 거쳐 이제 한국의 제도권에까지 진출했다. 브라질 국내에서는 두말할 필요도 없다. 포르투 알레그레 이후 10년이 지나기도 전에 1백 개가 넘는 지자체가 이 제도를 받아들였을 정도다.

브라질의 제도가 한국의 주민참여예산제와 같다고 생각하면 잘못이다. 주민의 의견을 듣거나 참고하는 데 그치지 않고 실제로 결정을 내린다는 것이 결정적 차이다. 이 제도는 처음 의회 권력의 열세를 우회하려던 브라질 노동자당PT의 시도에서 출발했다. 하지만 작은 시도는 선거가 거듭되면서 제도화된 권력이 되었다. 참여의 제도화라고 할 수도 있다.

브라질의 실험은 참여예산제에 멈추지 않고, 다른 분야에서도 비슷한 시도가 이어졌는데, 보건 분야에서도 마찬가지였다. 세계적으로 유명해진 '민중건강평의회'는 참여예산제가 모양만 달리한 것이다. 1994년부터 시작해서 이제는 전국적으로 5천 개 이상의 평의회가 만들어져 10만 명 이상의 주민이 보건 예산 결정에 권력을 행사한다. 여기서도 참여는 제도로 굳어졌다.

그렇다고 이런 식의 참여가 갖는 의미를 과장할 필요는 없다. 최하층은 여전히 배제되고 있으며, 자세히 들여다보면 참여의 질이 들쭉날쭉 고르지 못한 데다 실제 운영에도 한계가 적지 않다. 게다가 무엇이 좋아졌는지 효과가 의심스럽다는 주장도 있다.

전통적 기준을 적용해 이 제도가 얼마나 성공했는지 물을 수도 있다. 신공공관리new public management의 세례를 받은 행정이 늘 하듯이, 예산을 얼마나 효율적으로 썼는지, 얼마나 낭비가 적었는지를 따지는 것이다. 그러나 정말 관심을 기울여야 하는 문제는 따로 있다.

초점은 제도의 변화(이 경우에는 참여예산제나 민중건강평의회)가 참여와 민주주의를 얼마나 촉진했는가 하는 점이다. 새로운 대안을 추구하는 사람들이 지금까지 관심을 기울인 것은 대체로 반대 방향이었다. 척박한 땅에서 어떻게 민주주의의 기반을 만들어 낼 수 있는가, 그리고 그렇게 만들어진 민주주의 기반 위에 어떻게 새로운 제도와 체제를 구축할 수 있는가 하는 것이다. 그런 점에서 제도가 참여와 민주주의를 어떻게 바꾸었는가 하는 질문은 오래된 질문의 방향을 뒤집는다.

제도가 미치는 영향을 대강이나마 짐작할 수 있는 연구를 소개한다. 미국 브라운 대학 바이오키Gianpaolo Baiocchi 교수팀은 브라질에서 참여예산제를 시행한 지방정부 네 곳과 그렇지 않은 네 곳을 비교 연구해, 『민주주의 촉발하기』*Bootstrapping Democracy: Transforming Local Governance and Civil Society in Brazil*(Stanford University Press, 2011)라는 책을 펴냈다. 연구 결과 (참여예산제라는) 제도가 사람들의 참여를 크게 바꾼 것으로 나타났다.

지역마다 참여의 모양과 수준은 달랐지만, 제도를 시행한 곳이 그렇지 않은 곳보다 보통 사람들의 참여를 촉진한 것은 분명했다. 변화가 가장 적은 곳에서도 주민들이 얻을 수 있는 정보의 양은 훨씬 늘어났다. 정책 결정과 집행이 더 투명해지고 시민들의 요구를 반영할 공간이 생긴 것이다. 이를 해석하자면, 좀 더 나은 제도가 좀 더 많은 참여를 이끌어 냈다. 과장할 필요는 없겠지만, 제도는 무시할 수 없는 변화의 동력이다.

제도가 참여를 변화시킨 것은 인도의 케랄라 주 역시 마찬가지다. 이 주는 진작부터 민주주의와 참여, 경제 수준을 뛰어넘는 사회개발과 인간 개발, 높은 건강 수준으로 세계적인 명성을 얻었다. 이들은 가장 최근에 참여 민주주의를 실험했다. 1996년부터 9백 개 이상의 마을 위원회가 상향식 계획을 세워 예산의 40퍼센트 이상을 집행하도록 한 것이다. 전통적 기준으로만 따지면 성공과 실패 어느 쪽으로 결과를 해석할 수 있을지는 아직 불확실하다. 하지만 보통 사람들의 참여가 늘어난 것은 분명하다.

브라질의 참여예산제와 케랄라의 참여적 정책 수립은 여러 가지 공통점이 많다. 그 가운데서도 핵심은 제도가 참여를 촉진했다는 것이다. 어떤 사회에서든 민주주의와 참여의 역량이 있어야 새로운 제도가 만들어질 수 있다. 그러나 다른 한편으로는 제도를 통해 민주주의와 참여가 강화된다는 것도 부인할 수 없다.

사람들은 제도가 갖는 권력과 그것 때문에 만들어진 공간을 통해 새롭게 경험하고 배우고 실천한다. 브라질과 케랄라 모두 지역 수준에서 집권당이 제도를 구상하고 시행하지 않았다면 이런 식의 실험도, 그로 인한 참여의 강화도 불가능했을 것이다.

우리 사회의 정치·경제·사회적 지형에서 참여와 민주주의는 중요한 지향이자 가치임이 분명하다. 어떤 대안적 사회가 우리의 희망이 될 수 있을까 물으면 더욱더 그렇다. 정치 개혁, 평화, 경제민주화, 복지국가, 새로운 노동을 말하지만, 정치·사회적 원리는 서로 다른 것이 아니라 전체를 관통한다. 그것은 바로 참여와 민주주의의 원리로 꾸려지는 새로운 주권이다. 건강과 보건의료 역시 결정적으로 이에 좌우된다.

현재 우리 사회가 참여와 민주주의를 통해 축적한 사회적 역량은 결코 강하다고 할 수 없다. 대통령 선거를 보더라도 허약한 현실을 부인하기 어렵다. 어떤 정부가 집권하는지, 그리고 그들이 어떤 정책을 실천할 수 있는지는 한 사회의 정치적·사회적 역량을 그대로 반영한다.

때로 새로운 정부가 집권해 사회적으로 축적된 것 이상을 성취한다 하더라도 그것은 즉흥적이거나 지도자 개인의 것이 되기 쉽다. 작은 충격이나 저항만으로도 쉽게 후퇴할 것이 뻔하다. 비정규직 문제든 복지국가든 무상 의료든 마찬가지다.

그러나 그것으로 끝이 아니다. 사회적 역량과 제도적 틀은 서로를 제약하면서 함께 가는 것이지만, 서로를 부추기고 돕기도 한다. 그런 의미에서 어떤 정권이고 어떤 정부인가에 따라 새로운 권력관계와 제도적 공간이 만들어지는 계기가 달라진다. 제도적 공간이 어떤 계기를 통해 어떤 모양으로 주어지든 그 공간을 통해 민주주의는 새로 시작되고 또한 심화된다.

선거와 투표에 참여하고 바르게 선택해야 할 이유는 1백 가지도 넘는다. 그중 한 가지 이유는, 어떤 정부를 선택하는가에 따라 더 '깊은' 민주주의를 위한 공간이 생길 것인가 아닌가가 결정된다는 데 있다.

결코 메시아나 유토피아를 바랄 일이 아니다. 다만 아무리 작더라도 참여와 민주주의의 심화를 위한 제도적 공간을 확대할 수 있어야 한다.

이런 공간을 넓힐 수 있는 정권이 등장하는 것이야말로 발전과 진보를 의미한다. 어떤 후보나 정당에 투표하는 것이 조금 더 낫거나 조금 덜 나쁜 정도여도 투표를 해야 하는 이유는 이런 기대를 포기할 수 없기 때문이다.

풀뿌리 민주주의의 조건

2013년 봄, 진주의료원 폐원을 둘러싼 논쟁은 국가적 수준으로 확대되었다. 공식·비공식적으로 많은 참여자가 찬반을 말하고 공론을 만드는 데 나름의 역할을 했다. 당사자인 직원과 노동조합, 경상남도는 물론이고 중앙정부와 국회, 언론도 참여했다. 시민사회와 전문가들의 역할도 중요했다.

아쉬운 것은 지역사회 주민의 존재감이 잘 느껴지지 않았다는 점이다. 지역의 시민 단체와 노동단체가 목소리를 냈으나 지역사회가 논의를 주도했다고 보기는 어렵다. 여론의 구조와 언론을 탓할 수 있지만, 그렇다 해도 결국 현실의 힘을 반영한다.

돌이켜 보면 진주만 그랬던 것이 아니다. 지역과 관련된 중요한 결정은 전국적으로 알려지지 않는 한 그냥 묻히기 일쑤였다. 시민의 참여와 토론에 일차적 책임이 있는 '제도'는 의회지만, 이들은 대체로 공고한 기득권 구조 그 자체이거나 그런 구조를 뒷받침하는 역할만 했다. 지역사회에서 자발적으로 만들어진 것이든 의회를 비롯한 제도가 촉발한 것이든, 주민들이 직접 참여해서 토론과 숙의를 통해 결정에 영향을 미친 사례는 아주 적다.

현대 국가에서 민주적 참여의 가치를 부인하는 사람은 거의 없다. 국가 수준에서 민주적으로 정책이 결정되는 것을 중요하게 받아들이는 것은 이 때문이다. 지역사회에서 일어나는 주민의 참여 역시 마찬가지로 중요하다.

흔히 풀뿌리 민주주의의 기초라고 부르는 지역사회의 참여가 중요한 이유는 다면적이다. 우선, 지역사회는 일상의 수준에서 공적 결정이 이루어지는 기본 단위라고 할 수 있다. 참여와 그에 기초한 결정은 지역사회 구성원의 '좋은' 삶에 큰 영향을 미친다.

나아가 지역사회는 국가 수준에서 이루어지는 민주적 의사 결정의 토대로 작동한다. 건강처럼 삶에 밀착된 문제일수록 더욱 그렇다. 지역에서 만든 좋은 모범 사례가 국가 수준으로 확대되는 사례는 쉽게 찾을 수 있다.

또한 지역사회는 경험과 훈련의 장이다. 근대적 공론장의 경험이 얕은 한국 사회에서 이 역할은 더할 나위 없이 중요하다. 참여와 토론, 숙고와 집단적 의사 결정의 경험이 축적되고 성장할 수 있는 곳은 지역사회를 빼고는 찾기 어렵다.

건강과 보건의료의 눈으로 보면 지역사회에서 주민이 직접 참여하는 것에는 최소한 두 가지 의의가 더 있다. 하나는 새로운 건강 체계가 더 이상 생의학적 관점의 건강과 의료에 머물 수 없다는 점과 관련이 있다. 기회가 있을 때마다 강조한 것과 같이, 건강은 생물학적 요인과 함께 다양한 사회적 요인의 영향을 받는다. 건강을 결정하는 주된 요인이자 환경으로서, 그리고 그 요인들을 해결하는 장으로서 지역사회와 주민이 주체의 위치를 차지하는 것은 당연하다.

두 번째로, 새로운 건강 체계의 전망이 의료 기관을 넘어서야 한다는 점에서 의미가 있다. 건강과 의료는 현실적으로 국가의 관료적 통제, 의료 전문가의 전문 직업주의, 시장 메커니즘이라는 세 가지 요소의 통제를 받는다. 사람들은 건강을 의료 기관을 통해 이해한다는 점에서 의료 기관은 사회적 통제를 매개하는 주요 경로로 작용한다. 전문가와 시장의 영향력이 더욱 그렇다.

바람직한(또는 우리가 지향하는) 상태는 민주주의에 기초한 사회적 통제가 국가와 시장 권력을 적절하게 통제하고 균형을 이루는 것이다. 특히 의료 기관이 매개의 핵심 경로라면, 지역은 민주적·사회적 통제를 위한 유력한 거점이 될 수 있다.

민주주의와 참여를 규범과 원리로 말하는 것은 어렵지 않다. 그러나 이를 실천하고 지역에서 성취하는 것은 현실의 한계를 극복하고 필요한 과제를 충족해야 가능하다. 한국과 외국의 경험 모두 만만치 않은 이론적·실천적 과제를 제기한다.

그중에서도 중요한 몇 가지만 꼽아 보자. 먼저, 민주적 참여의 핵심은 공적인 의사 결정(예를 들어 정책)에 영향을 미치는 데 있다. 자원봉사나 종교단체 등 자발적 결사체를 구성하는 것과는 다르다.

여기에서 말하는 참여는 공적 과정이다. 그런 점에서, 참여가 실제로 이루어지고 효과를 발휘하기 위해서는 (처음에는 그렇지 않더라도) '제도화'의 수준을 높여 가야 한다. 제도화는 다시 참여를 촉진하고 참여자를 성장시키는 좋은 순환과정을 만들 수 있다.

두 번째 과제는 참여가 무엇을 의미하는가를 다시 정의해야 한다는 점이다. 많은 사람들이 참여를 일정한 한계 안에 가두어 놓고 이해하지만, 참여는 소극적·부분적 간여가 아니라 '주체화'를 의미하는 것으로 해석해야 한다.

사실 참여라는 말은, 자칫 공식적인 의사 결정과 실천을 보조 또는 보완하는 것이라는 인상을 주기 쉽다. 참여를 보조적인 역할로 받아들이게 만드는 현실은 충분히 이해할 수 있다. 국가와 시장이 의사 결정의 권력을 양분하고 있는 만큼, 당장 시민과 지역 주민이 대등한 힘을 갖는 것은 불가능하다. 참여는 다른 주체를 보완하는 역할을 벗어나지 못하고, 결정과 행위의 주체가 되기보다는 소극적 참여에 머무를 수밖에 없다.

하지만 적어도 이론적으로는 주체화를 포함하는 것이 참여의 개념이다. 흔히 시민이나 지역사회가 스스로 결정(또는 통제)하는 것을 참여의 가장 높은 단계로 본다. 1969년 셰리 아른슈타인Sherry Arnstein은 참여의 단계를 구분하면서 통제를 가장 높은 수준의 참여로 구분한 바 있다.

물론, 현실은 여기에 크게 못 미친다. 실제 결정권을 갖거나 주체가 된다는 생각은 하기 어렵다. 결정이나 실천의 주체는 따로 있고 거기에 부분적으로 개입하거나 영향을 미치는 정도를 참여라고 생각하는 것이 보통이다.

따라서 단지 개입의 방법을 정교하게 만든다고 해서 참여의 수준이 높아지는(따라서 단순한 참여를 벗어나는) 것은 아니다. 의사 결정에 영향을 미치는 힘을 권력이라 하면, 주체의 입장에서 참여한다는 것은 국가-시장-사회의 세 축으로 된 권력관계를 재편하려는 것임을 의미한다.

세 번째 과제는 지역이 사회 권력을 만들어 내는 일이다. 사회 권력이 주체로서 국가와 시장에 개입하는 층위는 중층적일 수밖에 없다. 국가 수준은 물론, 지방과 지역, 소규모 공동체, 기관 등 다양한 층위에서 개입이 일어날 수 있다. 전략과 방법 역시 다양하다. 지역의 관점에서는 이런 사회 권력을 어떻게 형성할 것인가가 일차적 과제다. 현재는 균형을 이야기할 수 없을 만큼 사회 권력이 빈약하다.

지리적 개념이든 혹은 인위적으로 만들어진 공동체에 가깝든, 지역은 사회 권력이 만들어지는 가장 유력한 현장이다. 앞에서 참여는 공적 과정이고 제도화가 필요하다고 말했다. 그렇다면 사회 권력을 만들어 가는 과정은 거의 전적으로 정치에 의존한다(물론 현실 정치도 포함된다).

다음으로, 지역을 기반으로 한 보건의료의 대안적 생산체제를 고안하고 실험하는 것도 중요한 과제다. 지역을 기반으로 하지 않고 새로운 보건의료 생산 체제를 구상하고 만들어 내는 것은 불가능하다. 예를 들어 협동조합적 생산방식에 기초한 종합병원이나 장기 요양 서비스의 공급은 지역을 기반으로 할 수밖에 없다.

아울러, 건강과 보건의료를 규율하는 민주적 공공성이나 사회 연대와 같은 원리가 적용되고 실천되는 곳도 일차적으로는 지역이다. 지역사회의 구성원이 의사 결정과 실천의 주체가 되고, 이는 집단의 자기 이해에 기초한 것이 아니라 공공적인 것이 되어야 한다.

특히 지역사회는 광범위한 불평등과 배제, 경제적 이해관계가 실재하는 현장이며, 따라서 민주적 공공성이라는 과제가 더할 나위 없이 중요하다. 지역에서의 사회 권력이 또 다른 그들만의 권력이 되지 않도록해야 한다.

진주의료원 폐원과 같은 문제에 지역사회가 본격적으로 참여하게되기까지는 좀 더 많은 시간이 필요할 것이다. 지역이 민주주의적 역량을 강화하기 위해서는 그에 유리한 조건과 환경도 필요하지만 주체적노력도 필요하다. 따라서 자연 발생적인 진화를 기대하면서 기다리고있을 수만은 없다. 지역에 깊이 뿌리를 내리는 더 많은 기획과 실천이있어야 할 것이다.

4부

건강한 사회, 건강한 시민

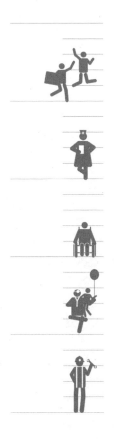

사회적 권리로서의
건강

한국에서 건강과 보건의료는 어떻게 다시 편성되어야 할까. 나는 지금까지 여러 측면에서 풀어서 말했던 세 개의 축이 새로운 구상과 실험의 중심에 있어야 한다고 생각한다. 그것은 건강을 결정하는 사회적 요인, 공공성, 그리고 민주주의와 참여다. 이 책의 앞부분 세 개의 장이 각각의 축에 해당한다.

하지만 이 세 개의 축은 건축으로 치면 골조일 뿐, 다른 많은 요소들이 보완되어야 한다. 공공성과 참여를 예로 들어보자. 공공성을 높이기위해 시장 권력이 사회적으로 통제되어야 하는 것은 틀림없다. 그러나 국가권력과 사회 권력이 지금의 시장을 어떻게 통제하고 어떤 전략으로좀 더 높은 수준의 공공성을 성취할지는 아직 불확실한 점이 많다. 시장권력이 사회 권력에 의해 좀 더 공공성이 높은 쪽으로 변화할 수 있는지도 명확하지 않다. 이론과 실천 모두 비어 있는 부분이 많다.

이쯤에서 대안적 세계를 설명하고 상상하는 데 쓰일 새로운 개념을 제안한다. 그동안 현실을 비판하고 대안을 제시할 때 곳곳에서 여러 가지 표현을 사용했다. 어떨 때는 보건의료 체제라는 말에 들어 있듯이 '체제'로 표현했고, 다른 때는 체계나 제도라는 개념을 사용하기도 했다. 정책이란 말은 더욱 범위가 좁고, 대안이란 표현은 모호하고 추상적이다.

그래서 다들 불만스럽다. 체제나 체계, 제도 같은 말들은 폭이 좁고 공식성이 강하며 정책과 친화성이 강하다. 사회적 결정 요인과 공공성, 민주주의와 참여는 그 이상이며, 어떤 면에서도 보더라도 체계와 제도만으로 품어 안을 수 없을 만큼 넓다.

'건강 레짐'은 그 빈 곳을 메꾸려는 제안이다. 아직은 내용이 충분하지 않고 체계도 부실하지만, 문제의식만큼은 충분한 가치가 있다고 믿는다. 여성학자 세인즈베리Diane Sainsbury의 정의에 기초하면, 레짐은 가치·규범·규칙들의 총합으로 인간의 행태나 인간들 간의 상호 관계, 정책을 일정한 방향으로 결정하는 틀이라는 뜻을 갖는다.

응용하면 건강 레짐은 잠정적으로 "한 사회체제 안에서 건강의 산출과 분포, 보건의료의 생산·제공·이용을 설명하는 틀이며, 또한 이에 영향을 미치는 규범·가치·문화·정책·법률·제도의 총합"으로 규정할 수 있다. 제도와 체계라는 말로 포괄할 수 없는 개인의 행동과 상호 관계는 물론 건강이나 보건의료에 관련된 과업·의무·권리를 배분하는 틀로 유용할 것이라고 생각한다.

새로운(또는 대안적) 레짐의 빈 곳을 보완하는 것은 이론적 탐구만으로는 되지 않는다. 상상력이 가득한 실험과 창의적 시도가 필요하다. 건강과 보건의료는 역사적·경험적 성격이 강하다. 또한 개인과 가정, 공동체 차원에서 무수하게 많은 미시적 결정과 경험이 만들어진다.

이 때문에 건강과 보건의료의 새로운 틀은 상향식으로, 그리고 일목요연한 중앙집권적 방식이 아니라 분산적인 방식으로 형성될 가능성이 높다. 건강과 보건의료의 많은 부분이 경험적이고 미시적이기 때문에 매우 더디게 전진할 수밖에 없기도 하다.

뚜렷한 목적을 가지고 시작되든, 아니면 자연스럽게 그렇게 되든 여러 시도들과 실험, 그 결과물은 소중하다. 곳곳에서 다양하게 만들어진 경험은 새로운 틀의 실마리를 제공한다. 체계가 제대로 갖추어지지 않거나 성공과 실패가 불확실한 것은 당연하다. 어떤 것은 가치와 의미부터 다시 점검해야 할 것도 있다. 어느 쪽이든, 풍부한 구상과 실험이 결국 소중한 자산이 될 것이다.

건강과 인간 안보

아무래도 대안은 기본에서 시작하는 것이 좋을 듯하다. 건강에 어떤 가치를 부여할 것인가는 기본 중에서도 기본에 속한다. 건강의 가치를 생각하는 데는 건강 그 자체로 중요한 것이 아니라 다른 가치를 실현하는 데에 건강이 중요하다는, '외재적' 시각으로 건강을 보는 것이 유용하다.

권리와 인권의 관점에서 건강을 보는 시각은 앞에서 이미 조금씩 언급했다. 논란은 있지만, 이런 관점은 더 설명하지 않아도 될 만큼 익숙하다. 한편, 경제학, 특히 발전경제학에서 건강은 흔히 인적 자본으로 설명된다. 건강을 생산과 경제 성장에 필요한 필수적 투입 요소로 보는 것이다. 개인 차원에서는 건강이 노동시장에서의 성과를 좌우한다는 점에서 중요하게 여겨진다.

여기에 정치적 측면을 보태면, 인간 안보의 시각에서 건강을 규정할 수 있다. 인간 안보(또는 인간 보장)human security라는 말이 쓰이기 시작한 것은 1990년대 초반부터이다. 공식적으로는 유엔개발계획UNDP이 1994년 펴낸 "인간 개발 보고서"가 처음이라고 한다.

이 보고서는 평화는 무기를 통해 보장되는 것이 아니라, 사람의 존엄성을 보장해야 달성할 수 있다고 주장했다. 또한 과거 세계 질서를 지배하던 국가 안보의 논리를 넘어 인간 안보가 더 중요하다고 주장하면서 역사적 전환을 촉구했다. 이후 인간 안보는 한 사회와 공동체를 유지하고 발전시키기 위한 필수 요소로 받아들여졌으며, 특히 사회 개발과 인간 개발의 중요성을 뒷받침하는 역할을 해왔다.

인간 안보의 출발이 된 것은 국가 안보라는 전통적 틀이다. 한국인에게 이 말은 특히 익숙하다. 전쟁을 겪었고 아직도 남북 간 대치 상황이 계속되고 있으므로, 전통적인 안전 보장은 한국 사회의 핵심 기능을 벗어난 적이 없다.

국가 안보는 군사력을 기반으로 주권국가의 영토를 지키는 것을 목표로 한다. 그러나 이는 안보를 가장 좁게 이해하는 것이다. 국방이라는 말이 가장 좁은 범위지만, 안전 보장이라 해도 이해의 범위가 크게 확대되는 것은 아니다.

인간 안보가 새롭게 제기된 배경에는, 전통적 안보 개념이 냉전 체제의 사고를 벗어나지 못했다는 반성이 있다. 사실 냉전 이후 세상은 훨씬 복잡하게 바뀌었다. 한국 사회만 하더라도 조류 독감과 같은 신종 전염병, 2008년 세계 금융 위기에 따른 경제위기, 저출산과 고령화, 유행병처럼 번지는 자살 등 사회와 국가를 뒤흔드는 위험을 경험했거나 경험하고 있다. 전쟁은 없었지만 전쟁에 버금가는 큰 사건들이다. 이런 위험이 외적의 군사적 침략보다 덜 파괴적이라고 누가 말할 수 있겠는가. 예컨대, 자살 문제는 한국 사회가 매일 치르고 있는 총성 없는 전쟁을 말없이 웅변한다.

시각을 넓혀 국제사회를 보더라도 마찬가지다. 막대한 군사비를 쓰면서도 국민의 삶은 피폐할 대로 피폐한 많은 개발도상국이 바로 그런 경우다. 최신 전투기와 백만 대군만으로는 국가 안전을 보장할 수 없다. 극심한 내전을 겪고 있는 나라들의 경우, 군사적 안전 보장에 실패해서 그렇게 되었다고 할 수 있을까. 그리스나 키프로스 같은 국가들에서 경제 문제 때문에 거리에 나선 사람들의 안전은 또 어떤가.

국방(전쟁)이 실패한 것이 아니다. 빈곤·환경·건강과 같은 요소를 고려하지 않고서는 개인, 국가 또는 지구적 차원에서 평화로운 삶을 보장할 수 없다. 이것이 지금 인간 안보를 주장하는 기본적인 문제의식이다.

인간 안보를 위협하는 요소를 좀 더 구체적으로 살펴보자. 앞에서 말한 유엔개발계획의 보고서는 사람들의 안전을 위협하는 요소들 가운데 일곱 가지가 가장 중요하다고 주장했다. 경제, 식품, 건강, 환경, 개인적 요인, 지역사회, 정치가 그것이다. 여기서 이 모두를 자세히 따져 볼 필요는 없을 것이다. 간단한 말만으로도 충분히 짐작할 수 있기 때문이다. 다만 개인적 요인과 지역사회에 대해서는 약간의 설명이 필요할 것 같다.

보고서가 말하는 개인적 요인은 주로 폭력을 가리킨다. 전쟁은 물론이고, 국가, 종족 분쟁, 범죄, 여성 폭력, 어린이 학대와 폭력이 모두 포함된다. 나아가 자살이나 약물 중독과 같은 자해도 폭력으로 본다.

지역사회 역시 사람들의 안전을 위협할 수 있다. 가족·지역사회·조직의 억압적 관행과 전통이 여기에 속한다. 일부 종족에 남아 있는 여성 할례의 전통, 인종차별, 카스트 제도 같은 사례가 안전을 위협하는 것들이다.

이렇게 보면, 국가 안보를 넘어 인간 안보로 개념을 전환(또는 확장)해야 한다는 것은 아주 당연한 일처럼 보인다. 개인과 공동체를 위협하는 위험이 날로 커지고 있음을 생각하면 더욱 그렇다. 그러나 국제사회든 국내든 현실은 그렇지 않다. 기본틀은 여전히 냉전적 사고의 틀, 국가 안보 한 가지에서 크게 벗어나지 못했다.

국제사회의 관심이 아직 충분치 않다고는 하지만, 한국 사회의 논의는 훨씬 더 빈약하고 피상적이다. 국가 안보가 수도 없이 강조되는 곳이라는 점을 생각하면 일종의 '인지 장애' 또는 문제의식의 '도착'이 있는 것은 아닌가 싶을 정도다. 흔히 인간 안보는 안보를 집단 개념에서 개인 중심으로 전환하는 것이라고 말한다. 국가 안보가 곧 개인의 안전으로 이어지지 않는다는 문제의식을 가지고 있다는 점에서 맞는 말이다.

그러나 한국 사회에서 인간 안보 패러다임이 갖는 중요성은 따로 있다. 국가 안보의 진정한 의미와 방법을 묻는 역할을 하는 것이다. 좀 더 근본적으로는 공동체와 개인을 위협하는 진정한 위험 요소를 제대로 볼 수 있게 한다. 이렇게 되면 국내가 아니라 국제 수준에서도 안보를 말하는 것이 자연스럽다.

인간 안보 개념의 가치를 되새겨 보자. 그것은 추상적이고 왜곡된 위험이 아니라, 현실의 일상과 꿈을 흔들 수 있는 위험을 일깨운다. 현재 한국 사회에서는 청년 실업과 비정규 노동, 노후의 가난, 끝 모를 학벌 경쟁, 기후변화와 재해, 가계 파탄을 부르는 치료비, 허술한 응급 의료 체계가 평화롭고 안전한 삶을 위협하고 있다. 북한과의 대치 상태에서 오는 잠재적 위협이 아니라 일상이 곧 전쟁과도 같은 위험이다.

이제 안보는 국방이 아니라 인간 안보로 전환해야 한다. 무지에서 비롯되었건 의도적이건, 군사력만을 염두에 둔 안보관은 더 이상 유효하지 않다. 늦었지만 인간 안보로 시야를 넓히고 심화시켜야 새로운 위협이 무엇인가가 눈에 보인다. 그래야 무엇을 지키고 무엇을 보장할 것인가를 파악할 수 있다. 좀 더 중요하게는, 그래야 살 만한 공동체가 만들어지고 지속된다.

1989년 체제를 넘어 '건강 정책'으로

대안적 레짐을 생각하기 위해서는 정책의 새로운 틀을 마련하는 것이 시급하다. 정책은 현실을 크게 벗어나지 못한다는 점에서 분명 '개량'의 수준을 넘기 어려울지 모른다. 그러나 정책의 발전은 분명 진보의 결과이며, 그 성과를 사회적으로 강제한다. 그런 의미에서 건강보험의 보장성은 여전히 중요하다. 많은 사람이 고통을 받고 있고 그런 이유에서라도 새로운 정책, 더 나은 제도에 희망을 걸 수 있다. 건강보험이 미완성인 한 어느 정부도 건강보장제도를 발전시켜야 할 책임을 면할 수 없다.

그러나 이제 이것만으로는 부족하다. 사실 1989년 전 국민 의료보험 제도가 시작된 이후 한국의 건강 정책과 보건의료 정책을 지배해 온 주류 패러다임이 바로 건강보험과 의료 이용이다. 나는 이것을 머리말에서 이미 '1989년 체제'라고 불렀다. 일반적으로는 1987년 민주화를 계기로 정치·사회적 민주주의가 크게 확대되었다는 뜻에서 '1987년 체제'라는 말이 널리 쓰인다. 건강과 보건의료 또한 이 구분과 무관하지 않다. 일반 시민의 의료에 관련된 요구가 폭발하고 공공 의료 논의도 본격화되었다. 보건의료인 운동과 병원 노동운동이 시작된 것도 이때다. 따라서 건강과 보건의료에서는 '1987＋1989년 체제'라고 부르는 것이 좀 더 정확하다고 생각한다(그렇더라도 일단 여기서는 1989년 체제라고 부르기로 한다).

'1989년 체제'는 25년 가까이 지속되고 있다. 겉으로는 조금씩 변했지만 근본 틀은 그대로다. 한마디로 그것은 의료 서비스 중심으로 접근성과 보장성을 최우선에 두는 체계라 할 수 있다. 이제는 정부도 국민도 '건강＝의료＝건강보험'이라는 공식에 익숙하다. 그 덕분에 좋아진 것이 없다고 말할 수는 없다. 그러나 부정적 측면이 있는 것도 사실이다.

건강 정책은 사실 건강보험 정책, 의료 정책, 보건의료 정책을 넘어서는 넓은 의미를 갖지만, 지금은 그 의미가 너무 좁아져 있다는 것이 중요한 문제다. 좀 심하게 표현하면 건강보험을 제외한 나머지는 부록이나 우수리 정도의 처지가 되었다. 그나마 건강보험도 '건강'보험이라기보다는 '의료'보험에서 한 발자국도 더 나가지 못했다.

많은 사람들이 건강은 의료 서비스만으로 가능하지 않으며 건강보험만으로도 다 해결할 수 없다는 데 동의한다. 그래도 현실에서는 의료가 더 시급한 문제이며 건강보험이 이를 뒷받침한다. 건강보험과 의료에 일차적 관심이 갈 수밖에 없다. 그러나 건강보험은 병이 생긴 이후에야 작동하는 것이다. 조금씩 혜택의 범위를 넓혀 왔지만, 건강검진이나 예방접종과 같이 치료에 가까운 역할 이상을 기대하기는 어렵다.

문제는 이제 그 모순이 점점 더 뚜렷해지고 있다는 데 있다. 의료나 건강보험이 '건강'이라는 인간 사회의 목표를 모두 감당하지 못하니 당연한 일이다. 최근 몇 년 사이에 많은 사람이 고통 받고 있는 건강 문제만 봐도 그렇다. 암, 심장병, 치매의 치료비를 줄일 수는 있지만 애초에 병을 피하는 것은 또 다른 일이다. 의료보험의 틀로는, 집합적 방식으로 표현하자면, 한 사회의 질병 부담을 줄이기 어렵다.

사회적 원인에 대처하는 데에는 더욱 무력하다. 자살과 교통사고, 산재 사망을 줄이는 것은 의료보험이 할 수 있는 일이 아니다. 보험이 문제가 아니라 보건이나 의료보다는 훨씬 더 넓은 시각에서 이를 바라보아야 무언가 할 수 있는 여지가 생긴다.

생물학적 특성이 강한 병은 그나마 좀 나을 것이라 생각하기 쉽다. 결핵은 결핵균을 없애면 문제가 해결된다는 식이다. 그러나 모든 질병은 생각보다 훨씬 더 사회적이다. 영양·주거·환경, 더 나아가 빈곤이라는 사회적 요인을 개선하지 않고는 해결되기 어렵다. 콜레스테롤을 낮추면 심장병이 줄어들겠지만, 운동과 음식, 노동과 소득은 서로 맞물려 돌아간다.

결국, 의료 정책을 넘어 전체 틀을 확대하지 않는 한, 정책은 건강의 아주 일부만 다루는 셈이 된다. 건강 정책의 협소함은 단지 추상이나 이론이 아니라 매일 부닥치는 문제이다. 틀과 범위를 '건강=의료=건강보험'에 두면 삼성전자의 백혈병과 쌍용자동차 노동자의 자살을 막을 길이 없다. 쪽방 노인의 고혈압과 심장병, 고독사도 마찬가지다.

국가 건강 정책의 틀을 다시 짜야 한다. 이럴 때마다 다른 나라의 사례를 동원하는 것은 마뜩찮지만, 우리와는 좀 다르게 생각하는 나라가 있다는 정도는 소개하는 것이 좋겠다. 바로 스웨덴이다. 스웨덴 정부가 만든 국가보건위원회National Public Health Commission는 2000년에 열아홉 가지 건강 정책 목표를 제안했다. 언뜻 봐서는 노동부나 교육부가 제안할 법한 목표가 꽤 많다. 전통적 의미에서 보건부 소관이라 할 수 있는 것은 절반도 안 된다. 몇 가지만 보면 이런 식이다.

- 소득 불평등을 나타내는 지니계수를 0.25 미만으로 낮춤.
  빈곤율을 4퍼센트 미만으로 낮춤(유럽연합 기준).
- 1998년 당시 총선에서 투표율이 60퍼센트에 미치지 못했던 지역의 투표율을 5퍼센트 이상 올리기.
- 고용률을 85퍼센트 이상으로 증가시키고, 장기 실업률은 0.5퍼센트로 낮춤.
- 취약한 지역에서 자라는 어린이의 비율을 10퍼센트 미만으로 줄임.
- 모든 학생들이 중등 교육과정을 마칠 수 있게 함.

사실 스웨덴에서 이것이 실제 정책이 되지는 못했다. 격렬한 논쟁을 거쳐 최종적으로 결정된 정책은 처음과는 많이 달라졌다. 그러나 우리가 주목해야 할 것은 지표나 목표치가 아니라 이들이 건강 정책을 바라보는 눈이다. 또한 참여와 사회적 토론을 거쳐 국가 목표로 만들어 가는 과정 역시 배울 만하다.

교훈으로 삼을 수는 있어도 한국에서 당장 이렇게 하는 것은 불가능하다. 경험이 많지 않고 사회적 토대도 빈약하기 때문이다. 그러나 건강 정책의 새로운 틀을 논의할 수 있는 계기는 많다. 정부가 바뀔 때, 재정 위기와 같이 정책 변화를 필요로 하는 사회 환경이 만들어질 때, 또는 새로운 문제가 생겨 시급하게 대책을 마련해야 할 때 등 다양한 진입 지점이 있다.

물론 그때마다 넘어야 할 어려움이 있을 것이다. 정권 교체기의 경우, 보수 정권이 집권하면 정치적 기회의 창 자체가 좁아진다. 보수 정권에서 건강 정책이 사회적 요인으로까지 넓어지는 것은 기대하기 어렵다. 그러나 보수 정부조차 건강 정책의 지평을 넓히는 일이 꼭 정치적으로 손실인 것은 아니라는 점을 잊지 말아야 한다. 세계보건기구도 강조하듯이, 정책의 기술적 효율성을 달성하는 데에도 사회적 결정 요인은 중요하다.

만성질환의 사회정책

건강을 다루는 정책들은 전체적으로 통합성이 부족할 뿐만 아니라 개별 정책 안에서도 비슷한 문제를 안고 있다. 각각의 문제를 다른 것과 연계성 없이 따로 다루는 방식은 정책의 범위를 제한하는 동시에 효과와 질을 보장할 수 없게 만든다. 예를 들어 자살 문제를 의학적 문제로 묶어 두는 한 정책 효과를 기대하기는 어렵다.

만성질환도 이와 다르지 않다. 정책은 의학적 관점을 넘어 통합적이고 사회적으로 봐야 한다. 빈곤과의 관련성은 더 말할 필요도 없다. 최근 만성질환을 가진 사람이 늘어나고 적절한 관리가 중요해지면서 관련 정책을 다시 살펴봐야 할 필요가 생겼다.

만성질환이 의학의 범위를 벗어나는 지점은 빈곤 문제에 있다. 병을 치료하느라 가난해진 가구가 많다는 것이다. 41만 가구가 의료비를 마련하기 위해 전세금을 빼거나 재산을 처분했다. 13만 가구는 치료비를 충당하느라 빚이 늘어났다. 2013년 1월 발표된 한국개발연구원의 정책 자료가 밝힌 내용이다. 이 수치는 한국의 건강보장 체계가 얼마나 허약한지를 드러낸다.

질병과 그로 인한 치료비가 가난의 중요한 원인이라는 것은 새삼스러운 이야기가 아니다. 한국뿐 아니라 외국도 마찬가지다. 또한 가난 구제는 옛날이나 지금이나 국가의 기본적인 존재 이유였다. 그렇다면 가난의 중요한 원인이기도 한 질병에 대처하는 건강보장은 아울러 빈곤 대책이기도 하다.

이처럼 질병과 빈곤의 상관관계는 아주 생소하지는 않다. 한국개발연구원의 자료는 그동안 주목받지 못하던 사실 한 가지를 더 보탰다. 돈이 크게 들어가는 병 가운데 암이나 중풍과 같은 중병의 비중은 생각보다 그리 크지 않다는 것이다. 박근혜 정부의 4대 중증 질환 공약이 그렇듯이, 보통은 중병으로 인한 가계 파탄이 문제라고 생각한다. 그런데 심각한 치료비 지출이 다른 원인 때문이라면?

한국개발연구원은 전체 소득에서 의료비가 차지하는 비중이 10퍼센트 이상인 가구를 조사했다. 소득 중 의료비 지출이 이 정도라면 생활이 안정될 리 없는 것이다. 한국개발연구원 자료를 보면, 그런 가구 1백 가구가 있다고 할 때 위암이 1.2퍼센트인 데 비해 고혈압이나 당뇨병이 차지하는 비율은 32.2퍼센트나 된다. 치료비 때문에 심한 곤란을 겪는 가구 셋 중 하나는 고혈압이나 당뇨병 때문이라는 것이다.

우리가 심각한 질병으로 알고 있는, 예컨대 중풍과 뇌혈관 질환은 1백 가구 중 3.7퍼센트, 대장암과 직장암은 1.3퍼센트, 유방암은 1.2퍼센트, 만성 신부전은 1퍼센트에 지나지 않는다. 한 사람 한 사람을 들여다보면 집안이 파탄 나는 불행이요 부담인 것은 마찬가지다. 하지만 무엇이 더 크고 급한 문제인가 하는 우선순위를 따져 볼 필요가 있다.

물론, 이런 수치를 읽을 때는 조심해야 한다. 이 자료에서는 고혈압이나 당뇨병 환자의 절대 수가 워낙 많다는 것을 잊으면 안 된다. 한 가지 질병만을 놓고 따지면 중한 질병의 경우 경제적 부담이 많은 것이 당연하다. 즉, 암이나 중풍 쪽이 전세금을 헐거나 빚을 낼 가능성이 더 높다. 그렇지만 숫자로 치면 고혈압이나 당뇨병 환자가 훨씬 많다. 결과적으로, 그리고 전체적으로 봤을 때 의료비 지출로 인한 경제적 부담이 지나치게 큰 가구의 수는 이쪽이 많아질 수밖에 없다. 같은 자료를 보면, 고혈압과 당뇨병을 앓고 있는 사람이 30세 이상 국민의 3분의 1에 이를 정도다.

여기서 건강의 의학적 의미와 사회적 의미가 갈라진다. 의학적으로는 암이나 중풍이 훨씬 심각하고 중대한 병이다. 그러나 사회적으로는 질병 하나하나보다 전체 크기에 주목하는 것이 맞다.

따지고 보면, 4대 중증 질환이나 건강보험의 본인 부담이 문제가 되는 것도 마찬가지다. 어떤 질병이 더 고통스럽다거나 또는 치료가 더 어렵다거나 하는 것은 의학적 관점을 반영한다. 그에 비해 치료비가 얼마나 더 들고 가계가 더 어려워지는가에 대한 이야기는 사회적(또는 경제적) 접근이다.

만성질환은 여러 가지 이유로 중풍이나 암에 비해 주목과 관심이 덜하다. 강도는 약하고 기간이 긴 만큼 관심이 적은 것이다. 또한 한꺼번에 돈이 많이 들지 않는 대신 오랜 기간 꾸준히 비용을 써야 한다는 점에서도 사회적·정치적으로 주목을 덜 받게 된다.

나이와 관계가 깊다는 것도 중요한 이유다. 고령화가 진행되고 노인이 많아지면서 만성질환이 늘어나는 것 역시 당연한 현상으로 여기는 사람이 많다. 실제로 나이가 많을수록 만성질환이 생길 확률은 커진다. 사회의 고령화는 필연적으로 만성질환의 '유행'을 불러온다. 문제는 이를 평범한 일로 본다는 것, 중요한 문제로 보지 않는다는 것이다.

한국개발연구원이 낸 자료는 새삼 만성질환이 중요하다는 사실을 일깨웠다. 특히 사회적 관점에서 만성질환이 빈곤화의 중요한 이유라는 점을 지적한 것은 주목할 만하다. 문제는 그다음, 즉 어떻게 해결할까

하는 것이다.

우선, 만성질환에 어떻게 대처해 나갈지 종합적인 점검과 정책이 필요하다. 정부의 일만 두고 하는 말이 아니다. 좀 더 폭넓고 협동적인 방식, 통합적이고 연계성이 높은 전략을 고민할 때가 되었다.

건강보험의 접근이 달라져야 한다는 것은 한 가지 과제일 뿐이다. 물론, 앞에서 말한 자료에서 "의료비 급증을 초래할 고혈압, 당뇨병의 적정 관리를 건강보험의 명시적 목표로 반영"하자고 제안한 것은 논의해 볼 가치가 있다. 특히 건강보험의 더 큰 혜택을 받는 질환(예를 들어 4대 중증 질환)과 그렇지 못한 질환의 격차를 줄이는 것은 어떤 방식으로든 꼭 필요하다. 앓는 병의 종류가 다르다고 가계 파탄과 빈곤의 위험이 달라질 리 없기 때문이다.

그러나 전체로 보면 건강보험은 여전히 작은 한 부분일 뿐이다. 치료와 치료비는 만성질환이 진행되는 가운데 가장 마지막에 나타나는 문제이기 때문이다. 만약 건강보험이 치료와 치료비만을 취급하는 제도에 그친다면, 만성질환은 당연히 이 범위를 훌쩍 넘어선다.

또한 건강보험이 범위를 확대하더라도, 즉 치료비 지원을 넘어 조기 발견과 적정 관리를 목표로 삼는다 하더라도 그것으로 충분하지 않다. 만성질환은 그 이상이다. 발병 자체를 줄이는 일, 즉 예방이 필요하기 때문이다. 아무리 관리를 이야기해도 병의 발생을 줄이지 못하면 허사다. 예방은 가장 근본적인 전략이고, 따라서 만성질환을 말할 때 중심이 되어야 한다.

하지만 예방 전략은 가장 어려운 것이기도 하다. 만성질환의 발생에는 흡연·음주·비만·운동·음식 등 상당히 많은 요인들이 영향을 미친다. 더욱 중요한 것은 이 요인들이 다시 여러 사회적·문화적 요소들과 관련을 맺고 있다는 사실이다. 계급이나 사회적 지위가 그런 요소에 속한다.

담배를 예로 들어 보자. 흡연이 고혈압, 당뇨병의 위험 요인이라는 것은 정설이다. 그런데 담배를 피우는 데는 다시 여러 가지 사회적 요인(예를 들어 빈곤·교육·가족 등)이 영향을 미친다. 따라서 흡연율을 줄이는 것은 매우 복잡하고 사회적인 문제가 된다. 다소 단순할 수 있지만, 문제의 범위를 다음과 같이 확장시켜 보자.

치료비 → 치료 → 의료 → 보건 → 건강 → 사회

흡연뿐만 아니라 많은 만성질환이 이 그림의 가장 왼쪽에서 출발해서 가장 오른쪽까지 뻗어 있다. 따라서 만성질환 문제에 제대로 대처하려면 틀이 훨씬 더 커지고 넓어져야 한다. 건강보험의 범위를 벗어나는 것은 물론, 치료와 의료를 넘는 접근이 필요하다. 예방을 비롯한 적극적 건강이라는 관점조차 아직 좁다.

다시 말하지만, 흡연·음주·비만·운동·음식 등의 위험 요인을 줄이는 것이 만성질환 대책의 근본에 있다. 그러니 좁은 뜻의 정책이라 할지라도 의료의 틀을 넘어 사회화되어야 한다. 만성질환 정책은 노동·교육·지역사회·문화·산업 등을 모두 포함해야 한다는 점에서, 굳이 말하면 사회정책에 가깝다.

만성질환의 유행이 조만간 사회적 재앙이 될 것이라고 말하는 사람이 많다. 아무것도 하지 않고 기다리기만 하면 그렇게 되고도 남을 것이다. 더 늦기 전에 시각과 틀을 바꾸어야 한다. 의료 패러다임을 넘는, 사회화 전략이 시급하다.

정신 건강 정책의 사회화

에일리어 글리슨Aliah Gleason은 미국 텍사스 주 오스틴에 사는 열세 살의 중학교 2학년 여학생이다. 특이한 점은 없었지만 말이 험하고 지나친 것이 문제라면 문제였다. 한번은 콧수염이 많은 여선생을 남자라고 대놓고 놀린 적도 있었다. 부모가 보기에도 그리 두드러진 점이 없었다. 활달하고 명랑하지만 잘 대들고 우스꽝스러운 짓을 자주 하는 아이라고 생각하는 정도였다. 하지만 학교 당국은 달랐다. '반항성 장애'가 있다는 이유로 에일리어를 특별 교육 대상으로 분류했다.

2003년 문제가 불거졌는데, 마침 텍사스 주가 실시한 정신 건강검진에서 에일리어가 자살 성향이 있는 것으로 나타났다. 바로 추가 검사와 재검사가 진행되었는데, 이런 사후 관리가 불행의 원인이 되었다. 글리

슨은 결국 정신병원에 강제로 수용되었고 아홉 달이나 치료를 받았다.

의무 기록과 재판 기록을 보면 에일리어의 말은 오락가락했고 입원한 후에 정신 질환 진단도 여러 차례 바뀌었다. 이 사건을 자세히 추적한 『마더 존스』Mother Jones라는 잡지의 워터스Bob Waters 기자는 에일리어에게 어떤 정신적 문제가 있는지 아직도 불확실하다고 보도했다(2005년 5·6월호).

에일리어 글리슨 사건은 언론의 보도를 통해 미국 전역에 알려졌다. 전문 학회에서는 정신 건강검진이 얼마나 위험한가를 나타내는 사례로 토론하기도 했다. 무차별적인 정신 건강검진이 거대 제약회사의 이해관계를 대변하는 것이라는 비판도 뒤따랐다.

이 사례는 미국에서도 분명 예외적이고 극단적인 사례에 속한다. 에일리어에게 아무런 문제가 없다고 확신할 수도 없고, 검진을 한다고 해서 모두 이런 식으로 환자가 되는 것도 아니다. 정신 질환에서 나타날 수밖에 없는 건강과 질병을 나누는 '경계의 모호함' 때문이라고 하는 사람도 있을 것이다.

그러나 이런 식의 정신 건강검진이 많은 문제를 지니고 있다는 것도 분명하다. 실제 치료가 필요한 대상자를 잘 가려낼 수 있는가도 문제지만, 발견된 후에 어떻게 관리를 할 것인가가 더욱 중요하다. 사실 정신 건강의 경계성 자체가 검진의 유용성을 의심케 하는 한 가지 이유이다.

2012년 6월 보건복지부가 "정신 건강 증진 종합 대책"을 발표했다. 그동안 거론되던 정책을 모두 모아 놓은 것 같은, 그런 의미에서 종합 대책인 것은 부인할 수 없다. 처음으로 종합 대책을 마련하고 내놓았다는 정도의 의미는 있다.

문제는 그 내용이다. 여러 가지 대책 중에서도 핵심은 전 국민을 대상으로 정신 건강검진을 실시하겠다는 것이었다. 대책을 보도한 언론 역시 이 부분에 가장 큰 관심을 보였다. 정부의 이 계획은 좋게 말하자면 의욕이 넘치지만, 한편으로는 무모한 것이다.

정부가 계획한 대로라면, 여든까지 산다고 할 때 정신 건강검진만 열여덟 번을 받게 된다. 취학 전 두 번, 초등학교 두 번, 중학교와 고등학교 각 한 번씩, 20대에 세 번, 그리고 30대 이후 연령대별로 각 두 번씩 검진을 하겠다는 것이다. 어느 신문의 표현대로, 전 국민을 대상으로 정신 질환 검사를 하는 것은 '이례적'이다. 더구나 이처럼 많이 그리고 철저하게 하겠다는 것은 다른 나라와 비교해도 비슷한 예를 찾기 어렵다.

미국 몇 개 주에서 소아와 청소년을 대상으로 정신 건강검진을 한다고 하지만, 그 효과를 둘러싼 논란은 여전하다. 환자를 발견한다는 의미에서 순전히 의학적인 면만 보더라도 그렇다. 검진 후에 벌어질 차별과 오명 등 사회적 효과까지 고려하면 집단 정신 건강검진은 증명되지 않은 실험의 차원을 넘지 못한다. 더구나 온 국민을 모두 검진하겠다는 것은 무슨 근거에서인지 모르겠다.

사실 정신 건강 증진 대책의 진짜 문제점은 개별 정책이 아니라 정책의 전체 틀이다. 앞에서 만성질환에 대응하는 정책의 기본 패러다임을 문제 삼았지만 정신 건강 정책도 크게 다르지 않다. 그리고 이것은 한 번의 정책이 아니라 모든 정책의 토대를 이루고 있다.

지금까지의 정신 건강 정책을 한마디로 표현하면 생물학적·의학적 틀을 넘지 못한다는 것이다. 대책의 대부분이 정신 건강을 개인의 문제로 돌리는 개인주의 패러다임, 상담이나 약물과 같은 치료로 해결할 수 있다는 의료 패러다임, 그리고 근원이 아니라 현상을 문제 삼는 '결과' 패러다임에 기초하고 있다.

이런 패러다임의 문제가 무엇인지 알아보기 위해, 2010년 세계보건기구가 정리한 정신 건강 대책을 살펴보자. 이 대책은 정신 건강을 결정하는 요인이 매우 복합적이라는 데서 출발한다. 사회적·심리적·생물학적 요인이 모두 작용할 수 있다는 것이다. 지속적인 사회경제적 압력(예를 들면 빈곤)이 개인이나 집단의 정신 건강을 위협하는 매우 중요한 원인이라는 사실은 명확하다. 급격한 사회 변화, 스트레스가 많은 노동환경, 인권침해, 성차별, 사회적 배제, 건강하지 못한 생활 습관, 폭력, 신체적 질병 역시 마찬가지다.

그러나 정부의 종합 대책 어디에서도 이런 시각은 찾아보기 힘들다. 진단이 부분을 벗어나지 못하니 대책이 '종합'일 수가 없다. 정신 건강을 증진하는 것은 보건의료 이외에도 경제·교육·노동·법률·교통·환경·주택·복지 분야와 협력할 때 가능하다. 특히 기본적인 시민적 권리, 정치적 권리, 사회·경제·문화적 권리를 존중하고 보호하는 환경이 만들어지지 않으면 높은 수준의 정신 건강을 누리는 것은 불가능하다.

근본적 구조의 개혁보다 당장의 대책을 아쉬워하는 보건 당국의 어려움은 짐작하고도 남는다. 힘없는 부처라 근본적인 해결책을 마련하기 어려운 사정도 이해할 수 있다. 하지만 문제를 이해하고 해결책을 구하는 기본 원리가 허술하면 정책은 미봉책과 전시 행정의 차원에 머물 뿐이다. 농업과 농촌, 농민 문제를 그대로 둔 채 설문지와 상담을 통해 농민의 자살이 줄어들 수는 없는 노릇이다.

어떤 지표로 보든, 한국인의 정신 건강이 심각한 위기 상황에 있다는 것은 분명하다. 그러나 진단과 처방이 잘못되면 위기는 더욱 깊어질 것이다. 조급하다고 단편적인 해결책이 통할 리 없다.

'개인주의-의료-결과' 패러다임을 모델로 삼아서는 정신 건강의 위기를 넘기 어렵다. 사회경제적 요인을 중심에 놓고 여러 부문이 함께 협력하는 전략이어야 한다. 문제의 뿌리를 향한 구조적 통합 패러다임이어야 해결책이 나온다. 여기에도 사회화가 필요하다.

풀뿌리 참여와 건강

간호 인력 정책이 추구해야 할 가치

2013년 2월 보건복지부가 "간호 인력 개편 방향"을 발표했다. 전문적인 분야로 인식되는 데다, 아주 세부적인 인력 문제니 만큼 사회적으로 큰 관심을 끌지는 못했다.

그러나 내부 사정은 제법 심각했고, 몇 달이 지나도록 말끔하게 해결되지 못했다. 이유는 인력 정책이기 때문이다. 어느 직종이든 마찬가지지만, 새로운 직종을 만들거나 업무 영역에 손을 대면 갈등으로 번질 가능성이 크다. 간호 인력도 마찬가지여서, 일부에서는 파업을 거론하기까지 했다.

정책의 문제를 따지기 전에 일단 내용을 살펴보자. 복지부가 발표한 대로라면 간호 인력의 종류가 기존 두 가지에서 세 가지로 늘어난다. 간호사는 그대로지만, 현재의 간호조무사가 1급 실무 간호 인력과 2급 실무 간호 인력으로 나뉘는 것이다. 2급 실무 간호 인력의 양성은 대체로 지금의 조무사와 비슷하다. 이에 비해 1급 실무 간호 인력은 대학 2년의 교육과 실습을 받도록 되어 있다. 따라서 간호조무사가 세분화된다기보다 1급 실무 간호 인력을 신설한다는 것이 더 정확한 표현이다.

정부는 새로운 인력을 신설할 때 담당 업무를 나누어 규정한다. 그러나 환자를 돌보는 업무, 더 좁게 말해 간호 업무는 수준에 따라 엄격하게 구분하는 데에 한계가 있다. 예를 들어 입원 환자에게 약을 '전달'할 수도 있지만 '교육'을 해야 하는 때도 많다. 전문성이 높은 일과 단순 업무가 명확하게 구분되기 어렵다. 설사 구분할 수 있다 하더라도 문제가 있는데, 그중 한 가지는 제도를 악용하려는 동기를 부추길 수 있다는 점이다. 현재도 전문 인력의 역할과 기능 가운데 명확하지 않은 부분이 많다. 더구나 아주 뚜렷한 역할 구분조차 보통 사람들은 알기 어려운 경우가 많다. 그 때문에 무자격자가 진료나 진료 보조 업무를 해서 문제가 발생하는 일이 지금도 종종 일어난다. 결국 간호사와 1급 인력 사이에서, 그리고 1급과 2급 인력 사이에서, 업무 영역이 중복되거나 구분이 모호한 부분이 생길 것이고 그 때문에 갈등과 제도 악용이 나타날 것은 뻔하다.

더 큰 문제는 그다음이다. 개편안은 일정 경력 이상을 쌓고 정해진 교육을 받으면 '경력 상승'(복지부가 보도 자료에서 사용한 표현)이 가능하도록 해놓았다. 즉, 실무 경력과 교육만으로 2급에서 1급으로, 1급에서 간호사로 '진급'할 수 있다는 것이다.

먼저 밝혀 두자. 나는 간호사(4년제 대학을 나온 이른바 '정규' 간호사를 말한다)의 직업적 이익에는 별 관심이 없다. 따라서 '경력 상승'을 허용할 경우 간호사의 직업적 권위나 전문성이 훼손될 것이라는 비판과 반발에 동의하지 않는다. 나아가 전문 직업인을 양성하는 방법으로만 보면 이런 방식도 가능하다고 생각한다. 더구나 한국 사회는 학벌이 모든 것을 압도하는 곳이 아닌가. 새로운 직업인 양성 제도가 왜곡된 고등교육에 작은 변화라도 줄 수 있다면 나쁠 것이 없다.

그러나 유감스럽게도 복지부의 새로운 시도가 그런 것을 염두에 둔 것 같지는 않다. 무엇보다 놀라운 것은 정책의 목표가 뚜렷하지 않다는 점이다. 보기에 따라서는 엄청나게 큰 파장을 몰고 올 수 있는데도 말이다.

복지부가 발표한 보도 자료를 옮겨 보자. "간호 인력이 하나의 정체성을 가질 수 있도록 제도를 개편"한다는 것이다. 여기서 제도가 개편되면 무엇이 좋아지는지, 특히 국민에게 돌아갈 이득이 무엇인지에 대한 이야기는 찾아볼 수 없다. 간호 인력이 하나의 정체성을 갖는다는 것은, 냉정하게 말하자면, 간호 인력 내부의 문제다. 현재의 조건이 의료 서비스 자체에, 또 국민들에게 어떤 문제가 있어서 바꾸려고 하는지 설명해야 한다.

문제는 정책이 어떤 가치를 추구할 것인지 분명하지 않다는 데서 출발한다. 말하자면 가치의 '공백' 상태라 해도 좋을 정도다. 정책이 추구해야 할 가치를 잃고 목표가 혼란스러운 이유는 짐작할 수 있다. 우선, 관료적 동기가 크게 작용하고 시민과 대중의 요구는 불충분하게 반영되기 때문이다. 또한 분산된 대중보다 조직화된 이익집단에 민감하기 때문이기도 하다. 이는 관료주의적 정책 결정의 자연스러운 결과라 할 수 있다. 시민의 편익을 증진한다는 정책 목표는 흔히 형식적인 말에 지나지 않는다. 공식적으로 추구하는 가치와 관료주의적인 비공식적 가치가 충돌하는 것이다.

결국, 환자와 시민의 관점에서 인력 문제를 다시 보고 새롭게 논의해야 한다. 사람을 중심에 놓고 볼 때 지금 가장 중요한 문제가 무엇인가를 물어보자. 어떤 가치를 추구할 것인가를 정하기 위한 질문이다. 아마도 많은 사람이 동의하는 답은 진료의 질이 낮고 위험하기까지 하다는 것이 아닐까.

진료의 질, 특히 입원 환자를 진료할 때 질이 보장되지 않는 데에는 여러 가지 이유가 있다. 그중에서도 가장 먼저 눈에 띄는 것은 간호하는 인력이 절대적으로 부족하고, 따라서 간호 시간이 충분치 않다는 것이다.

병원 현장에서 간호사가 부족한 것은 어제오늘 일이 아니다. 중소병원 열 곳 중 아홉 곳은 법으로 정한 그야말로 최소 기준조차 지키지 못하는 상태다. 간호사 한 명이 30~40명의 환자를 담당해야 하는 병원이 한두 곳이 아니다. 건강보험심사평가원이 2010년 말을 기준으로 발표한 통계를 보면, 간호사의 숫자가 얼마나 부족한지 잘 드러난다. 인구 1천 명당 숫자로 볼 때 경제협력개발기구 회원국 평균이 6.74명인 데 비해 한국은 2.37명에 지나지 않는다.

부족한 간호 인력과 지나친 노동강도는 질 저하로 이어진다. 간호 인력이 양적·질적으로 부실하면 더 많은 사고와 부작용, 합병증, 더 높은 사망률을 피할 수 없다. 간접적인 것까지 치면 그 결과는 훨씬 더 심각하다.

지금까지 정부가 아예 손을 놓고 있었던 것은 아니다. 간호대학을 많이 만들어 졸업생을 많이 배출하겠다는 것이 정부의 핵심 전략이었다. 숫자가 많으면 크고 좋은 병원을 채우고 결국 흘러넘칠 것(적하 효과 또는 하방 침투 효과)이라고 생각했을 것이다. 그러나 정부의 '인해전술' 정책은 제대로 작동하지 않았다. 아무리 간호대학을 많이 만들고 입학생 수, 졸업생 수를 늘려도 소용이 없었다. 큰 병원은 일을 시작하기 무섭게 그만 두는 간호사로 넘치고, 지방과 중소 병원은 여전히 구인난에 시달린다.

간호 인력에 관한 한, 현재 정부가 해야 할 첫 번째 과제, 제대로 만들어야 할 최우선 정책은 의료 기관이 충분한 간호 인력을 확보하고 양질의 간호를 제공할 수 있게 하는 것이다. 그러자면 현재의 정책을 다시 검토하고 정말 효과 있는 정책이 무엇일까를 고민해야 한다.

로제토 효과와 건강한 지역 만들기

　정책, 특히 국가 수준의 정책은 전문성과 참여의 문제를 완전히 극복하기 어렵다. 또한 실천의 주체를 확대하고 권력으로 만들어 내는 데에 한계를 가질 수밖에 없다. 이런 점에서 다시 지역과 지역 주민을 주목하게 된다. 지역은 현실적인 고통과 그것을 극복하려는 시도가 포착되는 실제적인 공간이다. 따라서 대안을 모색하는 새로운 실험과 실천이 이루어지는 가장 중요한 장場이다.

　1961년 미국의 내과 의사였던 울프 박사는 펜실베이니아 주 북부 로제토라는 곳에 여름용 농장을 하나 마련했다. 며칠 후 그 지역에 사는 의사 한 사람과 술자리를 함께하게 되었는데, 우연히 재미있는 이야기를 들었다. 바로 이웃한 옆 동네보다 로제토에서 심장병이 훨씬 덜 생기는 것 같다는 이야기였다. 그 당시 대학병원에 근무하던 연구자였던 울프는 바로 두 지역의 사망 자료를 구해서 분석을 시작했다.

　7년간의 사망 통계를 내본 결과 그 지역 의사의 짐작대로 두 지역은 확연하게 달랐다. 바로 옆의 지역은 미국 평균과 크게 다르지 않았다. 그러나 이탈리아 이주민들이 다수를 차지하는 가난한 동네인 로제토의 결과는 놀라웠다. 심장병 위험도가 높은 연령대인 55세에서 64세 사이에 로제토 사람들이 심장병으로 사망한 비율이 0에 가까웠던 것이다. 65세가 넘는 노인들의 심장병 사망률은 전국 평균의 절반도 되지 않았고, 전체 사망률 역시 3분의 1 정도로 낮았다.

이 소식이 알려지자 심장병 청정 지역에 전국적 관심이 집중되었다. 하지만 심층 조사를 통해 원인이 밝혀지자 전문가들은 물론 일반 사람들의 놀라움은 더욱 커졌다. 로제토 사람들의 건강 습관이나 환경조건이 기존의 의학 상식을 뒤집는 것이었다. 주민들은 매일 소시지나 미트볼 같은 기름진 음식을 먹었고 술도 엄청나게 마셨다. 지나친 흡연에 매우 열악한 노동조건까지, 심장에 좋지 않은 조건을 고루 갖추고 있었던 것이다.

연구진을 고민에 빠트렸던 수수께끼의 실마리는 공동체에서 풀렸다. 원인은 의학의 범위를 넘는 사회 그 자체였고, 상호 존중과 협동을 기초로 하는 공동체가 사람들을 건강하게 하는 것으로 밝혀졌다. 이것이 바로 그 유명한 로제토 효과다. 덕분에 미국에서는 공동체의 가치를 되돌아보게 되었으며, 사회적 연결망과 사회적 지지, 그리고 사회자본의 중요성이 크게 부각되었다. 사회적 연결망과 응집력 그리고 사회자본이 건강을 설명한다면, 지역의 효과는 건강에만 나타날 리 없다. 사람들의 생활은 지역사회를 매개로 통합되어 있기 때문이다. 예상대로 로제토 효과는 건강에만 그치지 않았다. 연구가 진행되던 당시에 이 지역의 범죄율은 0이었고, 공공 부조를 신청한 사람도 전무했다(*Chicago Tribune* 1996/10/11). 대학 진학률은 경제 수준이 비슷한 다른 지역과 비교도 되지 않을 만큼 높았다. 이런 결과가 가리키는 것은 명확하다. 로제토 효과가 건강뿐만 아니라 삶의 여러 영역에 걸친 통합적 효과라는 것이다.

그 이후 지역에서 나타난 변화도 흥미롭다. 시간이 지나면서 로제토 효과는 점차 사라졌다. 효과를 채 밝히기도 전인 1960년대 중반부터 이미 심장병이 늘어나기 시작했고, 1980년대 중반이 되면 옆 동네 수준에 가까워지게 된다. 이제는 효과가 사라진 이유가 다시 주목을 받았다. 로제토에서 전통적 생활 방식이 쇠퇴하고 미국의 주류 사회에 가까워진 것, 즉 미국화가 주범으로 지목되었다. 물질적으로는 훨씬 더 잘살게 되었지만, 지역과 공동체는 더 이상 유효하지 않게 되었다. 로제토 효과가 사라지면서 역설적으로 로제토 효과의 의미, 즉 지역사회가 중요하다는 것이 다시 드러났다. 이제 로제토는 역사로 남았지만, 여전히 의미심장한 메시지를 던져 준다. 삶에 중요한 영향을 미치는 터전으로서 지역의 중요성은 지금도 가볍지 않기 때문이다.

그렇다면 한국 사회에서도 지역사회가 중요할까. 한참 한국 사회를 시끄럽게 만들었던 성범죄에 로제토 효과를 적용해 보는 것이 좋겠다. 문제의 종류도 상황도 로제토와 다르지만, 지역사회가 건강과 안전에 긍정적 영향을 미칠 수 있을지를 생각하는 데에 좋은 재료가 될 것이다. 대응 방법을 두고 논란이 거듭되고 있는 가운데 물리적·화학적 거세나 사형 집행을 늘리자는 등의 범죄 상업주의 또는 포퓰리즘에 기댄 대책들도 많다. 그러나 길게 설명할 것도 없이 시대착오적인 대책으로는 효과를 보기 어렵다.

굳이 학술 연구나 통계를 동원하지 않아도 많은 성범죄가 지역사회와 밀접하게 연관되어 있다는 사실은 잘 알려져 있다. 지역사회 관점에서 보자면, 성범죄는 피해자·가해자 모두 저소득층에 집중되고, 혼자 있는 어린이가 목표가 되는 경우가 많다. 성범죄가 많은 지역사회에서는 문제가 있더라도 익명성의 뒤에서 잘 드러나지 않고 오랫동안 방치된다. 구성원들은 대체로 서로 무관심하고, 사회적 네트워크 역시 느슨하다. 또한 사회적 지지망과 돌봄 체계가 건전하게 작동하지 않는다.

이는 성범죄가 일어난 지역에 한정된 문제가 아니다. 지금 한국 사회에서 대부분의 지역사회는, 근본 원인이 무엇이든, 로제토 효과가 실현될 조건과는 반대의 상황에 놓여 있다. 건강한 지역이란 단지 순찰을 자주 돌고 폐쇄 회로 텔레비전이 많은 곳을 가리키는 것이 아니다. 우범 지역을 없애고 자율 방범을 열심히 하는 것이 해결책이 될 수도 없다.

범죄가 없었던 로제토에서 얻을 수 있는 교훈은 분명하다. 서로 존중하고 협동하는 것을 기초로, 사회적 연결망과 지지 체계가 갖추어진 지역이 건강 수준이 높고 범죄가 적다. 이런 지역일수록 불평등과 차별이 적고 낙오자가 드물기 때문이다. 공동체와 지역사회에 대한 강한 소속감은 이와 같은 선순환 과정의 결과다. 이런 지역이 (사회 자체가 건강하다는 의미에서) '건강한 지역'이라 할 수 있다.

많은 나라에서 건강한 지역 만들기는 범죄를 줄이는 핵심 방법 가운데 하나로 꼽힌다. 나아가 건강한 지역 만들기가 건강과 범죄에 한정되지 않는 종합 대책이라는 것도 중요하다. 그 사회는 신체와 정신이 더 건강하고 유대감이 강하며 교육에 더 적극적인 공동체가 될 가능성이 높다. 건강에 한정해서 보더라도 건강한 지역 만들기는 중요한 전략이자 방법이다. 점점 더 만성질환이 많아지고 노인 인구가 증가하는 환경에서 이런 필요는 더욱 커질 것이다. 식사와 운동, 흡연, 음주, 스트레스를 지역과 떼어 놓고 생각하기는 어렵다. 기능의 장애와 돌봄의 공간도 마찬가지다. 극도로 상업화된 의료에 대한 대안도 찾아봐야 한다. 지역사회는 문제가 만들어지는 동시에 해결되는 중심 터가 될 수밖에 없다.

건강한 지역 만들기가 중요하다는 데에 원론적으로 동의한다 하더라도 어떻게 만들까 하는 것은 과제로 남는다. 지향은 아직 추상적이고 전략과 방법은 명료하지 않다. 가능성도 미지수다. 새로운 전망으로 제자리를 잡기 위해서는 적어도 두 가지 과제를 해결해야 할 것이다. 우선, 이 땅에 지역사회가 과연 존재하며 현재도 의미가 있는가 하는 질문에 답해야 한다.

도시화가 급속하게 진행된 지난 50년의 역사, 그리고 익숙한 현재의 도시적 생활양식으로 볼 때 충분히 생각해 볼 문제다. 그러나 지역사회를 과거의 개념에만 붙들어 둘 필요는 없다. 사람이 사회적 존재인 한, 어떤 형태로든 지역사회를 만들고 발전시켜 나가기 마련이다. 사이버 공동체든 성미산 공동체와 같은 방식이든 새로운 지역사회의 가능성은 충분하다. 더구나 전통적 의미의 지역사회조차 계속해서 축소되고 해체될 것 같지는 않다.

산업화 이후 전통적 지역사회를 붕괴시킨 일차적 요인은 대규모 인구 이동이었다. 그러나 산업과 경제가 상대적으로 안정화됨에 따라 인구 이동 역시 좀 더 안정적인 경향을 보일 가능성이 커졌다. 최근 20년간 인구이동률은 1999년 20.0퍼센트를 최고치로 꾸준히 감소해 2011

년에는 16.2퍼센트를 기록했다. 또 2010년 현재 가구별 평균 거주 기간은 7.9년으로 2005년보다 0.2년 늘었다. 느리기는 하지만 지역사회의 안정성은 좀 더 커질 것으로 예상할 수 있다.

두 번째 질문은 로제토와 같은 지향과 가치가 바람직한가 하는 것이다. 물론, 그것을 무엇으로 해석하든 그리고 가치가 있든 없든, 완전히 과거로 회귀해 봉건적이고 권위주의적이며 개인을 억압하는 지역사회가 만들어질 가능성은 아주 작다. 그보다는 전에 없던 새로운 긴장 관계에 주목해야 한다. 지역사회는 국가, 시장, 공공성(시민 권력), 개인과 새롭고도 다양한 긴장 관계를 만들어 낼 것이다. 꼭 맞는 예는 아니지만, 지역의 협동조합에서 출발해 대기업 집단을 이루고 국경을 넘어 다국적 기업에 이른 몬드라곤 협동조합(특히 그 한계)이 하나의 교훈이 될 수 있다. 일부 사람들은 규모가 커지고 글로벌 시장에 깊숙하게 편입되면서 몬드라곤이 본래의 지향을 잃고 사기업과 비슷하게 바뀌고 있다고 비판한다. 지역공동체와 자본주의 시장, 특히 국경을 넘는 글로벌 시장과의 긴장은 지역사회가 갖는 전통적 가치를 심각하게 위협한다.

따라서 새로운 지역공동체의 기초에는 새로운 현실에 걸맞은 가치가 자리를 잡아야 한다. 아마도 개방성과 사회적 연대, 민주적 참여와 공공성, 다양성과 자율 등이 핵심 가치가 될 것이다.

건강한 지역 만들기가 이 시기 중요한 정치사회적 실천 과제라는 것은 분명하다. 한국 사회에서 이는 어찌 보면 오랜 경험이자 유산이지만, 새로운 도전이자 모색이기도 하다. 협동과 새로운 실험을 통해 가능성의 공간을 열 수 있기를 바란다.

지역 보건의 새로운 가능성

로제토 이야기를 조금 넓혀 지역 보건의 가능성을 생각해 보자. 앞서 비슷한 문제를 제기했지만, 보건과 의료에서 '지역'의 위상은 불안하다. 아직 지역 보건법이 있고, 대학에서는 여전히 지역사회 보건, 지역사회 간호, 지역사회 의학을 가르친다. 그러나 좀처럼 활기를 느끼기 어렵다. 지역을 강조하는 것을 시대에 뒤떨어진 완고함이나 과거로 돌아가자는 '복고'로 받아들이는 사람도 많다.

한국의 보건에서 지역이 위축(또는 소멸)된 것은 적어도 두세 가지 경로를 거친 결과라 할 수 있다. 급격한 도시화가 한 가지 원인이고, 지역이 지역 주민의 주체화 없이 '국가 제도화'된 것이 또 다른 원인이다. 또한 한국의 건강 레짐이 병원과 치료 중심으로 편성되면서 보건과 의료에서 지역이라는 토대가 해체되었기 때문이다.

도시화가 지역을 약화시켰다는 주장에는 이견을 달기 어렵다. 그러나 이런 진단은 부분적으로만 사실이다. 지역을 농어촌과 전통적 공동체로 한정할 수만은 없기 때문이다. 실제로 도시에서도 지역공동체가 존재하고 새로 만들어지며 살아 움직이고 있다(예를 들어 서울의 성미산 마을). 지역의 의미가 농어촌으로 좁아진 것은 지역 보건이 극복해야 할 역사적 유산이다.

게다가 지역 보건이라는 말에 붙은 '지역'은 정확한 용어가 아니다. 대체로, 지역은 기능적 연계를 전제로 하면서 '지리적으로 연속된 공간'을 뜻한다. region(혹은 zone이나 area)이라는 영어 단어가 이에 해당한다. 지역계획이나 지역개발이라는 말에서 지역이 바로 이런 뜻이다. 그러나 지역 보건이나 지역사회 의학, 지역사회 간호라고 할 때 지역은 region이 아니다. 모두 community라는 영어를 옮긴 것으로, 지역보다는 공동체에 더 가깝다. 따라서 지역 보건의 지역은 좁게 해석한 지리적 공간을 넘어 다양한 공동체(직장, 학교, 종교 모임, 사회단체 등)를 모두 포함하는 것으로 해석하는 것이 옳다.

이런 점에서 지역 보건은 두 가지 오해를 모두 안고 있다. 하나는 농어촌, 벽지, 오지에만 해당하는 이야기라는 오해이고, 또 다른 오해는 지리적·공간적 의미로만 범위를 한정하는 것이다. 누군가 지역 보건 일을 한다고 하면(지역사회 의학이나 지역사회 간호도 비슷하다), 흔히 전문 의료 인력과 시설이 부족한 농어촌에서 교육이나 봉사 활동을 하는 것으로 상상하기 쉬운데, 이는 이런 오해의 결과일 것이다.

한국의 지역 보건은 국가 제도화라는 또 다른 역사적 유산과 싸우고 있다. 1960년대부터 1980년대 초반까지, 보건의료 인력과 시설이 크게 부족한 상황에서 지역 보건은 보건 문제 해결을 위한 중요한 전략이었다. 지역사회 자원의 동원, 주민들의 참여와 주도적 역할, 치료뿐만 아니라 위생 환경과 행태 등을 포함한 통합적 접근 등 부분적으로는 지금도 가치 있는 전략들이 지역 보건의 틀을 통해 시험되고 시도되었다.

그러나 이런 전략들은 지역 보건이라는 이름과는 달리 지역에 채 뿌리를 내리지 못한 상태에서 국가 제도 속으로 흡수된다. 지역에 기반을 둔 문제 해결 방법, 주민의 민주적 참여와 역량 강화, 여러 부문의 통합적 접근과 같은 지역 보건의 지향과 전략은 많은 사람들이 지역 보건을 옹호하고 지지하게 만들었던 이유였다. 그러나 무의촌을 해소하고 급증하는 의료 수요를 해결한다는 것이 국가적 목표가 되면서, 지역 보건은 '보건소(시군 단위), 보건지소(읍면 단위, 공중보건의), 보건진료소(마을 단위, 보건진료원)'라는 국가의 공적인 영역으로 축소되었다. 그 결과 지역 보건의 지향과 전략의 대부분은 최소한의 형식만 남거나 그마저도 사라졌다.

지역 보건은 이중, 삼중의 이유로 쇠퇴 일로를 걸어 왔다. 이제 와서 다시 어떤 희망의 원천이 될 수 있다고 답할 만한 경험적 근거는 없다. 그러나 지금과는 모든 것이 판이하게 달랐던 1960~70년대에 지역 보건에서 희망을 발견하려 했던 사람들이 사울 알린스키Saul Alinsky와 파울루 프레이리Paulo Freire를 읽고 영감을 얻었다는 것은 되새길 만하다.

알린스키는 일상생활에서 출발한 풀뿌리 조직과 주민의 주도권, 주민 내부의 지도력 개발, 민주적 참여의 촉진 등을 핵심으로 하는 주민 조직론으로 유명하다(사실 한국에서는 오바마 미국 대통령이 젊은 시절 시카고에서 주민 조직가로 일하면서 알린스키로부터 ― 간접적이지만 ― 큰 영향을 받았다고 한 사실 때문에 더 유명해졌다). 또한 프레이리는 이른바 '의식화' 개념과 민중 교육론으로 한국의 사회운동에도 큰 영향을 끼쳤다. 아마도 1970~80년대 가장 영향력이 컸던 이론가 중 하나였을 것이다.

이들은 현실 정치와 정책, 제도에서 희망을 발견할 수 없었던 사람들이 아래로부터의 운동과 압력을 통해 현실을 바꿀 수 있다는 전망과 근거를 제시했다. 알린스키와 프레이리가 직접 보건을 이야기한 것은 아니지만, 지역 보건과 관련해 보통 사람들의 생활과 삶, 지역에서 변화의 동력을 발견하려 했던 이들로부터 교훈을 얻었던 것이 틀림없다. 사회와 제도 어느 쪽으로 보든 지역 보건의 상황은 예전과 많이 다르다. 배울 것이 있다 하더라도, 알린스키와 프레이리 역시 맥락이 다른 것처럼 보인다. 그러나 그때나 지금이나 역사의 발전과 진보는 (유일한 동력은 아니지만) 사람들의 삶에 넓고 깊게 뿌리를 내린 아래로부터의 운동에 크게 의존한다.

이 점에서 알린스키의 문제의식과 지향은 위로부터의 변화(그의 제자를 자처하는 오바마와 힐러리 클린턴의 지향)와 방향은 다르지만 상호 보완적이다. 좀 더 건강하고 정의로운 사회를 만들기 위한 전략으로서 지역 보건의 가능성을 모색해야 하는 이유도 이와 다르지 않다. 그리고 그 가능성은 역사에서 배우는 교훈을 바탕으로 해야 한다.

건강한 학교를 위하여

학교를 지역사회로 인식하는 것이 조금은 낯설지도 모른다. 그러나 적어도 보건 분야 안에서 학교는 직장과 더불어 대표적인 지역사회로 간주된다. 앞에서 말한 것처럼 지역사회보다 공동체라고 하면 좀 더 받아들이기 쉬울지도 모르겠다.

'지역사회로서의 학교'에는 적어도 두 가지 의미가 있다. 하나는 학생과 교사가 모여서 집단을 만들고 공동체를 형성한다는 의미에서 학교는 독자적인 지역사회(공동체)이다. 또한 학교는 물리적으로 (주변의) 지역사회에 포함되는 동시에 구성원의 네트워크와 생활을 통해 지역사회에 연결되고 통합되어 있다.

이제 학교를 지역사회나 공동체라고 인정하면 '건강한 삶을 위한 학교'라는 과제는 좀 더 현실적인 것이 된다. 건강이 개인의 차원을 넘어 공동체 전체의 가치이자 목표가 되는 것이다.

많은 보건 전문가들은 건강과 학교를 매우 밀접한 관계에 있는 것으로 본다. 잘 알려져 있듯이, 세계보건기구는 '건강을 증진하는 학교'라는 개념과 전략을 제안하고 있다. 흔히 '건강한 학교'라고 줄여 부르는 것이다. 어떻게 이해하든 학교를 지역사회로 보지 않으면 가능하지 않은 개념이자 전략이다.

한 개인이 평생 건강하게 살아가는 데에 학교는 중요한 기반이 될 수 있다. 아동과 청소년 시기가 중요한 만큼 학교가 중요하기 때문이다.

학교는 우호적인 환경과 적대적 환경을 동시에 제공한다. 좋은 쪽으로 보면 건강에 도움이 되는 행동과 개인의 능력을 기를 수 있는 효과적인 조건을 갖고 있다. 억지로라도 운동을 배우는 것, 좋은 학교 급식을 통해 균형 잡힌 영양을 섭취할 수 있다면 학교를 통해 평생 건강하게 사는 데에 필요한 지식과 습관을 얻을 수도 있다.

물론, 학교는 건강에 적대적인 조건을 제공할 수도 있다. 학업 성취 부담과 경쟁이 지나치면 정신 건강을 위협한다. 유례없이 높은 한국 청소년의 자살률은 이런 요인을 빼고는 설명하기 어렵다. 담배와 술, 약물, 폭력과 같은 위험 요인 역시 마찬가지다. 이런 문제는 개인이 아니라 지역사회 속에 내재된 것이다.

학교가 학생의 현재와 미래 건강에 영향을 미치는 것은 분명하다. 미국이나 유럽과 같은 나라에서 17, 18세기부터 교육과 보건을 연결시키고자 노력했던 것은 이 때문이다. 한국에서도 근대 교육이 시작되는 것과 동시에 학교보건이 시작되었다. 몇 년 전부터는 교과목에 보건이 포함되기도 했다. 따라서 학생들의 건강을 위해 학교가 적극적인 역할을 해야 한다는 데 많은 사람들이 동의하고 있다.

그러나 학생의 건강을 위한 학교의 역할은 매우 좁게 규정되어 있으며, 많은 사람들이 이를 보건 교사 또는 보건실 정도로 이해하고 있다. 그나마 그것을 담당할 인력과 시설조차 빈약하다. 전국 학교 세 곳 중 하나는 보건 교사도 없다.

겉으로 보기에 어린이와 청소년의 건강은 그리 나쁘지 않다. 젊기 때문이다. 질병이나 사고처럼 문제가 드러나지 않는 이상 소극적 역할에 머무르게 되는 것이다. 교육 현장의 투자 우선순위를 고려할 때 그럴수밖에 없다는 것도 어느 정도까지는 이해할 만하다. 교실과 운동장, 화장실 같은 기본 시설마저 제대로 갖추어져 있지 않은데, 건강을 위한 투자는 순서가 한참 뒤처질 수도 있다. 그리고 보면 건강을 위해 투자가더 필요하다는 주장은 학교에서조차 상투적이고 비현실적으로 들릴지도 모른다.

꼭 그 때문은 아니지만, 투자와 인력 배치가 더 필요하다는 소리를되풀이하려는 것은 아니다. 그보다는 학교의 건강, 건강한 학교를 생각하는 틀을 바꾸는 것이 더욱 중요하다. 시급하고 중요한 몇 가지 전환의포인트를 생각해 보자. 학교를 지역사회로 보는 한, 이 또한 지역 보건의 일반적 원리를 벗어나지 않는다.

첫째, 학생과 학교의 건강을 좀 더 폭넓게 보아야 한다(포괄성의 원리). 세계보건기구가 말하는 건강한 학교 만들기만 하더라도 한두 가지사업이라기보다는 크고 전반적인 종합 프로그램으로 많은 구성원과 지역사회를 모두 포함하고, 신체와 정신 건강뿐만 아니라 사회적 지지와여가, 여러 환경을 함께 다룬다. 이제 고질적 문제가 되어 버린 학교 폭력도 제대로 대처하려면 건강 관점을 보태야 한다. 담배, 약물, 스트레스 같은 문제는 더 말할 것도 없다. 단순히 청소년 문제라거나 사회문제라는 인식의 틀을 넘어서야 한다. 해결의 방법을 생각할 때도 건강 문제, 공중 보건 문제로 보는 것이 더 효과적이다.

둘째, 건강한 학교 만들기에는 민주주의와 참여의 원리가 작동한다 (민주성의 원리). 학교와 학생의 건강은 학생, 교사, 지역사회 구성원 모두의 책임이다. 건강이 여러 가지 요인에 의해 결정되고 또 증진된다는 것 때문에 이는 당연한 것처럼 들린다. 그러나 참여의 필요는 단지 모든 사람이 협동해야 효과적이라는 도구적 차원을 넘어선다. 학교 공동체의 주체들이 스스로 결정하고 실천하는 민주성의 원리는, 건강한 학교가 좀 더 보편적 가치를 갖게 되는 출발점이다. 특히 학생이 가장 중요하다는 것을 강조하고 싶다.

한국적 맥락에서 지역사회의 참여와 협력은 결코 쉽지 않은 과제이다. 선진국의 학교보건이 지역사회와 연계하고 협동해 온 역사는 이미 오래되었다. 건강 문제와 해결 방법의 특성을 생각하면, 단지 수단으로만 보더라도 지역사회의 참여는 더 커지고 넓어져야 한다. 그것은 더할 나위 없이 중요한 자원이기 때문이다. 나아가 지역사회의 참여는 민주주의가 심화되는 과정이기도 하다. 건강한 학교 만들기는 좀 더 나은 정치 공동체를 만들어 가는 중요한 실천의 장이 될 수 있다.

셋째로 강조할 것은 건강한 학교 만들기가 전체 학교 교육에 체계적으로 통합되어야 한다는 점이다(통합성의 원리). 생활과 삶은 근본적으로 통합적이고, 건강 역시 예외가 될 수 없다. 학생의 시각에서 보면 더욱더 그렇다.

건강한 습관이나 정신 건강, 폭력 문제가 어느 교과목이나 특정 분야 교사의 전유물이 될 수 없는 것은 당연하다. 수학과 국어 과목에서도 교육 중에 금연 메시지를 교육 소재로 삼는다고 생각하면 쉽다. 때때로 어느 계기를 통해 특정 교과목의 전문성을 드러내는 것이 불가피하더라도 잘 조정된 통합이 삶의 원리에도 부합한다.

마지막으로, 건강한 학교 만들기는 체계 없이는 불가능하다(체계화의 원리). 잘 만들어진 계획과 역할 분담, 리더십이 필요하다. 농어촌 학교 되살리기 등을 이와 비슷한 사례로 생각해 볼 수 있다. 이 역시 학교를 하나의 지역사회로 이해한다면 아주 당연한 원리다.

한 가지 덧붙이자면, 냉소하지 말자는 것이다. 현재의 학교 현실은 분명 어느 것 하나 만만하게 생각할 수 없을 만큼 어렵다. 제도 교육의 봉건성과 전근대성 역시 극복하기 힘든 난관임을 잘 알고 있다. 이를 뒷받침하는 대중과 이해 당사자가 보이는 자기중심성은 현실을 더욱 절망적으로 보이게 한다.

그렇지만 새로운 현실은 꿈과 지향성에서 나온다. 지역에서 새로운 대안의 실마리를 찾을 때도 꿈과 지향이 바탕이 되는 것은 마찬가지다. 그러니 학교 역시 먼저 시작하고 실천하는 것이 중요하다. 학생의 건강한 삶이 가치 있는 것이라면 학교는 지역 보건을 모색하는 또 다른 실천 공간이 되어야 한다.

건강 레짐

살인 없는 공동체, 후터라이트의 교훈

지역 차원에서 건강에 영향을 미치는 전략의 핵심은 한마디로 '인구 집단' 접근이다. 낯설고 뜻도 썩 잘 전달되지 않는 말이지만 별다른 대안이 없어 인구 집단이란 말을 쓴다. 개인 한 사람 한 사람을 대상으로 하는 것과 달리 집단 전체에 어떤 변화를 일으키려는 것이 목적이다.

쉬운 예를 하나 들어보자. 개인 건강의 차원에서는 전염병에 걸리지 않으려면 (예방주사가 효과가 있다고 가정할 경우) 각자 예방주사를 맞으면 된다. 그러나 인구 1천 명의 어떤 집단이 전염병을 예방하기 위해 1천 명 모두가 주사를 맞을 필요는 없다. 어느 정도 이상만 접종을 받으면 전염병은 유행하지 않는다.

집단 면역이라는 것이 생기기 때문에 주사를 맞지 않은 사람도 결과적으로 예방의 효과를 보게 된다. 이기적 관점에서 가장 '합리적'인 행동은, 자신은 빠지고 나머지 사람들은 모두 예방주사를 맞게 하는 것이다 (이때의 합리성은 물론 경제학에서 말하는 합리성이다).

이처럼 개인 보건과 지역 보건의 시각과 방법은 다를 수밖에 없다. 지역 차원에서는 인구 집단 접근을 택하는 것이 당연하다. 모든 사람이 예방접종을 받는 것보다, 일정 수 이상이 예방접종을 받게 하는 데에 더욱 관심을 쏟는 것이다. 지역은 개인으로 구성되어 있지만 개인을 단순히 모아 놓은 것과는 다르기 때문이다.

인구 집단 전략이 필요하다는 점에서 범죄도 건강 문제와 비슷한 점이 많다. 범죄와 지역 보건의 문제를 함께 살펴봄으로써 새로운 통찰력을 얻을 수 있다. 또한 범죄를 중요한 공중 보건 문제의 하나로 이해하는 데도 이런 시각이 도움이 될 것이다.

범죄와 안전이 점점 더 중요한 관심사가 되는 사회는 불행하다. 큰 사건이 일어날 때마다 관심은 더욱 커지고 대책을 요구하는 목소리는 높다. 피해자가 어떤 사람인지, 사건이 어떻게 일어났는지, 많은 사람이 걱정하는 것이 당연해 보인다. 언제나 해결책은 어느 정도 포퓰리즘에 가깝다. 가해자를 엄하게 처벌하라는 것이 대부분이고, 차분하게 생각해 보자는 목소리는 쉽게 묻힌다. 정부의 대책도 처벌의 범주에서 크게 벗어나지 않는다. 그 사이 대책은 조금씩 진화했지만 크게 효과를 본 것 같지는 않다. 2011년판 범죄 백서를 근거로 판단하면 그렇다.

2001년에서 2010년 사이 인구 10만 명당 강력 범죄 발생 건수가 31.4건에서 54.4건으로 계속 늘어났다. 특히 강간 사건은 거의 두 배로 급증했다. 인구가 늘었고 신고가 많아져서 늘었다고 볼 수도 있다. 그러나 그걸 고려해도 마찬가지다. 치안 당국이 여러 차례 다짐한 것으로 기억하지만 범죄가 줄었다는 증거는 찾기 어렵다.

범죄를 예방하고 사람들을 안전하게 보호하는 것은 매우 중요한 사회적 목표이다. 정책의 우선순위가 높은 것이 당연하다. 그러나 범죄 대책과 처벌은 여론에 몰려 냄비 끓듯 하는 경우가 많다. 2012년 여름 '주폭'이 문제라면서 한 언론사가 나서고 정부가 맞장구를 친 기억이 새롭다. 뿌리를 뽑을 듯이 요란했지만 이내 잠잠해졌다. 기묘하게도 질병으로서의 알코올 중독에는 오히려 관심이 크지 않았다.

건강이라는 시각에서 보면 범죄와 안전은 건강과 서로 긴밀하게 연결되어 있다. 범죄는 중요한 공중 보건 문제다. 일차적으로 범죄가 건강을 해치는 중요한 직접적 원인이기 때문이다. 건강이 훼손되는 극단적인 결과인 사망과 손상은 더 말할 것도 없다. 경찰청 통계를 보면 2010년에만 1,251명이 살인 사건으로 목숨을 잃었다. 폭력 발생은 30만 건에 가깝다. 죽고 다치는 것이 이 정도면 범죄를 중요한 건강 문제로 다루지 않을 도리가 없다.

또한 범죄로 인한 건강 손상은 일시적인 것에 그치지 않는다는 점도 중요하다. 폭력과 강간 피해자 또는 가까운 사람들이 어떤 문제를 안고 살아가는지를 생각하면 쉽게 이해할 수 있다. 평생 영향을 미치는 것이다.

아울러 간접적인 건강 효과도 무시할 수 없다. 범죄 발생은 사회적으로 스트레스와 불안, 행동 변화를 유발하고 이는 건강을 해치는 방향으로 작용한다. 2007년 영국의 스태퍼드Mai Stafford 박사 연구팀이 『미국 공중보건저널』American Journal of Public Health에 발표한 논문*은 이런 사실을 잘 보여 준다. 이 연구에 따르면 평소 범죄에 대한 공포가 큰 사람은 그렇지 않은 사람에 비해 우울증 증상을 보일 가능성이 1.93배에 이르렀다. 또 범죄에 대한 공포가 큰 사람들이 운동도 덜 하고, 친구도 덜 만나며, 사회 활동에도 덜 참가하는 것으로 나타났다. 신체 건강과 함께 '사회적' 건강 역시 나빠지는 것이다.

이처럼 범죄는 건강에 직간접적으로 영향을 미친다. 그런데 이와는 반대 방향의 인과관계도 중요하다. 즉, 건강이 범죄 발생의 (결과가 아니라) 원인으로 작용한다는 점이다. 이런 경우에 해당하는 질병으로는 정신 질환이나 약물 중독을 쉽게 떠올릴 수 있을 것이다(의학적으로는 약물 중독도 정신 질환에 속하지만 여기서는 구분하자).

정신 질환을 가진 사람이 범죄율이 높은가에 대해 아직 명확히 밝혀진 바는 없다. 한국에서도 꽤 오래전에 이 문제를 두고 논란이 있었지만 결론을 내리지 못했다. 이에 비해 알코올 중독이 범죄와 밀접한 연관이

● Mai Stafford, Tarani Chandola, and Michael Marmot, 2007, "Association Between Fear of Crime and Mental Health and Physical Functioning," *American Journal of Public Health*, November 2007, Vol. 97, No. 11, pp. 2076-81.

있다는 것은 분명하다. 2009년 경찰청이 국회에 제출한 자료에는 5대 강력 범죄의 28.8퍼센트가 술에 취한 사람이 저지른 것으로 되어 있다. 미국의 한 민간 기관이 그동안의 연구를 정리한 결과에서도 폭력과 연관된 범죄의 40퍼센트는 알코올이 원인으로 작용했다고 한다.

범죄의 원인이 되는 경로는 조금 다르지만, 적절한 치료가 필요하다는 것은 정신 질환이든 알코올 중독이든 마찬가지다. 이들 질병은 범죄의 원인이 될 수 있지만, 치료를 하거나 관리할 수 있다는 사실을 잊어서는 안 된다. 이 경우 건강 정책은 범죄 예방 대책과 다르지 않다. 정신 질환자나 알코올 중독자가 건강을 회복하고 적절한 사회생활을 할 수 있게 하는 것이 곧 범죄를 줄일 수 있는 방법이 된다.

건강과 범죄의 세 번째 연관 관계는 양자가, 적어도 부분적으로는, 같은 뿌리에서 나온 것이라는 점이다. 쉽게 예상할 수 있듯이 가난이 이 두 가지 문제의 공통 원인으로 작용한다.

2011년 범죄 백서에 실린 소년 범죄자의 생활수준별 분포를 살펴보면, 2006~10년 사이 소년 범죄자 가운데 60.5~62.4퍼센트가 생활수준이 하류에 속했고, 상류에 속하는 아이들은 0.5퍼센트에도 미치지 못했다. 가난이 건강에 어떤 영향을 미치는지는 새삼 되풀이하지 않아도 될 것이다. 결국 범죄 예방과 건강 정책은 '탈빈곤'이라는 한 가지 과제로 수렴된다.

불평등도 중요한 공통 원인이다. 길리건은 『왜 어떤 정치인은 다른 정치인보다 해로운가』에서 폭력이나 자살이 거의 없는 공동체인 후터

라이트Hutterite를 소개하고 있다. 이 종교 집단이 북아메리카에 자리를 잡은 뒤 1백여 년 동안 단 한 건의 살인도 없었고 자살한 사람은 딱 한 명이었다고 한다. 이 놀라운 결과를 간단하게 설명하기는 어렵겠지만, 길리건은 무계급 사회에 가까운 평등을 원인으로 꼽고 있다. 이는 불평등이 적은 사회일수록 더 건강하다는 리처드 윌킨슨Richard Wilkinson의 일관된 연구 결과와 일치한다.

이상과 같은 이유 때문에 건강과 범죄라는 두 가지 문제 모두, 적어도 지역 차원에서는, 인구 집단 전략을 회피할 수 없다. 이 전략에 기초하면, 역학자 제프리 로즈Geoffrey Rose가 『예방의학의 전략』(김명희·김교현·기모란 옮김, 한울, 2010)에서 주장하듯 '일탈'보다 '평균'을 이동해야 한다.

살인, 알코올 중독, 고혈압과 같은 현상은 전체 분포에서 극단적 값을 갖는, 말하자면 일종의 일탈 같은 것이다. 각자 개인으로 봐도 마찬가지다. '극단'이란 〈그림 1〉과 〈그림 2〉에서 오른쪽이나 왼쪽 끝을 의미한다. 중요한 것은 일탈은 '일반' 또는 '정상'과 완전히 분리된 것이 아니라 연속적인 분포의 한쪽 끝이라는 점이다. 생물학적 현상에도 사회적 현상에도 이런 분포와 일탈의 관계는 비슷하다.

이 분포는 전체 분포의 평균치가 바뀌는 것에 따라 이동한다. 다시 그림을 보자. 예를 들어 〈그림 2〉처럼 전체 인구의 혈압 평균치가 낮아지면 분포는 왼쪽으로 이동하고, 결과적으로 고혈압에 해당하는 사람이 줄어든다. 로즈는 고혈압인 사람을 골라서 해결하고자 하는 전략을 '고위험군' 전략이라고 하고(〈그림 1〉), 전체 집단의 평균혈압을 낮추려는

그림 1_고위험군 전략

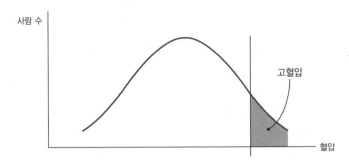

그림 2_인구 집단 전략

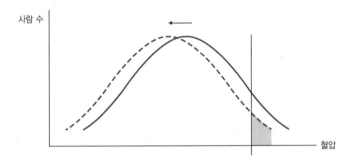

전략을 '인구 집단' 전략이라고 불렀다(〈그림 2〉). 그는 인구 집단 전략이 더 효과적이고 효율적이라고 주장했다.

고혈압이 대표적으로 이런 경우에 해당한다. 전체 인구의 평균혈압이 3퍼센트 낮아지면 고혈압 때문에 생기는 문제의 25퍼센트를 줄일 수 있다. 좀 더 단순하게 말하면 로즈는 고혈압 환자(고위험군)를 찾아내서 치료하는 것이 아니라 평균혈압(인구 집단)을 낮추는 전략을 옹호한다.

전체 분포를 그대로 두고 일탈을 줄이는 것은 불가능에 가깝다. 살인을 예로 들자면, 범죄를 저지를 고위험군을 격리하는 것으로는 새로운 고위험군을 막을 수 없다. 로즈의 표현으로는 다양성을 지향하는 힘이 원상을 회복시키기 때문이다. 범죄 위험군을 격리하고 나면 끝이 아니라 새로운 위험군이 추가되어 본래의 분포로 '회복'되는 것이다.

살인, 지역사회에서 발생하는 사고, 성폭행, 고혈압, 알코올 중독 등모든 것을 일탈 현상으로 부를 수 있다. 집단 차원에서 보면 집단을 구성하는 개인들이 만드는 분포에서 한쪽으로 치우친 상태를 반영한다.

일탈을 줄이기 위해서는 인구 집단 전략과 고위험군 전략을 모두 사용할 수 있다. 우리 사회에서는 고위험군 전략이 훨씬 더 익숙하다. '잠재적' 범죄자를 특별히 관리해야 한다는 것이 대표적이다. 이는 정밀한 건강검진을 통해 질병의 위험이 높은 사람을 찾아내야 한다는 것과 마찬가지다.

그러나 인구 집단 전략에 기초하면, 분포(그리고 평균치) 자체를 옮겨야 일탈이 줄어든다. 이 전략을 적용할 수 있는 예는 많다. 성의 상품화와 성차별이 줄어야 성과 관련된 범죄율이 낮아질 수 있다. 같은 이유로 평균 음주량이 줄어야 알코올 중독도 적어질 것이다.

인구 집단 전략은 범죄 예방과 건강 정책에 모두 적용된다. 특히 지역 전체를 보면 그 원리가 똑같다. 일부 예외적인 사람과 문제를 격리하는 것이 아니라 전체 분포를 (앞의 〈그림 2〉에서 보듯이) 왼쪽으로 옮겨야 한다. 또한 궁극적인 목표는 서로 다르지만 사실상 같은 정책도 있다. 빈곤 감소가 대표적 예이다. 가난을 해결하면 질병과 범죄가 모두 줄어든다. 범죄를 건강의 시각으로 다시 해석하고 재구성해야 한다.

올림픽과 시민의 건강

인구 집단 전략은 공식 부문에서는 흔히 '보건 사업'이라는 이름으로 진행된다. 학교의 예방주사나 과거의 가족계획 같은 것이 한 예다. 사람들을 모아 놓고 교육을 하거나 공동 활동을 하는 방식을 생각하면 된다. 지금은 아스라한 추억이 되었지만 상수도 건설, 화장실 개량 사업도 크게 보면 이런 전략에 포함된다.

하지만 인구 집단에 변화를 일으키는 방법은 크게 바뀌고 있다. 예전만큼 전염병이 많지 않고 환경위생이 개선된 조건에서는 옛날 방식이 유효하지 않기 때문이다. 만성질환이 늘어나면서 운동과 영양·흡연·음주·스트레스 같은 요인들이 중요해졌고, 인구 집단 전략도 이런 문제를 어떻게 효과적으로 조절할 수 있는가에 집중되었다.

또한 요즘 해결해야 할 문제는 각 개인별로 조건과 필요가 다르다는 특징을 갖는다. 인구 집단 전략이지만, 개인 맞춤형이 되어야 하는 것이다. 그러면서도 빈곤이나 소득, 노동조건과 같은 사회경제적 요인이 중요하다. 또한 별개의 문제가 아니라 통합적 문제로 해결하려고 해야 한다. 고혈압 따로 운동 따로가 될 수 없다. 한편으로는 전염병 위주의 시대보다 어려워진 점이 많다.

지역에서 제기되는 새로운 전략의 필요성에 비해 사회적 대비는 매우 부실하다. 정부와 지역사회 모두 마찬가지다. 운동을 예로 들어 어떤 시도가 더 필요한지 생각해 보자.

한국 사람치고 김연아나 박태환을 모르는 사람은 몇 안 될 것이다. 겨울을 빼고는 프로야구가 국민 스포츠가 된 지도 오래다. '보는' 스포츠에도 분명 긍정적인 역할이 있다. 생활에 지친 보통 사람들에게 재미와 위로를 줄 수 있으니 말이다. 때로는 선수들의 비범한 인생사에 감동과 자극을 받기도 할 것이다. 어린이와 청소년들에게는 좋은 모범이 될 수도 있다.

그러나 올림픽이나 프로야구를 보느라 몰두하는 것이 건강에 좋을지는 의문이다. 한밤에 외국의 프로 축구를 보느라, 시차가 다른 때 하는 올림픽경기를 응원하느라 생활 리듬이 깨지기 일쑤다. 또한 몸은 가만있고 맥주와 치킨을 먹다가 운동 부족에 체중 증가가 겹치기도 한다.

물론 올림픽경기나 프로야구를 잠깐 보는 것을 두고 생활 리듬이니 건강 행태니 하는 것은 지나친 것인지도 모른다. 엘리트 체육만 두드러지고 스포츠를 수동적으로 소비한다는 익숙한 비판도 현실을 부풀리긴 마찬가지다.

2010년판 체육 백서를 보면 생활체육과 신체 활동은 꾸준히 늘고 있다. 생활체육 동호인 수는 전체 인구의 6.3퍼센트에 이르고, 한 주에 두세 번 규칙적으로 체육 활동에 참여하는 사람도 20퍼센트를 넘는다. 평일과 주말을 가리지 않는 그 많은 등산 인구를 보면 엘리트 체육과 보는 스포츠만 있다고 할 수도 없다.

물론, 같은 자료에 포함된 다른 통계를 보면 판단하기가 쉽지 않다. 절반 가까운 45.3퍼센트는 생활체육 활동을 전혀 하지 않는다. 이 숫자는 1994년 43.3퍼센트, 2000년 34.1퍼센트, 2008년 53.2퍼센트로 들쭉날쭉하다. 그러나 이 통계조차 좋은 쪽으로 과장되었을 가능성이 크다.

건강 측면에서 신체 활동(전에는 '운동'이라고 불렀으나, 최근에는 체력 향상이 아닌 건강 향상을 위한 것이라는 의미에서 신체 활동이라고 한다)이 어떤 가치가 있는지를 길게 설명할 필요는 없을 것 같다. 신체 활동이 질병을 예방하거나 건강을 증진하는 효과가 있다는 것은 대부분이 아는 바다. 물론 신체적 건강뿐 아니라 심리적·정신적 효과도 있다. 사회적 결속력을 높이고 공동체 전체에도 도움이 된다고 하니 삶의 질을 높이는 필수적인 활동이라고 할 수 있다.

이 때문에 어느 나라든 신체 활동을 늘리는 것을 중요한 건강 정책이자 사회정책으로 삼는다. 미국의 사례를 살펴보자. 미국은 오래전부터 대통령 위원회를 만들 정도로 특별한 관심을 보였다. 1956년 '대통령 자문 청소년 신체 활동 위원회'를 만들었고, 이름과 기능을 키워 2010년에는 '대통령 자문 신체 활동·스포츠·영양 위원회'로 바꾸었다.

한국도 신체 활동을 중요하게 생각하기는 마찬가지다. 2011년에 보건복지부가 확정한 '제3차 국민 건강 증진 종합 계획'에 이는 중요한 국가 목표 중 하나로 되어 있다. 성인의 경우, 걷기를 제외한 중등도 이상의 신체 활동 실천율을 2008년 14.5퍼센트에서 2020년 20퍼센트로 증가시킨다는 것이 국가 목표이다.

중요하다는 것에는 이견이 없지만, 정책적으로 어떻게 신체 활동을 늘릴 것인가가 늘 고민거리다. 좋은 방법이 많지 않은 데다, 바로 성과를 보기가 쉽지 않기 때문이다. 특히 개인과 사회 환경이 맞물려 있다는 점이 정책을 더 어렵게 만든다.

개인적 취향이나 행동, 습관 같은 것이 신체 활동에 중요한 역할을 한다는 것을 부인할 수 없다. 그 때문이겠지만, 우리 사회에서는 신체 활동이 개인의 영역에 속한다는 시각이 압도적으로 강하다. 말하자면 '내 탓' 프레임이다. 천성이 게으르다, 의지가 약하다, 작심삼일이다 등의 자책과 비난이 모두 여기에 해당한다.

그러나 여러 가지 여건이나 환경이 뒷받침되어야 한다는 것 역시 사실이다. 정책적으로는 오히려 생활의 구조적 환경을 바꾸는 것이 더욱 중요하다. 사는 곳 가까이에 산책을 할 수 있는 공원이 있는 것과 없는 것의 결과는 많이 다르다. 보통 사람들이 쉽게 신체 활동을 할 수 있는 사회 환경에 특히 주목해야 한다. 그 환경이란 것이 사회경제적 맥락에서 자유롭지 않기 때문이다.

다시 2010년판 체육 백서를 보면, 규칙적인 운동을 하지 못하는 이유 가운데 55.2퍼센트가 "일이 바빠서, 시간이 없어서"라고 한다. 한국 사회에서 시간이 없다는 것은 개인적 차원의 문제가 아니다. 장시간 노동, 노동강도, 힘거운 출퇴근을 떠올리는 것이 자연스럽다. 정확히 맞는 통계를 찾기는 어렵지만 구조나 환경이 장애물로 작용하는 것도 무시할 수 없다. 적당한 시설이나 장소를 찾을 수 없다거나, 있더라도 경제적·문화적·지리적 장애 요인이 있으면 소용이 없다.

신체 활동을 둘러싼 사회적 구조는 사회경제적 불평등을 그대로 반영한다. 장시간 노동과 저임금에 시달리는 비정규직 노동자를 생각하면 짐작하기 쉽다. 규칙적으로 운동할 시간과 경제적 형편이 될 리 없다. 어떤 여건을 갖춘 곳에서 살고 일하는지도 뻔하다. 신체 활동 실천율이 계층 사이에 불평등하게 나타나는 것은 당연한 결과다. 2007년 질병관리본부가 국민 건강 영양 조사를 분석한 결과가 그렇다. 월 소득 1백만 원 미만에 비해 4백만 원 이상인 남자 성인이 적절한 신체 활동을 할 가능성이 85퍼센트 이상 더 높았다.

앞에서 본 것처럼, 정부는 2020년까지 신체 활동 실천율을 20퍼센트로 올리겠다고 공표했다. 이 목표가 충분한 근거를 가진 합리적인 것인지는 좀 더 따져 봐야 한다. 콕 찍어서 몇 퍼센트라고 목표를 정한 근거가 없을지도 모른다. 그러나 어느 경우든 목표 자체가 공수표로 그쳐서는 안 될 것이다.

이보다 걱정스러운 것은 정부의 정책 원리가 주로 개인을 탓하는 방식에 의존하고 있다는 점이다. 여건은 어렵지만 열심히 노력해 보자는 것이 개인 차원으로 접근하는 전략의 핵심이다. 이는 겉으로 밝히지는 않아도 개인적 의지와 부지런함, 비용 부담을 전제로 한다.

정부가 공표한 추진 방향에는 환경적 접근을 옹호하고 사회적·물리적 환경을 개선하도록 노력한다는 것도 포함되어 있다. 그러나 구체적인 계획에서는 지침을 제정한다든가 프로그램을 보급하는 등 개인적 접근의 비중이 훨씬 크다. 환경적 접근은 추상적이고 소극적인 차원에 머물러 있다.

다시 강조하지만 사회적·환경적·정책적 변화가 더 중요하다. 최근까지의 연구 결과를 종합해 보면 효과가 있는 정책은 이런 것들이다. 신체 활동을 촉진하는 도시계획, 관련 시설(공원, 운동장, 체육 시설)의 접근성 향상, 도로와 골목 수준의 시설 개선, 계단 이용, 학교 체육 강화 등이다. 신체 활동을 늘리는 것이 정말 중요하다고 생각한다면 쉽게 그렇게 할 수 있도록 지지하는 환경을 만드는 것이 핵심이 되어야 한다. 그것도 주로 불리한 처지에 있는 사람들의 여건을 바꾸는 것을 우선순위로 해야 한다.

2012년 런던 올림픽을 떠올려 보자. 영국 보건부는 올림픽을 어떻게 활용할 것인가를 미리 연구해, 이미 2009년에 보고서를 펴냈다. 여러 정책 권고 중에서도 단연 눈에 띄는 것은 올림픽의 '페스티벌' 효과를 기대한다는 결론이다. 직접 효과가 있는 것은 아니지만, 올림픽이 계기가 되어 사람들이 신체 활동에 더 많이 참여하도록 유도할 수 있다는 것이다.

다른 것은 몰라도, 올림픽을 신체 활동을 늘리는 데에 활용할 수 있다는 생각, 참고할 만한 아이디어 아닐까. 올림픽이든 프로야구든, 애국심을 드높이거나 그저 즐기는 차원에 그치지 말아야 한다. 보는 스포츠는 신체 활동의 환경과 여건을 만들자는 '페스티벌' 효과로 이어질 때 더욱 가치가 높아진다.

노동자의 죽음과 노동 건강 정책

새로운 건강 레짐을 관통하는 고리 가운데 하나는 통합(성)이라는 가치다. 통합적 관점과 접근이 중요하다는 것은 앞에서 사회적 결정 요인을 말하면서, 그리고 건강 정책과 사회정책을 말하면서 여러 차례 강조했다.

건강의 범위를 넘어 사회적 요인이 작동하고 있고, 여러 전문 영역이 관련되며, 관료제 구조 역시 수직적으로 분리되어 있다(예를 들어 보건복지부-고용노동부)는 점에서 노동자 건강 정책은 통합적 접근이 필요한 대표적 사례라 할 만하다. 물론 이는 역사적 경로의 결과물이지만, 의외로(또는 그 때문에) 문제의식은 약하며 기존의 이익 구조는 공고하다. 이런 맥락에서 새로운 건강 레짐을 말하면서 노동자 건강 정책을 빼놓을 수는 없다.

먼저, 최근에 발생한 노동자 건강 문제 세 가지를 간단하게 정리해 보자.

① 2012년 3월 30일 쌍용자동차의 해고 노동자인 이 아무개 씨가 스스로 목
숨을 끊었다. 그는 쌍용차 정리 해고 이후 목숨을 잃은 스물두 번째 희생
자다. 자살, 돌연사 등 정리 해고로 인한 노동자와 그 가족의 죽음이 멈추
지 않고 있다.

② 2012년 숨진 이윤정 씨는 18세 때부터 6년간 삼성전자 반도체 공장에서
일했다. 두 아이의 어머니로, 2010년 뇌종양 진단을 받고 투병 중이었다.
이 문제를 다루는 단체인 반올림이 모은 희생자 수는 놀랍다. 그의 죽음
은 당시까지 삼성전자 반도체의 직업병 의심 제보자 90명 중 서른두 번
째이고, 삼성전기 공장까지 합하면 140명 중 쉰다섯 번째였다.

③ "방사선에 많이 노출된 원전 근무 노동자들의 염색체형 이상이 건강한
일반 성인보다 많다. 염색체 이상이 더 많다는 것은 암 발생 가능성이 더
높다는 것을 뜻한다." 2012년 5월 11일 직업환경의학회에서 주영수 교
수가 발표한 내용이다. 염색체 이상의 빈도는 다른 팀이 수행한 연구(서
울대학교 의학연구원의 "원전 종사자 및 주변 지역 주민 역학조사 연구")
결과에 들어 있었지만, 막상 연구팀이 주최한 주민 설명회에서는 발표되
지 않았다. 주민들의 암을 문제 삼고 있는 동안 노동자들도 암의 위협에
노출되어 있었다.

맥락과 양상은 다르지만 세 사례 모두 노동자의 생사에 대한 것들이

다. 쌍용차나 삼성전자나 누군가 죽지 않으면 한국 사회에서 노동자의 건강이 사회적 관심을 끄는 일은 드물다. 그동안 몇 차례 사회적 관심을 끌었던 산업재해 문제도 마찬가지다. 죽거나 아주 심각한 상황이 아니면 보편성을 지닌 사회문제로 인식되기 어렵다.

실업과 해고, 비정규 노동문제는 그래도 자신의 문제라는 식의 관심을 받을 수 있을지언정, 노동자의 건강은 보통 남의 문제가 되기 쉽다. 원전 노동자들의 건강 문제도 주민의 건강 문제보다 멀게 느껴지는 것이 사실이다. 노동자는 건강이 문제가 되지 않는 사람, 또는 피해를 입는 것이 당연한 사람처럼 느껴질 정도다.

어찌 보면, 노동자의 건강은 고립된 섬과 같은 위치에 있는 것처럼 보인다. 다른 건강과 보건을 '일반'으로 표현한다면, 노동자 건강은 '특수'라는 성격 규정을 받고 있는 것이다. 정책은 노동 당국, 치료는 산재보험, 전문 의료 인력은 직업 환경 의학 전문의가 맡는다는 식으로 영역 규정부터가 완강하다. 사실 이런 구분은 오래전에 굳어진 것이라 문제 제기 자체가 새삼스러울지도 모른다.

노동자 건강 문제를 '일반' 건강 문제와 분리하면 분명 장점이 있다. 나눈다는 것은 곧 전문화와 특수화를 뜻하는데, 이는 전문성의 발휘, 집중, 효율성, 차별적 우대와 같은 긍정적인 측면을 가진다. 그리고 이런 장점(아니면 그 가능성) 때문에 일부러 노동자 건강을 분리해서 취급해온 것도 사실이다. 그래서 노동의 내부와 외부를 가릴 것 없이, 노동자의 건강이 특별하게 취급되어야 한다는 주장은 여전하다.

그러나 노동자 건강 문제가 일반적인 건강 문제와 분리됨으로써 실제로는 건강에서 노동이 은폐된다는 사실에 주목해야 한다. 이런 은폐는 노동자의 건강 문제를 가장 좁은 범위의 공식적·제도적 틀 속에서만 (예를 들어 산재보험) 다루는 방식으로 이루어진다.

노동은 의심할 바 없이 이 시대 사람들의 삶을 규정하는 핵심 요소이다. 그렇다면 건강 역시, 그것이 건강을 위협하는 요인이든 문제를 해결하는 방식이든, 노동(직장)을 빼고 생각하는 것은 불가능하다. 『경향신문』 2011년 11월 25일자를 보면, 한국의 노동시간은 2010년을 기준으로 연간 2,193시간이고, 이를 환산하면 주당 42시간에 이른다. 게다가 15.0~41.9퍼센트의 노동자는 일주일에 52시간 이상을 직장에서 일하면서 보내고, 10명에 한 명꼴로 밤샘을 한다. 그리고 이들이 일하는 곳은 중금속과 소음, 교대 근무, 스트레스를 피할 수 없는 환경일 수도 있다. '노동하는 인간'이라는 표현은 노동의 신성함을 나타내기도 하지만, 아울러 고통스러운 삶의 조건과 환경을 가리킨다.

그렇지만 건강과 노동조건은, 다분히 의도적으로, 좀처럼 서로 연결되지 않는다. 장시간 노동, 교대 근무, 스트레스가 건강에 미치는 영향은 이미 잘 알려져 있는 사실인데도 불구하고 해결은 노동환경을 개선하기보다는 개인에게 생활 습관을 개선하고 스트레스에 현명하게 대처할 것을 요구하는 식으로 이루어진다. "노동환경이 나쁘다"고 하기보다는 "나를 발전시켜서 좀 더 괜찮은 직장으로 옮길 것"이라고 말하는 것이 대표적인 예다.

사회와 문화, 그리고 지식 체계가 이런 의도적 분리를 강화하는 데 기여하는 것은 물론이다. 건강이 아무리 중요해도 그것을 결정하는 노동조건의 문제는 체계적으로 은폐된다.

그리고 일단 문제가 노동(자)의 건강 문제로 규정된 이후에는 노동환경과 건강의 관계는 제도화된다(산재보험이 대표적이다). 이때 제도화는 최소한의 범위를 넘지 않으며, 더 중요한 것은 건강 문제가 이런 제도 바깥으로 나가는 순간 노동과 건강의 관계가 사라진다는 점이다.

쌍용차와 삼성전자 노동자의 사례는, 지루하고 복잡한 법률적 다툼을 거치는 와중에 인과관계를 증명해야 한다는 명분을 앞세워 엄격한 증거를 요구하는 과정에서 불확실하고 사소한 것은 모두 배제한 채 최소한으로 축소된 문제가 된다. 가해자는 그 문제가 무엇이든 바로 그 작업장에서 생긴 것이 아니라는 것을 증명하기 위해 온 힘을 다한다. 쌍용차나 삼성이 노동자의 죽음에 아무런 책임이 없다고 당당하게 주장할 수 있는 것은 문제를 제도 바깥으로 외재화하고 얻은 성과라고도 할 수 있다. 그렇게 해서 노동과 건강의 관계는 다시 멀어진다.

이제 노동과 건강이 연결되어야 한다. 단기적으로는 숨겨진 건강과 노동의 관계를 적극적으로 드러내는 과제를 수행해야 한다. 그러기 위해서는 노동(자)의 건강이 전체 건강과 보건의료 체계의 틀 안에서 통합적으로 재구성되어야 한다. 노동은 건강 전체의 핵심 결정 요인으로 이해되어야 하고, 보건의료는 노동을 중요한 행위자이자 문제 해결의 당사자로 받아들여야 할 것이다.

이런 관점을 택할 경우 보건소가 직업 환경 보건 사업을 수행하는 것은 자연스러운 일이 된다. 지역 보건의 핵심 주체인 보건소가 사업장과 노동자를 빼고 보건 사업을 하는 것이 오히려 부자연스럽다. 또한 재정과 보건의료 서비스 영역에서 산재보험과 건강보장이 통합되어야 한다는 문제 제기도 당연하다.

이런 제안은 단지 몇 가지 단편적인 사례에 지나지 않는다. 국민 대다수가 노동자 또는 노동자의 가족이라는 점을 생각하면 된다. 통합적 관점을 가지고 노동을 중심에 놓는 새로운 건강 레짐을 구축하는 것이 긴요하다.

지금까지 노동 건강 정책이 건강 레짐의 한 요소로 이해되어야 한다고 주장했다. 그러나 대안적 건강 레짐을 염두에 두면, 아직도 검토할 과제가 많다. 건강 레짐이 제도와 정책은 물론이고 문화와 규범, 사회적 상호 관계를 모두 포함하고 있기 때문이다. 지금까지 다룬 주제에서는 특히 사람의 동기와 행동, 가치 등을 충분히 생각하지 못했다. 다른 기회에 다루어야 할 남은 과제라고 생각한다.

남은 과제 가운데 특히 두 가지를 더 생각해 보려고 한다. 지금까지 말한 논지와는 흐름이 약간 다르지만, 건강 레짐의 포괄성을 고려한다면 비록 어설픈 수준이라도 빼놓기는 어렵다. 하나는 국제(글로벌) 수준에서 건강과 보건의료를 어떻게 생각할 것인가 하는 문제이고, 또 다른 하나는 지속 가능성과 연관된 것이다. 이들 주제는 건강과 보건의료에서는 그리 많이 다루지 않았지만, 많은 분야에 공통적으로 해당된다는 측면에서 요즘 들어 가장 주목받는 주제이다.

국민국가를 넘는 건강 레짐

한국 사회만큼 국민국가 — 어쩌면 베네딕트 앤더슨Benedict Anderson
이 말하는 '상상의 공동체'일지도 모르는 — 라는 좁은 틀에 강하게 얽매
여 있는 나라도 많지 않을 것이다. 사실 우리 사회에서 민족을 매개로
한 국민국가의 정체성은 다른 사회적 정체성을 압도한다. 계급이나 지
역, 종교, 인종과는 비교도 되지 않는다. 물론 이런 정체성은 역사적으
로 만들어진 것이다.

많은 사회에서 국민국가의 정체성은 전형적으로 타자와의 구별을
통해 만들어진다. 우리 사회에서는 특히 식민지와 전쟁의 경험이 중요
한 역할을 했다. 타자가 명확하다는 점에서 구별과 적대야말로 정체성
이 형성되는 데 핵심적인 요소이다.

물론 국민국가의 자기 정체성은 사회적 통합성을 높이고 집단의 힘
을 모으는 데 필수적인 요건으로 작용한다. 그런 의미에서 한국 사회가
양적으로 성장하는 데에 국민국가의 통합적 정체성이 기여했다는 주장
은 사실일 것이다. 그러나 "모든 민족주의는 인종주의"라는 어느 평론가
의 말을 빌리지 않더라도, 민족에 기초한 국민국가의 열정은 때로 이성

의 눈을 멀게 할 수 있다. 순기능을 긍정하는 사람들조차 이성적·합리적 판단을 그르칠 수 있다고 말한다.

국민과 민족을 앞세우면 열정과 감정이 거칠게 겉으로 드러난다. 겉으로는 이성과 합리성을 이야기한다고 해도 크게 달라질 것은 없다. 최근 몇 년간 한미 FTA를 추진하면서 정부가 내세운 논리는 국익에 도움이 된다는 것이었다. 하지만 이에 반대하는 주장도 '진정한' 국익을 내세워 국익론에 대항했다. 결과적으로 이성과 합리성은 허울뿐이었고 국익을 냉정하게 따진다는 것은 결국 열정을 다르게 표현한 말에 지나지 않았다. 내용만 달랐을 뿐 결국 애국과 국익에 복무하자는 것은 같았던 것이다. 그런 점에서 우리는 여전히 강고한 국민국가 속에 살고 있다.

그렇지만 '국민'은 이제 더 이상 안정적이지 않다. 우리가 내면화한 국민국가 이념은 심각한 도전을 받고 있는 것이다. 특히 국경을 넘어 보편적으로 추구해야 할 인류 공동의 가치와 긴장 관계를 만드는 일이 점점 늘어나고 있다는 데에 주목해야 한다.

건강과 보건의료도 이런 맥락에 있다. 다른 분야와 정도의 차이는 있지만, 지금까지는 국민국가의 틀과 경계에서 자유롭지 못했다. 그러나 이 역시 새로운 긴장과 도전을 마주하고 있다. 몇 가지 익숙한 것만 들여다보자.

우선 보건의료 정책이 확대되고 변화함에 따라 영향을 미치는 범위가 한국이라는 국민국가 밖으로 넓어졌다. 이는 검역이나 전염병 관리, 해외여행자의 건강처럼 국제적으로 해결해야 할 일이 늘어난 것 외에도 국민국가들 사이의 권력관계를 반영하는 국제적인 정치경제의 장이 만들어지고 있기 때문이다.

　대표적인 예가 이른바 의료 관광이다. 약품이나 장비를 수출하는 것도 어느 정도는 비슷한 점이 있다. 물론 의료 관광이 좀 더 직접적이지만, 약품이나 장비도 다른 나라(국민국가)의 건강과 보건의료에 영향을 미친다(한국에 들어와 있는 다국적 제약회사를 보라). 의료 관광이나 보건의료 산업을 어떤 방식으로 정의하든, 이들이 국민국가를 넘어 활동하는 목적은 궁극적으로 이익을 얻으려는 것이다. 물론 (적어도 공식적으로는) 상대국도 이 때문에 혜택을 본다고 가정한다. 그러나 우리가 이미 알고 있는 것처럼 국가 사이의 분업은 항상 '윈-윈' 게임으로 끝나지 않는다. 당사자인 국가 사이에 해결할 수 없는 긴장이 생기는 것은 이 때문이다. 혁신적인 신약을 두고 벌이는 다국적 제약회사와 개발도상국의 싸움은 이를 잘 나타낸다.

　그나마 한국에서는 아직 의료 관광의 규모와 비중이 그리 크지 않아서 본격적으로 문제가 제기되고 있지는 않다. 그러나 앞으로 외국 환자 유치나 병원 경영 기술 전수와 같은 '수출'이 많아지면 상황이 달라질 것이다. 상대방 국가의 보건의료 체계를 흔들거나 사회 구성원에게 부정적인 영향을 미칠 가능성이 커진다.

　더구나 지금 한국은 경쟁적으로 해외 시장을 '개척'하려 하고 있다. 소위 의료 한류를 꿈꾸고 있는 것이다. 협력보다는 시장이라는 시각에서 '영토 확장'의 기운이 짙다. 국제 협력이나 원조를 명분 삼아 보건의료 기관이 외국에 진출하는 것도 마찬가지다. 상대 국가의 필요에 따라 부족한 것을 돕고 협력하는 것이 아니라면 갈등이 발생할 수 있다.

국민국가의 동기가 자국의 이익을 실현하는 것에 있는 한, 이 긴장 관계를 제대로 해소할 길을 찾기는 어렵다. 본래 국제관계의 현실이 경쟁적이고 약육강식의 논리가 지배한다는 현실론도 있다. 그렇다면 제국주의와 식민지 지배의 과거와 본질적으로 다를 것이 없다.

다른 예도 있다. 이주 노동자와 결혼 이주자, 여타 외국인 거주자의 건강과 보건의료 문제이다. 지리적으로는 국내 문제지만, 이들을 '국민'과 '비국민'으로 나누면 차별과 배제는 불가피한 것이 된다. 사실 국민국가의 전통적인 틀로는 이들을 우리 사회의 온전한 '시민'으로 제대로 포함하기 어렵다. 흔히 '국민'으로 통합하는 것을 최우선 과제로 삼고(한국 말과 문화를 가르친다는 그 많은 사업들이 이를 목적으로 한다), 그마저 시혜나 온정의 차원에 머무르기 쉽다.

국민국가의 정체성이 또 다른 긴장을 불러일으키는 영역은 국제 원조이다. 이는 원조의 목적이 무엇인가 하는 질문과 밀접하게 연관된다. 최근 들어 한국의 국제 원조 규모가 급증하고 있고, 보건의료 원조도 따라서 증가하고 있다. 국가 사이의 공식 원조 이외에도 개인이나 민간단체가 참여하는 원조나 봉사도 날로 늘어난다.

자기중심적인 국민국가의 이념에 기초할 경우 원조나 봉사의 목적은 매우 좁아진다. 특히 익숙한 '국익론'을 피하기 어렵다. 한국형 원조를 '수출'한다는 것도 비슷한 맥락이다. 이처럼 자기 이해에 기초를 둔 지향은 당연히 갈등의 씨앗을 내포한다. 상대국의 상황과 필요, 지향이 중심에 놓이지 않으면 원조와 봉사는 새로운 제국주의라는 비판을 받기 쉽다.

역사적으로 한국 사회는 국민국가의 좁은 이해를 넘기 어려운 조건을 고루 갖추고 있다. 자기 이익에 충실하고, 자기중심적인 경향을 드러낼 가능성이 높은 것이다. 보건의료나 건강과 관련된 정책과 활동도 마찬가지다.

국익과 애국·애족을 넘어선 국민국가의 정체성은 협력과 공존, 연대의 가치를 핵심 요소로 포함한다. 인간의 보편적인 고통과 억압을 넘어서기 위해 함께 노력한다는 것이 국민국가의 행동에서 중심 원리가 되어야 하는 것이다. 한걸음 더 나아가면 국민국가라는 틀을 벗지 않고는 이런 원리를 실현하기 어려울 수도 있다.

이제 의료 관광을 비롯한 보건의료 산업, 외국인과 이주자, 보건의료 국제 원조와 협력은 탈국민국가적 원리를 바탕으로 다시 설계되어야 한다. 식민지 경험을 가진 우리가 가져야 할 것은 또 다른 제국이 되고자 하는 욕망이 아니다. 협력과 연대를 통해 함께 발전한다는 꿈이 필요하다.

녹색 건강의 지속 가능성

녹색 정치는 우리에게 이미 익숙하다. 대표적인 것이 녹색당이다. 독일 녹색당은 비록 연정이지만 집권 경험이 있고, 2011년에는 역사상 최초로 주 정부를 장악하기도 했다. 한국에서도 1980년대 말부터 녹색당을 만들려는 시도가 계속되었고, 2012년 총선을 앞두고 다시 녹색당이 창당되었다. 충분히 표를 얻지 못해 해산되었지만, 당의 존재 여부를 떠나 이들이 하나의 정치 세력이 되는 것은 돌이킬 수 없는 흐름이다.

녹색당과 같이 유일한 이념은 아니어도 녹색의 가치를 정치적 지향에 포함하고 있는 정당은 많다. 적녹 동맹이라는 말에서도 알 수 있듯이 진보 정당들이 더욱 적극적이다. 한국에서도 진보신당이 총선 이후에 녹색당과 통합을 모색한다고 했을 정도로 진보와 녹색의 친화성은 강하다.

중도와 보수 정당도 어느 정도까지는 녹색의 가치를 거부하지 않는다. 한때 한국 사회에 널리 퍼졌던 지속 가능한 성장이 중도와 보수까지 설득한 대표적인 녹색 담론이라 할 수 있다(그러나 녹색 성장과 녹색 정치는 거리가 멀어 보인다).

최근 들어 정파에 관계없이 녹색의 가치가 강화되고 있는 것은 녹색 정치의 지향이 그만큼 보편적이라는 것을 뜻한다. 녹색 정치의 지향점은 전 세계적으로 크게 다르지 않다.

한국의 경우 주로 탈핵과 에너지 전환, 농업 살리기, 풀뿌리 자치, 생명권, 인간다운 노동, 여성·소수자·청년을 위한 정치를 내세운다. 세계적으로도 녹색 정치는 환경, 사회정의, 풀뿌리 민주주의, 비폭력 등을 주요 이념으로 한다. 이중 몇 가지는 논쟁적이지만 각각의 지향은 매우 중요한 의미를 갖는다. 앞으로 형태야 어떻든 녹색 정치는 더욱 활성화 될 것이다.

이런 맥락에서 건강도 '녹색 건강'의 가능성에 주목하지 않을 수 없다. 녹색 정치의 중요성에 비추어 보면 건강에서 녹색 담론은 소극적인 데다 걸음마 단계를 벗어나지 못했다. 몇 가지를 제외하면 말부터 익숙하지 않다.

일반인에게 가장 익숙한 것은 환경이나 생태적 삶이 (주로 개인적 차원에서) 건강에 미치는 영향이다. 탈핵·반핵의 논리에서도 핵이 건강에 미치는 악영향에 대한 이야기가 보통 사람들에게 가장 설득력 있다.

보건의료에서도 이명박 정부의 녹색 성장 드라이브에 발맞추어 녹색 의료가 유행처럼 번진 적이 있지만, 에너지 절약, 폐기물 처리, 친환경 소재를 강조하는 정도였다. 급기야 녹색 의료 관광이라는 형용모순에 가까운 주장이 나오기도 했다. 이 정도가 되면 녹색이 아니라 녹색의 탈을 쓴 성장론이라 해도 지나친 말이 아니다.

그렇다면, 벌써 많이 오염되긴 했지만, 녹색과 생태의 지향에 부합하는 '녹색 건강'이나 '녹색 보건의료'를 우리의 삶과 우리 사회의 원리로 정립할 수 있을까. 그게 가능하다면 핵심은 무엇일까.

우선, 2010년 한국한의학연구원이 펴낸 홍보물에 들어 있는 표현을 보자. "세계는 지금 기존의 고비용, 고자원, 병원 중심, 약품, 수술, 격리,

전문가 중심의 '적색 의료'Red Medicine에서 저비용, 저자원, 고효율, 비침습, 천연물, 친환경, 소비자 중심의 녹색 의료Green Medicine로 패러다임의 진화를 요구하고 있습니다."

이명박 정부의 녹색 성장 드라이브가 한창인 때였다는 것이 마음에 걸리지만, 내용만 보면 매우 중요하고 논쟁적인 문제를 제기하고 있다. 자원을 적게 쓰겠다는 것, 전문가보다는 소비자를 중심으로 한다는 내용에 특히 주목할 만하다. 대체로 기본적인 문제의식은 공감할 부분이 많다.

그러나 녹색 '의료'라는 말에서도 금방 드러나듯이, 이런 패러다임은 여전히 의료의 생산방식에 초점을 맞춘 것이다. 소비자 중심을 이야기하지만, 그것이 여전히 의료인 한 풀뿌리 민주주의라는 지향은 쉽게 충족되기 어렵다.

그렇다면 녹색 건강의 바람직한 지향은, 다시 논쟁적일 수 있지만, 건강 레짐을 다시 설계하는 것이다. 녹색 건강을 위한 건강 레짐은 기본적으로 (모든 측면에서) 지속할 수 있는 것, 그리고 녹색의 가치를 지향하는 것이어야 한다.

구체적으로 녹색 건강은 자원을 절약하고 환경 친화적이며 소비자 중심의 의료에 국한되지 않는다. 예방과 건강 증진, 치료, 요양의 모든 국면에서, 그리고 개인과 사회, 시장과 국가를 아우른 범위에서 녹색의 가치를 구현하는 건강과 보건의료를 구성할 때 녹색 건강이 성립될 수 있다. 생태적이고, 사회정의에 부합하며, 민주주의적으로 참여하고, 다양성을 존중하는 하나의 건강 레짐이라 해도 좋다.

녹색 건강의 의미는, 특히 건강의 가치를 어떻게 볼 것인가 하는 문제를 둘러싸고 논쟁을 불러일으킬 수 있다. 그러나 녹색 건강의 가능성을 탐색하는 것은 반드시 필요하다. 건강이 이기적 소비와 탐욕의 대상이 아니라 공존과 공생, 평화, 사회연대 속에 있는 것이어야 한다고 믿기 때문이다.

이 책에서 아프게 확인한 것은 현재 이 땅에서 살아가는 사람들이 여전히 건강 불평등과 부정의 속에 있다는 것이다. 그리고 고통을 만들어 내는 사회구조와 조건은 서로 복잡하게 얽혀 있고, 시장에 붙들려 있으며, 사람들의 생활과 내면을 모두 장악하고 있다는 것이었다.

이런 사정은 당분간 그리 좋아지지 않을 것 같다. 긍정적으로 생각해도 쉽게 해결되지 않을 과제가 많다. 그런 점에서 객관적인 상황에 관한 한 나는 아무래도 비관주의자인 모양이다.

첫째, 건강과 보건의료의 공공성은 계속 약화되고 훼손될 것이다. 물론, 어느 정부 어떤 정권이든 건강과 보건의료의 공공성을 전면적으로 부인하지는 못할 것이다. 건강은 사회와 인간 삶의 필수 요소이고, 그런 점에서 어떤 경우에도 완전히 시장화될 수 없기 때문이다. 그러나

'최소의 공공과 최대의 시장'이라는 신자유주의적 원리가 당분간 한국 사회를 지배할 것이라는 예상을 바꾸기는 어렵다.

그렇다면 영리 병원, 공공 부문 축소, 민영화, 민간 보험, 의료 산업 등 시장은 다양한 모습으로 더 강화된 권력을 행사할 것이다. 익숙한 문제가 새로운 얼굴로 되돌아올 공산이 크다. 공공성으로 시장에 맞서는 것은 더욱 힘에 부칠 전망이다.

두 번째로, 이미 성취한 진보적 사회제도마저 후퇴할 가능성이 있다. 건강보장(건강보험과 의료 급여 모두)의 보장성이 대표적인 예이다. 노인이 많아지고 재정 수요가 급증하면 무엇이든 안전하지 않다. 그나마 남아 있는 공공 보건의료도 더 후퇴할 수 있다.

세 번째가 가장 어렵다. 건강을 위협하는 사회적 요인들은 더욱더 어려운 조건이 될 가능성이 있다. 가난과 소득 감소, 실업과 해고, 여러 가지 양극화와 불평등이 그렇다. 세계경제는 불안정하고 한국 사회의 발전 전략은 명확하지 않다. 발전 국가 모델을 대신할 새로운 경제사회 발전과 관련된 전망은 여전히 혼란스럽다. 시장의 위세는 수그러들지 않을 것이고, 개인화의 경향은 더욱 심해질 것이다.

이런 시나리오가 현실화되면 그것이 대세라 하더라도 비판하고 저항할 수 있다. 또한 마땅히 그래야 한다. 비관적 전망을 갖더라도 비판과 개입을 멈출 수는 없다. 그러나 감시하고 비판하는 것으로는 모자란다. 새로운 전망을 만들고 변화의 토대를 구축하며 대안을 실현해 가는, 보기에 따라서는 더 어려운 일이 남아 있다.

비판보다는 앞날을 준비하는 것이 더 앞서야 할지도 모른다. 새로운 비전을 만들고 나누는 일이 무엇보다 중요하다. 그동안 비전과 전망에 대한 논의보다는 단편적인 대응에 급급했던 것이 사실이다. 그러나 희망의 동력은 단지 반대를 위한 논리와 이념만으로는 충분치 않다.

수십 년 앞, 전 세계를 조망하는 '그랜드 디자인'만 찾을 것은 아니다. 1년이든 5년이든 발걸음을 내디딜 방향이 어디인지를 명확하게 하는 과제는 피할 수 없다.

지난번 대통령 선거를 기억해 보면, 한국에서 건강 문제는 이미 실무와 정책 차원을 넘어섰다. 건강보험의 보장성 문제가 좋은 예이다. 이와 관련된 권리와 비용 부담을 두고 다투는 '보통' 사람들의 논쟁을 쉽게 볼 수 있었다. 건강 정책은 전문가가 생각하는 것 이상으로 이미 정치와 이념의 문제가 되었다.

그러니 더 미룰 수 없다. 당장 설득해야 하는 대상은 시간과 공간을 공유하는 현재의 한국 사회 구성원들이다. 이들을 설득할 수 있을 정도로 정책, 제도, 사람, 삶의 모습을 더 명료하고 구체적으로 만들어 내는 일이 긴요하다. 여기서 미래의 모습과 지향이 얼마나 설득력이 있는가는 다분히 '정치적' 과제이다. 그것이 기술적으로 얼마나 정교하고 정확한가에 달려 있지 않다는 뜻이다. 건강보험의 보장 범위에 무슨 치료를 포함하면 예산이 얼마 더 필요하다는 것과 같은 계산은 과제의 일부분일 뿐이다. 어떤 이유로 어느 정도 더 부담하기로 하자는 사회적 동의와 공감대가 앞으로 나아가는 디딤돌이 될 수 있다. 무상 의료가 왜 정의인지를 설득해야 한다.

특히 포괄적인 건강 레짐의 전망을 가다듬는 일을 빼놓을 수 없다. 보건의료를 알 만한 사람이라면 모두가 건강 의제가 치료와 병원, 건강보험의 범위를 넘어선다고 말한다. 그러나 지금처럼 좁은 범위의 보건의료 종사자나 조직 몇몇이, 그것도 다른 분야와 잘 소통하고 협동하지 못한 채 외치고 자족하는 것은 공허하다. 빈곤과 소득, 노동, 주거를 넘나드는 사회적 요인까지 말하자면 갈 길이 더욱 멀다.

전문적이고 특수한 것이라는 인식을 넘어 건강과 보건의료의 사회정치적 본질을 분명하게 드러내야 한다. 역설적이지만, 의료를 넘고 건강을 넘어선 자리에서 다시 보건의료와 건강을 봐야 새로운 건강 레짐의 틈이 열린다.

전망과 비전을 만드는 것과 더불어 해야 할 일이 있다. 작든 크든 변화의 토대를 만드는 것이다. 변화는 단절적으로 종말론적으로 일어나는 것만을 뜻하지 않는다. 오히려, 로베르토 웅거의 표현으로는 '맥락 보존적 변화'의 비중이 더 크다. 구조를 바꾸려는 싸움은 구조 안에서 진행되는 실천의 연장이 되어야 한다. 이렇게 해야 변혁은 일상적인 것이 된다.

그런 의미에서 새로운 대안은 부분적으로는 오늘 이 자리에서 구현되는 것이다. 기초부터 변화의 토대를 만든다는 것은 곧 이런 일상적 실천을 준비하고 시작하는 것을 뜻한다. 맥락 보존적 활동은, 조금 비약하자면, 스웨덴의 정치인 비그포르스Ernst Johannes Wigforss가 말하는 '잠정적 유토피아', 에릭 올린 라이트 등이 주장한 '리얼 유토피아'와도 맥이

닿는다.

 일상의 삶과 분리되지 않는 실천이 필요하다는 것은 거부할 수 없는 요청이다. 더구나 궁극적인 비전의 틀 속에서 일상을 실천하는 것은 더욱 소중하다. 어렵지만 감당해야 할 일이다.

실천의 내용은 건강 불평등과 건강 정의, 공공성, 민주적 참여를 중심으로 건강 레짐의 모든 요소를 아우른다. 이들 과제는 공허한 추상이 아니라 현실이고 역사이다. 이 속에는 수많은 사람들이 긴 시간 동안 온몸으로 만들어 온 이 시기의 고통과 꿈이 고스란히 녹아 있다.

온갖 삶의 터전에서 구체적인 맥락과 조건에 맞는 실천을 만들어 내자고 제안하고 싶다. 가정과 직장, 학교, 동네를 가릴 것 없다. 작고 큼, 높고 낮음, 안과 밖을 나누는 것도 크게 중요하지 않다. 넓어지면 결국 서로 통하고 만날 것이다.

더 많이 듣고 공부하고 생각하자. 그리고 더 자주 만나고 토론하며 실천하자. 다른 무엇보다, 깊고 넓은 전망을 가지고 건강 레짐을 바꿀 실마리를 찾고 '실험'을 시작해야 한다. 그러자면 담대하게 그리고 새롭게 꿈꾸는 것이야말로 가장 먼저 할 일이다.